U0097489

# 古典文獻研究輯刊

十八編

潘美月・杜潔祥 主編

## 第15冊

## 清代散見戲曲史料彙編（上）

（詩詞卷・初編）

趙興勤、趙韡 編

國家圖書館出版品預行編目資料

清代散見戲曲史料彙編（詩詞卷・初編）（上）／趙興勤、趙韡編 — 初版 — 新北市：花木蘭文化出版社，2014〔民 103〕

目 64+194 面；19×26 公分

（古典文獻研究輯刊 十八編；第 15 冊）

ISBN：978-986-322-623-9（精裝）

1. 戲劇史 2. 史料 3. 清代

011.08 103001310

ISBN-978-986-322-623-9

古典文獻研究輯刊

十八編 第十五冊 ISBN：978-986-322-623-9

# 清代散見戲曲史料彙編（詩詞卷・初編）（上）

編　者　趙興勤、趙韡

主　編　潘美月　杜潔祥

總編輯　杜潔祥

副總編輯　楊嘉樂

編　輯　許郁翎

企劃出版　北京大學文化資源研究中心

出　版　花木蘭文化出版社

社　長　高小娟

聯絡地址　235 新北市中和區中安街七二號十三樓

電話：02-2923-1455／傳真：02-2923-1452

網　址　http://www.huamulan.tw 信箱　hml 810518@gmail.com

印　刷　普羅文化出版廣告事業

初　版　2014 年 3 月

定　價　十八編 22 冊（精裝）新台幣 40,000 元

# 清代散見戲曲史料彙編

（詩詞卷・初編）（上）

趙興勤、趙韡 編

## 作者簡介

趙興勤，1949 年 7 月生，江蘇沛縣人，江蘇師範大學文學院教授，中國古代文學、戲劇戲曲學研究生導師。兼任中國元好問學會理事、中國《金瓶梅》研究會（籌）理事，江蘇省明清小說研究會副會長、《西遊記》研究分會常務理事、常州市趙翼研究會副會長等職。已出版的學術著作有《古代小說與倫理》、《明清小說論稿》、《趙翼評傳》（南京大學版）、《中國古典戲曲小說考論》、《古代小說與傳統倫理》、《趙翼評傳》（江蘇人民版）、《理學思潮與世情小說》、《元遺山研究》、《話說〈封神演義〉》、《趙翼年譜長編》（全五冊）、《古典文學作品鑑賞集》、《趙翼研究資料彙編》（上、下冊）、《趙興勤〈金瓶梅〉研究精選集》、《中國早期戲曲生成史論》等 21 種，主編、參編《中國風俗大辭典》、《中國古代戲曲名著鑑賞辭典》等 30 餘種，在海峽兩岸發表論文 170 餘篇。

趙韡，1981 年 4 月生，江蘇徐州人。大學二年級開始發表論文，迄今已有 60 餘篇，散見於《民族文學研究》、《文獻》、《戲曲研究》、《晉陽學刊》、《東南大學學報》、《中華詩詞》、《博覽群書》、《古典文學知識》、《社會科學論壇》、《長城》、《作品與爭鳴》、《語文月刊》、《中國文化報》、《中國社會科學報》、《中國勞動保障報》、《歷史月刊》（台灣）、《書目季刊》（台灣）、《戲曲研究通訊》（台灣中央大學）、《澳門文獻信息學刊》（澳門）等兩岸三地刊物，參編（撰）《趙翼研究資料彙編》（上、下冊）、《元曲鑑賞辭典》、《徐州文化博覽》等著作 8 種。

## 提　要

清代戲曲價值大而研究者少，下筆易而突破難，關鍵問題是研究資料的難以蒐訪。儘管經過眾多學者的不懈努力，資料搜集工作已取得階段性成果，但相對清代戲曲史料尤其是散見戲曲史料的總量而言，搜羅還是相對有限，仍難以滿足研究者的需要。鑒於此，本書編者承前賢時彥之餘緒，計劃編纂一套《清代散見戲曲史料彙編》，分爲《詩詞卷》、《筆記卷》、《小說卷》、《方志卷》、《書信日記卷》等，將依次推出，以期對清代戲曲的整體研究有所助推。本卷所收，主要爲涉及戲曲、曲藝以及各種與戲曲相關的雜耍等方面內容的約 300 位作家的詩、詞作品，凡 1519 題（2000 首左右）。從中約略可以看出詩詞類散見戲曲史料的學術價值：一是所收詩、詞，涉及劇目接近五百種，在這類詩詞中，有的是文友或劇作者的題贈之作，有的是讀劇之時的即興發揮，但有相當數量的作品，是抒寫觀劇之感受。直接描寫觀看戲曲演出的，約有二百首。二是反映較有規模的戲曲活動一百餘次，且演出類型多樣。如演戲酬神、朋儕應酬、村民娛樂等等。其中透露的一些信息，可補戲曲史研究之不足。三是敘及家班四十餘個，通過對所收文獻的梳理，可以發現乾隆以後家班明顯減少，一般伶人不再依附於達官貴人、權豪富紳而生活，而是將所學表演伎藝推向文化消費市場。四是涉及百戲表演及伶人生態。戲曲文化對文人生活濡染之深，藉此可見。

# 目次

## 上冊

## 下 冊

# 前 言

有清一代，儘管統治者採取了一系列文化高壓政策，大興文字獄，多次禁毀戲曲、小說，然而，戲曲這一民間藝術，卻以它頑強的生命力，在各種勢力強力擠壓的夾縫中頑強生長，不僅使傳統的戲曲樣式得以發展，出現了「南洪北孔」之類傑出的傳奇劇作家，還產生出楊潮觀的《吟風閣雜劇》等雜劇集。事實還不僅如此，在作爲官腔的崑山腔大張赤幟之時，那些萌生於鄉野、城郊的「草根藝術」——花部戲曲，也悄然崛起，形成與以崑山腔爲主體的雅部爭勝之勢。這一現象，不能不令人思考。

然而，清代戲曲的研究，與宋、元、明戲曲相比較，還相對薄弱。各家戲曲史專著論及清代戲曲，往往篇幅較少。在這一研究領域中，具有開拓之功的，有周妙中《清代戲曲史》〔註1〕、秦華生、劉文峰主編《清代戲曲發展史》〔註2〕、鄧長風《明清戲曲家考略全編》〔註3〕、陸萼庭《清代戲曲家叢考》〔註4〕、王漢民等《清代戲曲史編年》〔註5〕、杜桂萍《清初雜劇研究》〔註6〕、陳芳《乾隆時期北京劇壇研究》〔註7〕等著作，以上或對清代戲曲的發展線索作了認眞梳理，並就代表作家的戲曲作品、藝術風格發表了比較中肯的意見；或根據歷史文獻之載述，在作家生平、事蹟考證上進行了有價值

〔註1〕周妙中：《清代戲曲史》，中州古籍出版社，1987年。
〔註2〕秦華生、劉文峰主編：《清代戲曲發展史》，旅遊教育出版社，2006年。
〔註3〕鄧長風：《明清戲曲家考略全編》，上海古籍出版社，2009年。
〔註4〕陸萼庭：《清代戲曲家叢考》，學林出版社，1995年。
〔註5〕王漢民、劉奇玉編著：《清代戲曲史編年》，巴蜀書社，2008年。
〔註6〕杜桂萍：《清初雜劇研究》，人民文學出版社，2005年。
〔註7〕陳芳：《乾隆時期北京劇壇研究》，文化藝術出版社，2001年。

的探討；或針對特定時段的某一戲曲樣式的體制特點、創作走向作了較深入討論；或就某一地域、某一時期各種樣式的戲曲的發展作較詳細描述，都爲清代戲曲研究之深入探討起到不同程度的助推作用，是應該予以充分肯定的。然而，清代戲曲研究，是一個十分複雜的系統工程，由於戲曲類型的多樣化、表演技巧的複雜化、各類戲曲間互爲影響、互爲滲透的融通化，加之文獻資料的不易蒐求，眞正研究起來，其難度要比元、明戲曲研究大得多。目前的研究，仍留有不少空白，正如有的研究者所說：「清代戲曲領域蘊藏十分豐厚的學術寶藏，亟待挖掘。無論從劇種、劇目、劇團、戲園、演員或技藝等任一面向進行探索，都會得到具體豐碩的成果。而一部完整的《清代戲曲史》，更有其學術上的重要性。」〔註 8〕價値大而研究者少，下筆易而突破難，關鍵問題何在？筆者以爲，是研究資料的難以搜訪。

研究資料，從外在形式上來講無外乎兩種，一種是集中型的，如戲曲文獻（包括各類曲譜、曲集、檔案及實物資料等）、戲曲研究文獻（包括古人/今人的戲曲研究專著、序跋等研究資料彙編等）；一種是散見的，如戲曲佚曲、零落在各類古籍中的戲曲研究資料。學者們關注和利用較多的，往往是前者，亦即《清代燕都梨園史料》〔註 9〕之類集中型的戲曲研究資料，而對於後者，問津者寥寥。以筆者目力所及，在這一方面做出突出貢獻的：一是趙山林的《歷代詠劇詩歌選注》〔註 10〕，「從宋、金、元、明、清及近代幾百種詩歌總集、別集、選集及筆記、劄記等有關資料中選擇詠劇詩歌共六百四十六首（套），其中詩五百六十首，詞四十八首，散曲小令三十首，套數八套」〔註 11〕。據筆者統計，是書所收清代詠劇詩歌 400 餘首。二是俞爲民、孫蓉蓉的《歷代曲話彙編・清代編》（1～5 集）〔註 12〕，將評點、序跋、尺牘以及詠劇詩詞等多種形式的研究資料彙集一編，極便利用。三是傅瑾的《京劇歷史文獻彙編》（全 10 冊）〔註 13〕，分專書兩卷、清宮檔案文獻一卷、報紙文章三卷、日記一卷、筆記等一卷、圖錄兩卷，可謂洋洋大觀。

---

〔註 8〕陳芳：《清代戲曲研究五題》，里仁書局，2002 年，第 3～4 頁。

〔註 9〕張次溪編纂：《清代燕都梨園史料》，中國戲劇出版社，1988 年。

〔註 10〕趙山林選注：《歷代詠劇詩歌選注》，書目文獻出版社，1988 年。

〔註 11〕趙山林選注：《歷代詠劇詩歌選注》「前言」，書目文獻出版社，1988 年，第 5 頁。

〔註 12〕俞爲民、孫蓉蓉編：《歷代曲話彙編：新編中國古典戲曲論著集成・清代編》，黃山書社，2008 年。

〔註 13〕傅瑾主編：《京劇歷史文獻彙編・清代卷》，鳳凰出版社，2011 年。

儘管已有以上多位學者的不懈努力，資料搜集工作也已取得階段性成果，但相對清代戲曲史料尤其是散見戲曲史料的總量而言，搜羅還是相對有限，仍難以滿足研究者的需要。鑒於此，本人擬承前賢時彥之餘緒，編纂一套《清代散見戲曲史料彙編》，初步構想分爲《詩詞卷·初編》、《二編》、《三編》乃至《四編》、《筆記卷》、《小說卷》、《方志卷》、《書信日記卷》等依次推出，以期對清代戲曲的整體研究有所助推。本卷所收，主要爲涉及戲曲、曲藝以及各種與戲曲相關的雜耍等方面內容的約 300 位作家的詩、詞作品，凡 1519 題（2000 首左右），較趙山林教授《歷代詠劇詩歌選注》所收，應多出 1600 左右。然而，事實上，相關作品還遠不止此。僅李靈年、楊忠主編的《清人別集總目》，就「著錄了現存的近二萬名作者的約四萬種作品，超過了此前任何著錄的數字」〔註 14〕，而「最新研究統計表明，清人各種著述總數約計 22 萬種，其中詩文集逾 7 萬種，現存 4 萬餘種，其中清人自編詩集在 2 萬種以上」〔註 15〕。據學者估計，「清代詩歌傳世作品 800 萬至 1000 萬首」〔註 16〕，其所述內容涉及戲曲者，數量亦當十分驚人。相比較而言，本編所收，乃微乎其微。但是，儘管如此，仍然可以看出詩詞曲類戲曲文獻的史料價值。在此，不妨約略論之：

## 一、涉及劇目

本編所收詩、詞，涉及劇目，若重複出現者亦計入的話，當接近五百種。在這類詩詞中，有的是文友或劇作者的題贈之作，有的是讀劇之時的即興發揮，但有相當數量的作品，是抒寫觀劇之感受。直接描寫觀看戲曲演出的，約有二百首。經常上演的劇目，傳奇有《牡丹亭》、《邯鄲記》、《長生殿》、《桃花扇》、《玉簪記》、《千金記》、《精忠記》、《浣紗記》、《西樓記》、《水滸記》、《畫中人》、《燕子箋》、《忠烈記》、《瓊花夢》、《紅梨花》、《琵琶記》、《千忠戮》、《紅拂記》、《爛柯山》、《療妒羹》、《帝女花》、《百花記》、《玉簪記》等，雜劇有《西廂記》、《祭皋陶》、《清平調》、《楊升庵妓女遊

〔註 14〕李靈年、楊忠主編：《清人別集總目》「前言」，安徽教育出版社，2000 年，第 8 頁。

〔註 15〕羅時進：《清詩整理研究工作亟待推進》，《中國社會科學報》2013 年 8 月 16 日。

〔註 16〕羅時進：《清詩整理研究工作亟待推進》，《中國社會科學報》2013 年 8 月 16 日。

春》、《琴操問禪》、《杜少陵獻三大禮賦》、《笳騷》、《文姬歸漢》、《中山狼》、《虎口餘生》、《一片石》、《昆侖奴》、《罷宴》、《賀蘭山》、《罵財神》等，折子戲有《樓會》、《吟詩》、《後訪》、《採蓮》、《琴心》、《佳期》、《長亭》、《規奴》、《藏舟》、《紅娘》、《山門》、《聞經》、《豪宴》、《水漫》、《採藥》等，花部及皮黃則有《小姑賢》、《紅梅閣》、《戲妻》、《玉堂春》、《汾河灣》、《鎖雲囊》、《白帝城》、《回荊州》、《文武魁》、《二進宮》、《宇宙鋒》、《獨木蘭》、《霓虹關》、《玉虎墜》、《雁門關》、《桃三春》、《小放牛》、《八大錘》、《龍鳳配》、《梵王宮》等。尤其值得注意的是，元雜劇的演出，在清代仍較盛行，如《竇娥冤》、《青衫淚》、《黃粱夢》、《岳陽樓》、《梧桐雨》、《王粲登樓》、《單刀會》、《西廂記》等，仍不時現身於當時之氍毹。那些被認作案頭劇的清初文人劇作《清平調》、《祭皋陶》、《昆明池》等，亦時而有所演出。這對於修正我們在研究中所強調的文人劇不適宜搬演之觀點，當有重要的啓迪和支撐作用。當然，演出頻率最高的，仍數《牡丹亭》、《西廂記》、《桃花扇》、《長生殿》諸著名劇作。即便《邯鄲夢》，亦頻繁演出於當時歌場。此「夢」爲何深得清人喜愛，與當時的文化環境、文人心境有何潛在聯繫？這倒是耐人尋味的。諸如此類，均爲目前研究所忽略，爲戲曲傳播的研究的深化提供了珍貴的第一手資料。

## 二、戲曲演出

在以往的涉及清代戲曲演出的論著中，關注達官貴人家庭演出、皇宮內廷演出以及帝王南巡的迎鑾演出較多，而對農村戲曲演出情況的研究，則相對較少。張發穎《中國戲班史》〔註 17〕雖說在第十四、十五兩章，論及民間職業流動戲班，但所述也大多是活躍於蘇州、揚州等城市的戲曲團體演出活動，對農村的戲曲演出，由於史料所限，仍論述較少。田仲一成的《中國祭祀戲劇研究》〔註 18〕，借助祭祀這一民俗文化視角，回觀戲劇演出活動，多有所得，但對鄉村節令之外的日常演出較少涉及，皆未免有些遺憾。

本編所收詩、詞，反映較有規模的戲曲活動一百餘次，演出類型大致分這樣幾個方面：

---

〔註 17〕張發穎：《中國戲班史（增訂本）》，學苑出版社，2004 年。

〔註 18〕〔日〕田仲一成：《中國祭祀戲劇研究》，布和譯，北京大學出版社，2008 年。

一是演戲酬神。在山西一帶，「土俗從來歡賽戲，鳴鑼百隊雜鐘璈」〔註19〕。「古社枌榆比屋稠，喧闐簫鼓答神庥」〔註20〕，即此謂也。且多演出於寺廟。山東臨清，瀕臨運河，「時演劇祀金龍尊神」〔註21〕，以祈求水運平安。這自然與水患及漕運時所面臨的風險相關，演劇的功能得到進一步強化。京津一帶，豐收在望，亦演戲酬神。胡季堂《己酉九月出京途中口號五疊前韻》詩，曾描繪當時之盛況曰：「年年讞獄遵欽命，又度關城大道門。塞馬販行群結隊，（原注：途遇販馬自口北南行，成群結隊。）鄉農迎賽會連村。（原注：時鄉村多演劇謝神，誠豐年景象也。）春花幸得成秋實，新葉還須養舊根。到處民人咸鼓腹，徜徉樂歲荷天恩。」〔註22〕夏曆二月二十九日，乃觀音誕辰，百姓演劇以賀。新市風俗，「上元前後無張燈者。過此數日，里中惡少年輒鳴鉦遍走街市，揚言某社某神欲出夜遊，謂之催燈。於是衢巷盡設燈棚，好事者又扮演雜戲，男女若狂，至中和節猶未已也」〔註23〕。而賽社神時，「仙佛與神鬼，百戲雜沓呈」〔註24〕，場上「忽作兒女語，嬌囀如春鶯。忽爲楚漢戰，亂槌鳴大鉦。科諢發群笑，響若牆壁傾」〔註25〕，真是熱鬧非凡。撫甯（今屬河北）鄉間的「天齊廟賽會，鐙火熒煌，笙歌徹夜，村人觀劇，圍繞廣場」〔註26〕。在廣東潮州，賽會非童女不敢登場，「賽會皆童女妝扮故事」〔註27〕。吳越一帶，盛產茶葉，「二、三月間，鄉人試鐙，搬衍雜劇，佐以俚曲，謂之採茶鐙」〔註28〕，茶農亦演戲酬神。《鉛山縣志》載：「初六、七日後，城鄉各處爲慶賀元宵，有龍燈、馬燈、雙龍燈，錯彩鏤金，頗極華麗，

〔註19〕閻爾梅：《從安邑南入中條遂渡茅津抵陝州西去》，《白耷山人詩文集》詩集卷六上，清康熙刻本。

〔註20〕寶鋆：《煙郊》，《文靖公遺集》卷一，清光緒三十四年羊城刻本。

〔註21〕張九鉞：《臨清州待閘》詩注，《紫峴山人全集》詩集卷三，清咸豐元年張氏賜錦樓刻本。

〔註22〕胡季堂：《培蔭軒詩文集》詩集卷三，清道光二年胡鏻刻本。

〔註23〕沈赤然：《五研齋詩文鈔》詩鈔卷二〇《周甲集》，清嘉慶刻增修本。

〔註24〕沈赤然：《隔牆聞演雜劇戲爲婢女作》，《五研齋詩文鈔》詩鈔卷一九《周甲集》，清嘉慶刻增修本。

〔註25〕沈赤然：《隔牆聞演雜劇戲爲婢女作》，《五研齋詩文鈔》詩鈔卷一九《周甲集》，清嘉慶刻增修本。

〔註26〕斌良：《抱沖齋詩集》卷三三《瀋陽還京集一》，清光緒五年崇福湖南刻本。

〔註27〕黃釗：《六篷船四十四韻》詩注，《讀白華草堂詩二集》卷五，清道光十九年刻本。

〔註28〕沈學淵：《建寧雜詩十首》之八詩注，《桂留山房詩集》卷一一，清道光二十四年郁松年刻本。

觀者如堵牆。至巨室大家，輒進去蟠繞片時，贈送與否，聽從主便。紫溪一帶，又有橋燈，以板爲底。其上劈竹爲縷，紮成龍首、龍尾，剪綵牋爲鱗，攢貼之中，間雜以亭台、人物、花鳥等類，各家分製，爭奇競巧。聯綴而成全龍，形似長橋，故名。河口鎮更有採茶燈，以秀麗童男女扮成戲齣，飾以豔服，唱採茶歌，亦足娛耳悅目。」〔註29〕正與此相互印證。「常州俗祀隋將陳杲仁，每四、五月間，迎神出巡，輒以幼女扮演故事。有似秋千架式者，或縛置鐵竿上，一人肩而行，謂之雲車」〔註30〕。山西聞喜一帶，「俗賽社日，選好女子縛鐵杆上，扮小說、雜劇諸故事，四人舁以遊街，名曰台閣。有時扮呂洞賓、牡丹精也」〔註31〕。與常州風俗近似，唯所尊祀之神不同。至今，山西尚有此民俗演出活動。嚴州鄉間，「其俗十年一賽社神。彩棚六七坐（座），相對演劇，八九日乃止。遠近來觀者，延一飯，具酒肉，日數千人。以人之多寡，占歲之豐歉」〔註32〕。

二是朋儕應酬。此種演出，時常出現。如清初某年元夜，方兆及蛟峰觀察招集吳素夫、方世玉諸人觀燈，後回至署中飲酒，並張燈觀劇。〔註33〕潘江《早發濟甯諸子餞別酒樓觀劇》〔註34〕，亦爲朋儕應酬。作爲「晚明四公子」之一的冒襄（字辟疆，號巢民），舉止蘊藉，吐納風流，構水繪閣，延攬賓客，時出家伶演劇。謝召章郡丞招待賓客，上演張大復新劇《快活三》，「絲竹娛賓」。李漁曾寄寓蘇州，尤侗、余懷等人來會，漁令「小鬟演劇」以酬賓，「是夕演《明珠・煎茶》一折，未及終曲而曉」〔註35〕，可謂徹夜長歡。陳維崧曾應友人所邀，分別於冒巢民水繪園、徐懋曙（映薇）府署、于吉人鶴知堂、崇川署中、廣陵某宅、侯氏堂中、季滄葦宅、楊竹如席上觀看戲劇演

〔註29〕張廷珩：《（同治）鉛山縣志》卷五，清同治十二年刻本。

〔註30〕蔣敦復：《雲車謠》詩序，《嘯古堂詩集》卷六，清光緒十一年王韜淞隱廬刻本。

〔註31〕楊深秀：《聞邑竹枝詞》之十二詩注，《雪虛聲堂詩鈔》卷一《童心小草》，民國六年鉛印戊戌六君子遺集本。

〔註32〕俞樾：《馬沒村社曲》詩序，《春在堂詩編》乙甲編，清光緒二十五年刻春在堂全書本。

〔註33〕潘江：《元夜方蛟峰觀察招同吳素夫卭須、方世五長參看燈市上，歸飲署中觀劇，步素夫韻》，《木厓集》卷二〇「七言律五」，清康熙刻本。

〔註34〕潘江：《木厓集》卷二六「七言絕句二」，清康熙刻本。

〔註35〕李漁：《端陽前五日尤展成、余澹心、宋澹仙諸子集姑蘇寓中，小鬟演劇，澹心首倡八絕，依韻和之》之六詩序，《笠翁詩集》卷三，浙江古籍出版社編：《李漁全集》第二冊，浙江古籍出版社，1991年，第348頁。

出。吳嵩梁曾設館於鄉間，爲西席以謀生計，「將解館歸，肄業諸生、附近居民各載家釀且演村劇爲餞」〔註 36〕，以示挽留。姚瑩爲官有惠政，偶經宦遊之地，「士民遮留不已」，並「演劇相賀」〔註 37〕。可見，在當時來說，演劇還是聯絡感情、加深友誼的一種手段，已成爲人際交往的常見方式。

三是村民娛樂。鄉村演劇，戲臺的搭建有很大的隨意性，往往是因陋就簡，因地制宜，這自然與鄉村的生活條件有關。他們爲節省開支，或巧借地勢，臨溪搭建；或湖畔築台，泊舟水上以觀劇；或借亭館爲戲場，以樂村民；或蓄優伶於瓜園，教清歌以娛老；或依山坡而搭建，方便觀賞。清康熙年間，書生紀邁宜應友人之邀，往北嶺觀劇，「半途車覆」，乃徒步行走於鄉間小徑，「數里始抵郵」，看戲之興致不淺。〔註 38〕乾隆間文人沈赤然，在《途次觀村落演劇》一詩中寫道：「一聲鉦響集如雲，鼓鈸喧轟曲不聞。神鬼荒唐驚變相，兜鍪零落笑行軍。擔頭高唱賣新果，樹底午風吹畫裙。望斷守閭翁媼眼，歸來兒女話紛紛。」〔註 39〕場上鑼鼓喧天，各種人物交替而出，台下叫賣水果、點心者來往不斷，煞是熱鬧。因戲曲演出，識字者、不識字者皆能看懂，故深爲人們所喜愛。在距離旌德縣六十里的澤川，雖說在萬山圍裹之中，但當地人酷愛戲曲，「郵中賽會多扮雜劇，皆十三四子弟爲之，謂之『跳戲』。有因『跳戲』而棄儒爲優者」〔註 40〕。此處稱演戲爲「跳戲」，可補諸家戲曲辭書所未及。每當賽會之時，「百戲雜陳，演劇多以夜，婦女亦厭厭行露矣」〔註 41〕。普通百姓所瞭解的歷史知識，大都從戲場中得來。清人趙翼在《里俗戲劇，余多不知。問之僮僕，轉有熟悉者，書以一笑》一詩中謂：「焰段流傳本不經，村伶演作繞梁音。老夫胸有書千卷，翻讓僮奴博古今。」〔註 42〕所反

〔註 36〕吳嵩梁：《將解館歸，肄業諸生、附近居民各載家釀且演村劇爲餞，甚愧其意，並酬以詩》，《香蘇山館詩集》今體詩鈔卷八，清木犀軒刻本。

〔註 37〕姚瑩：《乙酉重經平和，士民遮留不已，勉爲再宿，眾人演劇相賀，詩以酬之》，《後湘詩集》二集卷一「古近體詩」，清同治六年姚浚昌安福縣署刻中復堂全集本。

〔註 38〕紀邁宜：《儉重堂詩》卷六《蓬山集上》，清乾隆刻本。

〔註 39〕沈赤然：《五研齋詩文鈔》詩鈔卷七《瘁臞集》，清嘉慶刻增修本。

〔註 40〕孫原湘：《洋川竹枝辭並序》之十一詩注，《天眞閣集》卷二三「詩二十三」，清嘉慶五年刻增修本。

〔註 41〕孫原湘：《洋川竹枝辭並序》之十二詩注，《天眞閣集》卷二三「詩二十三」，清嘉慶五年刻增修本。

〔註 42〕趙翼：《甌北集》卷五二，《趙翼全集》第六冊，鳳凰出版社，2009 年，第 1078 頁。

映的正是這一實際。農村演戲較爲頻繁，名頭眾多。但對演員，也應支付一定的報酬。不過，所賞物資或錢財乃是眾村民湊集而來，俗稱「湊份子」，當然比不上城中權貴的纏頭之資豪擲千金。詩人高一麟在《慨俗五首》（之三）中寫道：「可笑三家村，醵金亦演戲。博來一日歡，耗卻終年費。」〔註43〕由此可見當時農村戲班的生存現狀。

四是商業運作。這一點，也應分兩種情況區別看待，即酒樓茶社借優人的戲曲搬演以招徠顧客與優人自覺將戲曲表演作爲文化產品而推向市場。清代早期的戲曲演出，除供奉宮廷戲班、豪貴蓄養戲班外，大多依附酒樓、茶社演唱以謀生計。清初孫豹人枝蔚，在《呈徐苹叟太史》一詩之小序中謂：「潤州郭外有賣酒者，設女劇誘客。時值五月，看場頗寬，列坐千人，庖廚器用亦復不惡，計一日內可收錢十萬，蓋酒家前此所未有也。陽羨陳太史招余同潘江如、陳延喜往觀之。方酒酣起席，而六安徐苹叟太史亦攜數客至，桐城方退谷在焉，皆與余素不相識，忽於隔席遙指余謂客曰：『此必秦中孫豹人也。』既問，知果是，則一坐皆鼓掌。」〔註44〕酒家爲使生意紅火，竟「設女劇誘客」，「一日內可收錢十萬」，其創意的確是前所未有，恰說明江南商家的精明靈變，巧於算計。伶、商聯手，互利共贏，這一運作模式，對後世戲曲發展當有所啓示。在清初的山東濟寧，也是「酒樓觀劇」。今人所謂「商業搭台，文化唱戲」，在清初已現端倪。當然，此時酒家則起主導作用，優伶尚處於附庸地位，只能靠利潤分成以維持生計。至乾隆時，情況大變，遠在新疆的烏魯木齊，「酒樓數處，日日演劇，數錢買座，略似京師」〔註45〕。雖說亦借重酒樓，但是卻以戲曲演員爲主體，酒樓不過抽份子而已。此處既言「略似京師」，恰說明在京城，戲曲演出已形成一個初具規模的行業群體，「數錢買座」已是司空見慣之事，而且有了專供藝人演出的戲園。蔣士銓《京師樂府詞十六首》之七《戲園》謂：

> 三面起樓下覆廊，廣庭十丈台中央。魚鱗作瓦蔽日光，長筵界畫分畛疆。僮僕虎踞豫守席，主客魚貫來觀場。充樓塞院簪履集，送珍行酒傭保忙。衣冠紛紜付典守，酒胡編記皆有章。碪刀過處雨毛血，酒肉臭時連士商。台中奏伎出優孟，座上擊碟催壺觴。淫哇一歌眾耳側，狎昵雜陳群目張。雷同交口讚歎起，解衣側弁號呶將。

〔註43〕高一麟：《矩庵詩質》卷一○「五言絕句」，清乾隆高莫及刻本。

〔註44〕孫枝蔚：《溉堂集》前集卷七，清康熙刻本。

〔註45〕紀昀：《烏魯木齊雜詩》之一百四十八詩注，《紀曉嵐文集》第一冊，河北教育出版社，1991年，第609頁。

曲終人散日過午，別求市肆一飯充饑腸。我聞示奢以儉有古訓，惰遊侈逸不可無堤防。近來茗飲之居亦復貯雜戲，遂令家無擔石且去尋旗槍。百日之蠟一日澤，歌詠勞苦歲有常。有司張弛之道宜以古爲法，毋令一國之人皆若狂。〔註 46〕

戲曲藝術以其獨立的身份，躋身於文化消費市場。演出之前，僮僕紛紛前來占定座席，然後主人次第入場。演出時，臺上輕歌曼舞，台下飲酒品茗，且時而拍手叫好。過午戲散，則去飯鋪以充饑腸，的確是與元代戲曲傳統遙相對接，由王公貴族的「寵兒」，演變爲市井巷陌的一道靚麗風景，恢復了其民間文化的本來面目。而且，各種戲曲聲腔不斷流播、碰撞，熔鑄新腔。在福州的某次酒會上，「有閩士作西腔」〔註 47〕，即福建人學唱西秦腔，戲曲藝術之傳播，非地域所能限囿。天津則有天津衛腔，歌童玉環，「一曲衛腔音綿綿，百轉纖喉不肯吐。乍抑乍揚若春鶯，欲斷不斷如柔縷」〔註 48〕。浙江平湖有平湖調，崑曲亦通過「遣戶」或爲官於此的將吏流播至西北邊陲新疆。紀昀《烏魯木齊雜詩》之一百四十六謂：「越曲吳歈出塞多，紅牙舊拍未全訛。詩情誰似龍標尉，好賦流人水調歌。」詩末注曰：「《王昌齡集》有『聽流人歌水調子』詩。梨園數部，遣戶中能崑曲者，又自集爲一部，以杭州程四爲冠。」〔註 49〕同詩之一百四十七謂：「樊樓月滿四弦高，小部交彈鳳尾槽。白草黃沙行萬里，紅顏未損鄭櫻桃。」詩末注曰：「歌童數部，初以佩玉、佩金二部爲冠，近昌吉遣戶子弟新教一部，亦與之相亞。」〔註 50〕且出現了不少各有專長的名角，如名丑簡大頭、名旦劉木匠、名生鱉羔子。在貴州苗族聚居處的黎平，乾隆間曾搬演北雜劇。道光、咸豐年間，活躍於杭州的有兩個戲班，一爲秀華部，一爲洪福部，前者多雛伶，後者「皆壯年」。道光中，「廣州多戲園」，且多置小伶，「不下十許人，色藝皆有可觀」〔註 51〕。小伶聰慧好學，

〔註 46〕蔣士銓：《忠雅堂詩集》卷八，邵海清校，李夢生箋：《忠雅堂集校箋》第二冊，上海古籍出版社，1993 年，第 709 頁。

〔註 47〕陳兆崙：《福州春霖甚盛，壬子上巳志局小集，值大雷雨，廖秀才天瑞有作，次原韻》詩注，《紫竹山房詩文集》詩集卷一，清嘉慶刻本。

〔註 48〕張開東：《玉環歌呈汾陽陳明府》，《白蓴詩集》卷一三，清乾隆五十三年張兆騫刻本。

〔註 49〕紀昀：《紀曉嵐文集》第一冊，河北教育出版社，1991 年，第 608 頁。

〔註 50〕紀昀：《紀曉嵐文集》第一冊，河北教育出版社，1991 年，第 608～609 頁。

〔註 51〕汪瑔：《溥臣和余觀劇詩有今昔之感，率意次韻，復得四首》之四詩注，《隨山館稿》猥稾卷八詩辛，清光緒刻隨山館全集本。

「崑弋新調皆能謳」〔註 52〕，很受聽眾歡迎。購置小伶，演出成本較低，且容易吸引觀眾眼球，戲班班主故樂意爲之。至民國之時的北京，「天橋數十弓地耳，而男戲園二，女戲園三，樂子館又三，女樂子館又三。戲資三枚，茶資僅二枚。園館以席棚爲之，遊人如蟻，然賽人居多也。樂子館地稍潔，遊人亦少。有馮鳳喜者，楚楚動人。自前清以來，京師窮民生計日難，遊民亦日眾。貧人鬻技營業之場，爲富人所不至。而貧人鬻技營業所得者，仍皆貧人之財」〔註 53〕。易順鼎《天橋曲十首》其五曰：「燕歌、歌舞兩高臺，（原注：男戲兩臺名。）更有茶園數處開。（原注：女戲皆稱茶園。）何處秋多人轉少，卻尋樂子館中來。」〔註 54〕其七謂：「疏寮茶坐獨清虛，對菊人都號澹如。三五女郎三五客，一回曲子一回書。」詩末注曰：「一作『雙鬟人本澹如菊，九月楓還豔似花。四五女郎三五客，二文戲價一文茶』。」〔註 55〕可見當時伶人生活樣態以及戲曲與說唱藝術混雜演出之狀況，彌足珍貴。

更應值得一提的是，本編所收詩、詞，多次敘及傀儡戲演出活動，如高一麟《傀儡戲》、徐德音《觀傀儡戲》、李調元《弄譜百詠》、沈兆澐《戲詠傀儡》、胡鳳丹《傀儡戲》、姚燮《傀儡》等。詩稱「簫鼓聲聲簾幔裡」〔註 56〕，明言是在帳幔後表演。偶人塗以顏色，穿有服飾。「芻靈施粉黛，桃梗冒衣冠」〔註 57〕，是言傀儡戲藝人代其歌哭笑罵，操縱戲偶跳蕩於場上，故稱「歌哭惟緘口，往來若跳丸」〔註 58〕。戲偶身後有竿木支撐，「俳優班與武文同，竿木隨身色色工」〔註 59〕、「舉步全憑柄倒持」〔註 60〕、「隨人作計」，表演種種動作。雖說身體矮小，但五官俱備，且照樣「博帶又峨冠」〔註 61〕，煞有官家氣象。尤其是詹

〔註 52〕陳作霖：《秦淮醉歌和子鵬作》，《可園詩存》卷一七《冶麓草上》，清宣統元年刻增修本。

〔註 53〕易順鼎：《天橋曲十首》詩序，《琴志樓詩集》卷一八，上海古籍出版社，2004年，第 1316 頁。

〔註 54〕易順鼎：《琴志樓詩集》卷一八，上海古籍出版社，2004 年，第 1316 頁。

〔註 55〕易順鼎：《琴志樓詩集》卷一八，上海古籍出版社，2004 年，第 1317 頁。

〔註 56〕徐德音：《觀傀儡戲》，《綠淨軒詩鈔》卷一，胡曉明、彭國忠主編：《江南女性別集初編》上冊，黃山書社，2008 年，第 16 頁。

〔註 57〕高一麟：《傀儡戲》，《矩庵詩質》卷五「五言律詩」，清乾隆高莫及刻本。

〔註 58〕高一麟：《傀儡戲》，《矩庵詩質》卷五「五言律詩」，清乾隆高莫及刻本。

〔註 59〕李調元：《弄譜百詠》之一，《童山集》詩集卷三八，中華書局，1985 年，第 519 頁。

〔註 60〕沈兆澐：《戲詠傀儡》，《織簾書屋詩鈔》卷九，清咸豐二年刻本。

〔註 61〕胡鳳丹：《傀儡戲》之三，《退補齋詩文存》詩存卷一六「今體詩」，清同治十二年退補齋鄂州刻本。

應甲的《傀儡戲》一詩，更爲詳細地描繪了傀儡戲表演情狀：

從其小體小人事，舉動爲人所牽制。腳跟不肯踏實地，五官百骸空位置。提醒世人演此技，謂余不信傀儡戲。傀儡場中人頗多，顧名先要思其義。始作俑者亦偶然，敢向人前假聲勢。優孟衣冠魄已消，人鬼攸分餕鬼細。公喜公怒不自知，人歌人哭聊相試。進止語默倚於人，豈惟耳目手足寄。廣場四面幃幙垂，窺不及肩毋乃秘。分明竿木不離身，下有人兮指使臂。螟蛉負贏是耶非，佝僂承蜩仰而跂。可惜扶他不到頭，畢竟難爭一口氣。〔註62〕

爲我們研究清代傀儡戲的表演提供了形象化資料。

至於影戲，也時常出現於文人的筆下。影人，宋時以羊皮或驢皮爲之。至清，「巧者以紙戲」〔註63〕，「角抵魚龍隨影幻」〔註64〕，「無情若有情」〔註65〕，演出效果甚佳，成本卻節約不少。即便在廣東潮州，亦「夜尚影戲，男婦通宵聚觀」〔註66〕，很受百姓歡迎。浙江一帶之影戲，常在夜間演「青、白二妖事」〔註67〕，即今本《白蛇傳》，所演唱曲調爲彈詞。又，吳騫《蠡塘雜詠五十二首》之四十六謂：「葭莊幾見竹生孫，荒草年年冷墓門。誰唱沙亭夜來曲，春窗兒女最銷魂。」詩末小注曰：「沈茂才復初爲人任俠，嘗爲奪沙亭事連染，幾罹於禍，家因而耗。越中影戲至今有《鬧沙亭》一齣，爲復初作也。」〔註68〕由此可知，《鬧沙亭》一劇，是據眞人眞事而編創，流播於越中，更覺可貴。同時，本編還收錄有花鼓戲演出史料。潘際雲《花鼓戲》一詩謂：

村落冬冬花鼓戲，千人萬人雜沓至。台高八尺燈四圍，胡琴一響心乍開。鞾帽何所借，里中富户分高下；裙襦何所求，前村少婦多綾綢。姊妹哥郎更迭唱，半是歡娱半惆悵。宛轉偏工濮上音，纏綿曲肖閨中狀。酒席半夜闌，風月今宵好。亦有女郎側耳聽，反說不妨年

〔註62〕詹應甲：《賜綺堂集》卷一九「詩」，清道光止園刻本。
〔註63〕徐豫貞：《元夕前一夕觀影戲作》，《逃葊詩草》卷二，清康熙楊昆思誠堂刻本。
〔註64〕閻爾梅：《元宵東莊看影戲》，《白耷山人詩文集》詩集卷六上，清康熙刻本。
〔註65〕高一麟：《影戲》，《矩庵詩質》卷一〇「五言絕句」，清乾隆高莫及刻本。
〔註66〕樂鈞：《韓江棹歌一百首》之三十詩注，《青芝山館詩集》卷八「古今體詩」，清嘉慶二十二年刻後印本。
〔註67〕俞樾：《觀影戲作》，《春在堂詩編》壬癸編，清光緒二十五年刻春在堂全書本。
〔註68〕吳騫：《拜經樓詩集》詩集卷三，清嘉慶八年刻增修本。

紀小。誰禁之，有縣官。昨夜優伶賞果盤，幕友點燭三更看。〔註69〕

此詩詳細記述了鄉村家庭花鼓戲班因陋就簡、夜間演出之情狀。鞋帽衫裙，乃是向當地住戶所借。上場演員爲姊妹、姑嫂、夫妻、兄妹，以胡琴伴奏，所演多爲有關兒女私情的小戲，以其內容淺俗，故爲觀眾所歡迎，至夜仍在演出。或稱早期花鼓戲一人執鑼、一人背鼓，邊歌邊舞，似不確。據此，還當有胡琴伴奏、角色分工、穿關要求。潘際雲（1763～？），字人龍，號春洲，溧陽（今屬江蘇）人。嘉慶乙丑（十年，1805）進士，官安徽霍山知縣。著有《學海》、《清芬堂集》等。由其生活時代來看，花鼓戲至遲在嘉慶年間已形成較有規模的小劇種，可補戲曲史研究之不足。

## 三、伶人班社

戲曲班社研究，近幾年來爲不少學人所關注。劉水雲《明清家樂研究》〔註70〕，無疑是一部搜羅廣泛、徵引豐富、論述全面的力作。該書《明清家樂情況簡表》「附錄二」，收錄有清一代一百零六、七個家班，並詳注家樂主人、蓄樂地點、蓄樂時間及材料出處，爲研究者提供了很大便利。

而本編所收詩、詞敘及的家班，則有四十餘個。如武進孫自式（榜姓鄒，字衣月、號風山）「家有梨園小部」〔註71〕。孫氏，乃明開國勳舊，武進望族，「明初孫氏以戰功封侯者二，因留守常州，遂家焉。其襲都指揮名太者，殉建文難」〔註72〕。孫公凡五子，「長公尤卓絕，弱冠早騰驤。投履雲霞上，乘舟日月旁。萬言傳秘閣，幾載直春坊。抗疏精忱見，求賢直道彰」〔註73〕，此或指風山太史。孫風山，《江蘇藝文志・常州卷》未見收錄，《明清家樂研究》亦未收孫翁家班，此恰補諸書之闕如。《（光緒）武進陽湖縣志》卷二三收有孫自式小傳，謂：

孫自式，字衣月，順治四年進士，改庶吉士，授國史院檢討。

〔註69〕張應昌輯：《詩鐸》卷二六，清同治八年秀芷堂刻本。

〔註70〕劉水雲：《明清家樂研究》，上海古籍出版社，2005年。

〔註71〕董以寧：《奉祝孫公兼呈風山太史》詩注，《正誼堂詩文集》詩集「五言排律」，清康熙書林蘭蓀堂刻本。

〔註72〕董以寧：《奉祝孫公兼呈風山太史》詩注，《正誼堂詩文集》詩集「五言排律」，清康熙書林蘭蓀堂刻本。

〔註73〕董以寧：《奉祝孫公兼呈風山太史》，《正誼堂詩文集》詩集「五言排律」，清康熙書林蘭蓀堂刻本。

嘗條奏巡方、科場二事，語極剴切。又慨吏治日壞，自請爲本縣令。詔賜牛黃丸，令歸里養疾。人呼爲狂翰林。杜門卻掃，不與外事。〔註 74〕

楊鍾羲《雪橋詩話三集》亦載有孫氏事蹟，曰：

武進孫風山檢討，年二十入詞垣，條奏巡方、科場二事，極剴切，因自請爲本縣令。詔歸治疾，構園亭娛親。高風堂下，掘地得泉，人呼爲丹泉。其德州道中有懷季天中云：「逐客飄零返舊疆，累臣蹤跡去遐荒。同儕遷謫憐君遠，共效愚忠獨我狂。那禁旅魂馳塞北，懸知歸夢繞江鄉。一時俱抱寒蟬舌，補牘逡巡負聖皇。」汪舟次贈風山詩云：「孫侯眞偉人，二十稱名臣。掄才不識公子貴，上殿屢遭丞相嗔。是時天子最明聖，日照蘭臺光四映。鳳鸞原與鷹隼殊，苦抱封章效廷諍。臣語羞雷同，臣心恥奔競。願辭承明廬，賜臣官武進。會稽爭望買臣來，茂陵偏說相如病。十年盡瘁十年閑，歸拜雙親鬢未斑。燈火依然開萬卷，杖藜一任遍三山。丈夫進退理應爾，百尺青松笑桃李。彩衣日日舞春風，會有禎祥傳孝子。君不見，高風堂下丹泉水。」其人其事，亦翰苑群書中之談助也。〔註 75〕

孫自式著有《風山詩集》、《慈渡庵記》、《重修縣學振德堂記》等。〔註 76〕

海寧查繼佐（字伊璜，號與齋、東山、釣史）曾攜女樂過江陰，寓居韓氏園。此事，清人沈起《查繼佐年譜》未敘及。查東山養有家班，《查繼佐年譜》「戊寅（崇禎十一年）」附錄曰：

先生妙解音律，家畜女伶，姬柔些尤擅場。廣陵汪蛟門製《春風嫋娜》一闋以贈，同里宗定九和之。《詞苑叢談》。毛西河詩有「獨有柔些頻顧影，倩人不欲近闌干」。《西河集》。孝廉夫人亦妙解音律，親爲家奴拍板，正其曲誤。以此，查氏女樂遂爲浙中名部。《觚剩》。家僮侍婢解音律者十餘人，悉以「些」呼之。《南燭軒詩話》。案，先生歌姬有「十些」之目。其見諸《外紀》者，蝶粉有妹曰留些，姿慧稍減其姊，然猶壓群。李太虛先生贈葉些，年十五已登場，杜于皇作《葉些歌》以贈。又澄些，能歌《牡丹亭》，流

〔註 74〕王其淦：《（光緒）武進陽湖縣志》，清康熙三十四年刻本。
〔註 75〕楊鍾羲：《雪橋詩話》三集卷二，民國求恕齋叢書本。
〔註 76〕王其淦：《（光緒）武進陽湖縣志》卷二八，清康熙三十四年刻本。

麗幽遙。珊些能作高調。梅些亦婉入情。又得紅些，粵人也。粵人不可訓，紅些傅粉詼笑特佳。莊史之禍，柔些隨北，幾欲身殉。其餘不及考。又有家僮雲些、月些。〔註77〕

《東山外紀》亦載，「先生初有歌兒一部，內小字蝶粉者，聲色兩妙，性極慧，破口便絕倒。時閭部雪兒初見御，蝶粉熟視而笑。問何以故，蝶粉爲歌《浣紗》『春風滿面』之句，婉麗入聽，雪兒裹面羞坐帳中竟日。後蝶粉流落都中。」〔註78〕孫枝蔚曾寫有《秋日過查伊璜齋中留飲兼觀女劇》、《瑞鷓鴣・查伊璜宅觀女劇》二詩，以記其事。毛奇齡《揚州看查孝廉所攜女伎七首》之四曰：「氍毹布地燭屏開，紫袖三弦兩善才。（原注：旦色末泥善彈。）二十四橋明月夜，爭看歌舞竹西來。」之五曰：「新歌教就費千金，歌罷重教舞綠林。年小不禁提趕棒，花裙欲卸幾沉吟。」之六曰：「青臚細齒絳羅單，作伎千般任汝看。獨有柔些頻顧影，猜人不欲近闌干。（原注：旦色名柔些。）」〔註79〕知查氏又曾攜家樂來揚州演出。

又有莊氏家班。武進董以甯（字文友，號宛齋、蓉渡）《遇莊氏歌人戌郎》詩謂：「曾見張郎最小時，當筵學唱踏春詞。如今自領梨園隊，已是三年作教師。」〔註80〕既稱戌郎爲「梨園隊」之「教師」，且一直服侍於莊府，知莊氏亦有家班。莊氏乃武進名門望族，僅有清一代，這個家族就出了90名舉人，29位進士，有11人任職翰林院，〔註81〕故而，此莊氏或即武進莊氏。因是同鄉之故，始得與其歌郎相識。

其他如儲氏家班、陳維崧家班、龔鼎孳家班、劉旋九家班、李漁家班、王長安家班、尤侗家班、李宗伯家班、俞水之家班、吳雪航家班、南員外家班、袁于令家班、魯挹庵總戎家班、胡氏家班、徐懋曙家班、宋琬（荔裳）家班、張友鴻家班、朱鳳台家班、吳興祚（留村）家班、李書雲家班、俞瀫（錦泉）家班、季滄葦家班、喬侍讀家班、許上舍家班、張坦（松坪）家班、夏秉衡（穀香）家班、王文治家班、周韻亭家班、李調元家班、李世忠提督家班等，足見家蓄戲班之盛。

〔註77〕沈起：《查繼佐年譜》，中華書局，1992年，第32頁。
〔註78〕沈起：《查繼佐年譜》，中華書局，1992年，第110頁。
〔註79〕毛奇齡：《西河集》卷一三九「七言絕句」，清文淵閣四庫全書本。
〔註80〕董以寧：《正誼堂詩文集》詩集「七言絕句」，清康熙書林蘭蓀堂刻本。
〔註81〕參看〔美〕艾爾曼：《經學、政治和宗族——中華帝國晚期常州今文學派研究》，趙剛譯，江蘇人民出版社，1998年，第37頁。

通過對所收文獻的梳理，我們還發現，乾隆以後家班明顯減少，一般伶人不再依附於達官貴人、權豪富紳而生活，卻獨立地豎起自己的招牌，如烏魯木齊的配玉、佩金二部，杭州的秀華部、洪福部，浙江的平湖調，將所學表演伎藝推向文化消費市場，經常晚上挑燈演劇，「梨園半夜開」〔註82〕，參與各類伎藝表演的競爭。靠自身的努力拓展生存之路徑，使伎藝表演眞正作爲藝術產品與文化消費市場接軌。這一現象的出現，恰與花部的崛起與興盛緊相關聯。戲曲發展的內在律動之理路，從中或可得窺一二，爲我們研究戲曲演變之軌跡提供了鮮活的史料。

## 四、百戲表演

秦漢以來的許多伎藝，如尋橦、跳丸、魚龍蔓延、繩伎、走索、緣竿、跳劍、戴竿舞、舞獅、燕濯、蹴鞠、拗腰伎、角抵、幻術等，在清代仍時常演出，且有所發展。如乾隆間來自邯鄲的那些少兒的雜要表演，其伎藝就非常驚人。張開東《雜優歌》一詩寫道：

> 邯鄲兒童善戲謔，抛球打頭自相搏。銅盤爲花竹爲莖，手持竹竿搖花萼。連竿層累出雲霄，仙人掌上露華濯。竿直如箭射天空，又作遊絲牽風弱。隨有雲梯起虛漠，窈窕翻身脚底著。狡兒如猿抱脚伸，緣梯步趨顚倒作。超然直踏雲梯巔，滄海蜃樓蓬萊閣。高低蕩漾水雲騰，鳥自飛翔魚自躍。又如風吹太華玉井蓮，翩蹮不向人間落。九霄上，八極邊，我欲從之步虛挾飛仙，何必塵世局促徒拘攣！〔註83〕

所描繪的就是轉盤等伎藝表演情狀。令人稱奇的是，不停旋轉的盤子上，再立竹竿，盤置於上，依然轉動不已，層累迭出，各呈絕技。還有的在空中雲梯上，騰挪翻動，顚而倒之，做各種驚險動作。在西漢伎藝的基礎上，增加了不少繁難度，明顯有所發展。

還有來自回民的雜技表演，「吹螺打鼓響多端，欲上先如畏勢難。偏從疑憚出奇巧，足捷身輕肖飛鳥。上竿手足皆放空，一身盤旋隨回風。又向竿頭施軟索，天高地虛難立脚。豈知繩軟足更軟，有如蟻附膠黏著。回人隊倏爾

〔註82〕張塤：《雜詠京師新年諸戲，效浙中六家新年詩體，邀同人和之，郵寄吳穀人庶常，令連寫卷後十首》之十，《竹葉庵文集》卷一一「詩十一·鳳皇池上集七」，清乾隆五十一年刻本。

〔註83〕張開東：《白蓴詩集》卷八，清乾隆五十三年張兆騫刻本。

翻身，半天墜已身則定」〔註 84〕，似是由漢代尋橦伎藝發展而來，表演技巧又遠邁前人。那表演繩伎的少女，「雙手徐徐挽索登，翩然早在雲霄立。一竿在手如水準，兩端繫物爲權衡。誰道身同一鳥過，黃鸝、紫燕無此輕。百尺長繩兩頭繫，一進一退恣遊戲。倏忽翻身作倒懸，雙趺向天頭著地。綠毛么鳳掛花枝，飲水猿猱引長臂。須臾騰身復向前，曲肱爲枕繩上眠。海棠一枝睡未足，回身化作風輪旋」〔註 85〕。與前代繩伎相比，在技巧難度和表演方式上，則豐富、完善許多。

尤其是「飛舄作鳧石成羊，蹇驢折迭收巾箱」〔註 86〕的幻術表演，更令人稱奇。還有一些伎藝，或爲前代所無，或是在前代伎藝的基礎上生發而來。如《呵鏡》：

> 圍逾三尺徑一尺，非銅非晶懸諸壁。右手仗劍左執卮，喃喃不審何語辭。作氣呵鏡鏡昏暗，噴以法水畫以劍。微光中裂如線痕，漸開漸大光滿輪。別有一天在鏡裏，綠樹青峰繞村市。屋廬華好衣冠新，聯坐偕行雜眠起。荊關畫筆能寫生，無此曲折微妙形。鏡中之人若相接，我願一借天梯升。當空忽落數團火，鏡象全收客皆坐。火氣消滅水氣澄，壁上圓圓月輪墮。〔註 87〕

則是作氣呵鏡，使鏡昏暗不明，然後噴以水，用劍劃開，鏡中則現出有青山綠水、人物活動的另一世界，則是幻術技巧加科技手段交相作用的產物。還有以鼻吹笛，「以鼻噓笛笛作響」〔註 88〕，則是巧妙運氣，使笛孔發聲，亦爲前代所無。又如軟功與縮骨功，「童子翻身猛一躍，縮入冷謙琉璃瓶。復有口中吐煙火，呼吸之間雲霧鎖。翻疑爾今忽熱中，氣焰逼人非故我。魚龍曼衍百戲呈，登場二女何娉婷。翩躚互進雙飛燕，抗隊清歌百囀鶯。聳身捷竟追猿狖，掉尾勢若爭蜻蜓。反腰貼地弓彎巧，舞掌留仙鎖骨輕」〔註 89〕，則雜

〔註 84〕程晉芳：《回人伎》，《勉行堂詩集》卷二四，清嘉慶二十三年鄧廷楨等刻本。

〔註 85〕石韞玉：《觀繩伎作》，《獨學廬稿》三稿卷六，清寫刻獨學廬全稿本。

〔註 86〕趙翼：《觀雜耍二首》之一《幻戲》，《甌北集》卷四，《趙翼全集》第五冊，鳳凰出版社，2009 年，第 57 頁。

〔註 87〕董沛：《陳魚門太守政鑰招觀雜伎，各繫以詩》之六，《六一山房詩集》詩續集卷二，清同治十三年刻增修本。

〔註 88〕董沛：《陳魚門太守政鑰招觀雜伎，各繫以詩》之五《噓笛》，《六一山房詩集》詩續集卷二，清同治十三年刻增修本。

〔註 89〕陳作霖：《看雜戲有作》，《可園詩存》卷六《泛湖草中》，清宣統元年刻增修本。

糅前代伎藝又有所發展。其他如十不閑、三棒鼓、連廂、芭蕉鼓、秧歌、太平鼓、假獸頭、走馬燈、賽龍舟、跑解馬、高蹺、打筋斗、秋千、擊球、扳腳、呑刀、倒行、鬥雞、虎戲、肢解、火判、輥燈、踢弄、蟻戲、蛙戲、鼠戲、紙魚伎、射柳、蠅虎伎、豁拳、踢毽子、沙戲兒、投子、鬥虎、猴戲、被單戲等，不勝枚舉。各類伎藝應運而生，可謂「人情逐年趨變，世事閱日翻新」〔註90〕。

其次，是說書伎藝。在以往，人們述及清代說書藝人時，最多提到的乃是柳敬亭，且大多敘述其蹤跡之大略，如錢謙益《左甯南畫像歌爲柳敬亭作》、吳偉業《楚兩生行》、梁清標《贈柳敬亭南歸白下》、龔鼎孳《贈說書柳叟》、顧開雍《柳生歌》等。而正面述及說書藝術者似不多。本編所收詩、詞，或許能彌補這方面內容。如王猷定《聽柳敬亭說書》（之二）：「英雄頭肯向人低，長把山河當滑稽。一曲景陽岡上事，門前流水夕陽西。」〔註91〕由此，知其擅長說《水滸》景陽岡武松打虎事。再結合顧開雍《柳生歌》小序：「庚寅七月，僕始相見淮浦，爲僕發故宋小史宋江軼記一則，縱橫撼動，聲搖屋瓦，俯仰離合，皆出己意，使聽者悲泣喜笑，世稱柳生不虛云。」〔註92〕據此，可以揣知，現當代揚州著名評話藝人王少堂，以擅長說武松馳名於當時，其來有自，當爲延續柳敬亭藝術風格一脈。汪懋麟《柳敬亭說書行》，曾這樣描繪柳敬亭說書技巧，「小時抵掌公相前，談奇說鬼皆虛爾。開端抵死要驚人，聽者如癡雜悲喜」。又曰：「英雄盜賊傳最神，形模出處眞奇詭。耳邊恍聞金鐵聲，舞槊橫戈疾如矢。擊節據案時一呼，霹靂迸裂空山裏。激昂慷慨更周致，文章彷佛龍門史。」〔註93〕知其很注重故事開端的講述技巧，能迅速穩定場面，令聽眾很快進入預設的場景之中，隨著故事中人物命運顛倒而「雜悲喜」。擅長講述三國、水滸諸英雄故事，模擬金戈鐵馬之戰爭場景，如聞如見，彷佛置身其中，給人以強烈感染。而描述柳敬亭場上之表演最爲眞切、生動的，當爲遺民詩人閻爾梅。他的《柳麻子小說行》，以長達七八十句的歌行體詩，將柳敬亭說書之情狀淋漓盡致地予以表現：

傳語滿堂客滌耳，喧囂不動肅如霜。彩袖紅襬蹲座上，座定猶

〔註90〕李調元：《弄譜百詠》詩序，《童山集》詩集卷三八，中華書局，1985年，第519頁。

〔註91〕徐釚：《本事詩》卷七，清光緒十四年徐氏刻本。

〔註92〕徐釚：《本事詩》卷八，清光緒十四年徐氏刻本。

〔註93〕徐釚：《本事詩》卷一〇，清光緒十四年徐氏刻本。

餘身一丈。科頭抵掌說英雄，段落不與稗官同。始也敘事略平常，繼而搖曳加低昂。發言近俚入人情，吐音悲壯轉舌輕。唇帶血香目瞪棱，精華射注九光燈。獅吼深崖蛟舞潭，江北一聲徹江南。忽如田間父老籌桑麻，村社雞豚酒簾斜；忽如三峽湍回十二峰，峰嵐明滅亂流中；忽如六月雨驟四滂沱，傾簷破地觸漩渦；忽如他鄉嫠婦哭松墳；忽如兒女號饑索**餺飥**；忽如秋宵天狗叫長空；忽如華陰土拭太阿鋒；忽如嫖姚伐鼓賀蘭山；忽如王嬙琵琶弄蕭關；忽如重瞳臨陣叱樓煩，弓不敢張馬倒翻；忽如越石吹笳向北斗，萬人垂涕連營走；忽如西江老禪逗消息，一喝百丈聾三日。既有漁郎樵叟伐薪欸乃之泠泠，亦有忠臣孝子抑鬱無聊之啾唧。我聞此間小吏焦仲卿，姑媳誶語哀難聽；又聞此間神僧血白如銀膏，貔貅隊裏墮三刀。孤猿啼破清溪月，炎天簫笛涼於鐵。娓娓百句不停喉，才道不停倏而絕。霹靂流空萬馬奔，一聲斬住最驚魂。更將前所說者未完意，淡描數句補無痕。世間野史漫荒唐，此翁之史有文章。章句腐儒道不出，傳奇腳色苦灑妝。獨有此翁稱絕伎，不可無一不能二。八十歲人若嬰兒，聲比金石眞奇異。〔註 94〕

本作先寫柳敬亭之身材及說書時之裝束，然後才敘及故事講述節奏的把握，由娓娓道來，轉而慷慨激昂，逐漸將聽眾情緒引入對故事中人物命運的關注。他那出語的淺近俚俗、眼神的投注變化、發聲的起伏低昂、情感的迸發斂藏、故事的前後照應、場面的渲染烘托、節奏的緩急把握，都達到了一個十分完美的境界。這對於我們全面瞭解柳敬亭的說書藝術，提供了珍貴的史料。

順治間，還有另外一位名叫韓修齡的說書藝人。徐釚《本事詩》卷九收有王士祿《贈韓生》一詩，其二曰：「譃語縱橫許入詩，舍人侍燕柏梁時。武皇沒後天無笑，說著宮車只淚垂。」注曰：「生善平話，常供奉世祖皇帝。」〔註 95〕嚴熊《贈韓生修齡》詩略曰：

昔年柳敬亭，說書妙無比。當其登場時，公卿咸色喜。甯南尤賞愛，錢公贈詩史。今日韓修齡，更有出藍技。休誇海內名，鼓頰動天子。於赫章皇帝，神武天下理。闢門而開窗，羅楩楠杞梓。三

〔註 94〕閻爾梅：《白耷山人詩文集》詩集卷四，清康熙刻本。
〔註 95〕徐釚：《本事詩》卷九，清光緒十四年徐氏刻本。

德六德賢，百職各稱使。旁逮琴奕流，不以一藝鄙。韓生躡屩來，薦奏無片紙。掉臂登瓊階，猶如步閈閭。章皇顧之笑，優孟豈是爾？韓生承玉音，拜舞啓牙齒。或說秦漢朝，或說唐宋紀；或說金元事，南北界彼此；或說啓禎時，定哀寓微旨。治亂判堯桀，忠佞區胥嚭。一部十七史，歷歷在掌指。有時小窗中，兒女語婍妮；有時赴敵場，千軍盡披靡；有時聚伯伍，爭攘鬧鄽市；有時遇漁樵，湖山愬行止。乘時冬回春，失意羽變痏。叱吒風雷生，愁籲松竹萎。剛柔老幼態，軿羅眉頰裏。市謎五方言，部居唇齶底。呱呱兒啼呼，哀哀翁病痕。啁哳儼禽鳴，吠突肖犬豕。罔分絲竹肉，一派宮商徵。音聲與情形，描畫入骨髓。甯甘伶倫儔，差以偃師擬。章皇每擊節，特賜與朱紫。〔註 96〕

對韓生講述故事之內容以及演述技巧，均有所表現，未嘗不是爲說書史研究之一助。

值得一提的是，還有活躍於揚州一帶的平話藝人陳蘭舟。生活於乾、嘉之時的吳鼒，曾寫有《麓泉爲說平話之陳蘭舟索詩，走筆贈之》一詩，對陳蘭舟的說書技巧稱譽再三，略謂：

史陳工誦三代有，張惶古事不絕口。漢優唐伶亦解事，險語參錯抵獻否？平話傳者柳敬亭，生逢南朝厄運丁。來往軍中行險說，風月影裏刀血腥。陳生生當太平世，早遊揚州繁盛地。廿二朝史誰耐看，借爾口中知古事。悲歡離合何紛紛，往事如水如流雲。喜爾填胸乃有筆，動盪儻侃如行文。使人悲喜時時生，突作危筆人皆驚。遊戲三昧妙至此，唇鼓舌戰談鋒錚。一事岌岌問凶吉，四坐無言待詞畢。驚風驟雨啞然停，振衣起請俟他日。昨夜未闌忽中止，使我思之夜三起。〔註 97〕

明言陳蘭舟擅長說「廿二朝史」，述「悲歡離合」事，乃繼承柳敬亭一派。陳汝衡《說書史話》，於柳敬亭後，主要敘及韓圭湖、浦琳（字天玉）、龔午亭、葉英（原名永福，字英多，號霖林）、鄧光斗、宋承章、王建章、王全章諸人。在所引《揚州畫舫錄》（卷一一）中，曾涉及吳天緒、徐廣如、王德山、高晉公、房山年、曹天衡、顧進章、鄒必顯、謊陳四、王景山、陶景章、王朝幹、

〔註 96〕嚴熊：《嚴白雲詩集》卷九，清乾隆十九年嚴有禧刻本。
〔註 97〕吳鼒：《吳學士詩文集》詩集卷二「七古」，清光緒八年江寧藩署刻本。

張破頭、謝壽子、陳達三、薛家洪、諶耀廷、倪兆芳、陳天恭諸人，〔註 98〕然未見陳蘭舟其人。《中國近代文學大系・俗文學卷》，在敘及揚州評話伎藝傳承時，也僅列龔午亭、鄧光斗、宋承章、李國輝、藍玉春、張敬軒、金國燦、王坤山、王少堂諸人，〔註 99〕亦未見陳蘭舟之名字。這一史料的發現，對於揚州評話史研究當有所裨益。

## 五、藝人遭際

一部完整的中國戲曲史，在一定意義來說，也是一部戲曲藝人的演出活動史。戲曲，倘若離開了藝人的搬演，就成了徒留於記憶的藝術符號，自然失去了生命的活力。故而，從事戲曲史的研究，不能脫離對藝術生存狀態、藝術追求等方面內容的觀照。然而，令人遺憾的是，此類內容見諸文獻記載的太少，而本編所收作品，或爲我們窺知伶人生活提供了一扇視窗。它大致反映了如下內容：

首先是伶人的淒苦處境。不少窮困百姓，爲養家餬口計，不得不令女兒從小學歌舞吹奏伎藝，「十一弄長笛，十二彈箜篌。十三啓朱唇，一曲雙縑酬。雙縑知不惜，八口矜良謀。強顏爲君歡，背燭掩妾羞。詎識姹女錢，悲與嬰兒侔」〔註 100〕。長到一定年齡，女兒想嫁意中人，然而，「貪營求」的父母，根本無視女兒的意願，往往以女兒容貌、伎藝爲賭注，博取錢財，「一朝逐鴉飛，清淚無停流」〔註 101〕。有的是排門演唱，乞討飯食，「不博錦纏頭，但期餐果腹」〔註 102〕。有的父母雙亡，依姊爲活，「姊死斷近親，孑焉餘此羈孤身。遭強賺鬻燕京地，鬻向梨園充子弟。朝鞭成一舞，暮撻成一歌。但求延喘羞，則那登場隨例相婞嫈」〔註 103〕。還有的夫婦合作，長街演伎。有些戲班班主，視優伶爲奴婢，稍不如意，則皮鞭棍棒相加，甚至在其新婚蜜月期間，亦不

---

〔註 98〕陳汝衡：《說書史話》，人民文學出版社，1987 年，第 142 頁。

〔註 99〕范伯群、金名主編：《中國近代文學大系 1840～1919・俗文學集二》，上海書店，1993 年，第 4～6 頁。

〔註 100〕陸繼輅：《吳門曲爲萬十一作》，《崇百藥齋文集》卷四，清嘉慶二十五年刻本。

〔註 101〕陸繼輅：《吳門曲爲萬十一作》，《崇百藥齋文集》卷四，清嘉慶二十五年刻本。

〔註 102〕陳春曉：《唱南詞》，張應昌輯：《詩鐸》卷二六，清同治八年秀芷堂刻本。

〔註 103〕姚燮：《櫻桃街沈氏壚醉後感歌贈錢伶》，《復莊詩問》卷八，清道光姚氏刻大梅山館集本。

能倖免，以致逼人致死。龍啓瑞《鴛鴦戲蓮沼篇》就曾描寫這一情狀，略曰：

> 都門美優伶，學歌名早馳。百金娶新婦，旖旎傾城姿。歌師太不良，作計欲居奇。朝夕相逼迫，鞭撻將橫施。新婦聞此聲，洞房雙淚垂。歸房謂阿婦，卿意一何癡？我今實累卿，便當長別離。卿歸即再嫁，勿嫁優伶兒。若遇富家子，春閨畫娥眉。綺羅得自專，遊宴多娛嬉。我死卿猶全，永訣從此辭。愛惜好容華，無復相顧思。新婦聽未畢，流淚沾裳衣。同心已彌月，此語君何爲。再嫁與爲娼，失節無參差。君既爲我死，黃泉誓相隨。黯黯黃昏後，寂寂人語稀。可憐並蒂花，竟作一夕萎。〔註 104〕

即使自身條件再好，但世間有幾個識得戲之妙處，正所謂「雷同附和無眞識，朱門倚仗吹噓力」〔註 105〕。

晚清董沛筆下的孤兒陶生，於父母亡故後，幾經轉賣，十一歲便入了戲班，「兒年十一賣入都，聯星堂上教歌舞」，「昨歲登戲場，羞澀兒女裝。對人且歡笑，背人心惻怏」。〔註 106〕琵琶女年方十三，便教習彈唱，人情懵懂，就教唱男女情事，正所謂「生來未識相思意，唱煞朝雲暮雨情。含情相訴眞煩惱，匽滆飛花原草草。去年娘自教清歌，歌成教取金錢多。客不聽歌猶自可，歸去娘須笞罵我。薄命先同陌上塵，相逢誰是有心人」〔註 107〕。

潞城魏良才，「芒鞋草笠，來自田間」〔註 108〕，爲亦農亦藝的戲曲演員。由於刻苦好學，「能翻北部成南部」，入蓮聲部演戲，「十二當場菊部傾，自矜色藝差無向。色藝從教奉長官，傳呼日日侍清歡。琴心枉說珠盈斛，箏柱能揉玉作團。玉貌無端逢彼怒，一朝脫籍華林部。羅衫金釧篋中捐，歸著青簑臥煙霧」〔註 109〕，稍不留意，得罪長官，便遭到責呵遣歸。章娘「靚麗善鼓琴，工諧巧笑，傾倒一時」〔註 110〕，後流落杭州，「不能自存，至爲人供灑掃役客。有以前事詰者，輒援琴流涕，商音激楚，朱弦迸裂而罷」〔註

〔註 104〕龍啓瑞：《浣月山房詩集》卷五外集，清光緒四年龍繼棟京師刻本。
〔註 105〕方浚頤：《梨園弟子行》，《二知軒詩鈔》卷一一，清同治五年刻本。
〔註 106〕董沛：《孤兒行爲陶生作》，《六一山房詩集》詩集卷八，清同治十三年刻增修本。
〔註 107〕陳聲和：《琵琶女》，張應昌輯：《詩鐸》卷二六，清同治八年秀芷堂刻本。
〔註 108〕詹應甲：《魏伶歌》詩序，《賜綺堂集》卷二「詩」，清道光止園刻本。
〔註 109〕詹應甲：《魏伶歌》，《賜綺堂集》卷二「詩」，清道光止園刻本。
〔註 110〕查揆：《章娘曲》詩序，《篔谷詩文鈔》詩鈔卷五，清道光刻本。
〔註 111〕查揆：《章娘曲》詩序，《篔谷詩文鈔》詩鈔卷五，清道光刻本。

111〕。春台部名伶王長桂，「前時結束乍登場，能使坐者忽起成癡立」〔註 112〕，然而後來卻「飄零京洛無人惜」〔註 113〕。四喜部伶人錢雙壽，當年也「歌台一出人嗟咨」〔註 114〕，至年紀漸老，鬢髮將白，卻流落市井，「走遍天涯少棲息」〔註 115〕。更有七、八歲便登臺演戲者，備嘗艱辛，被稱作「貓兒戲」。伶人能登臺演出，爲班主掙錢，自然紅火得很。然而，一旦自身出了問題，或嗓子無法演唱，或身軀舞動不得，或因年邁不能登場，其結局很是可悲。董沛所寫的那位來自蘇州虎丘淪爲車夫的名優遭際，就很能說明問題。作品寫道：

> 車夫對我雙涕流，自言生少家虎邱。阿爺賣作燕市優，江鄉迢遞空寄郵。登場拂拭紅巾褠，迴出儕輩無與侔。長安遊俠停驊騮，箏琶簫管相唱酬。纏頭百萬傾囊搜，華麗宛若年少侯。陡然一病經年瘳，容顏改換無人收。執鞭且向高門投，聽人驅策呼馬牛。〔註 116〕

古代伶人的生活處境，由此可見一斑。

其次是伶人之演技。名伶丁繼之，以八十老翁，尚能在龔合肥（鼎孳）席上演《水滸》中赤髮鬼劉唐事，舞腰貼地，身手靈便，看去如年少兒，有「排場推第一」〔註 117〕之譽。朱維章、張燕築、王倩、張稚昭等，皆稱勝一時，「是時金閶全盛日，鶯花夾道連虎丘。柳市金盤耀白日，蘭房銀燭明朱樓。時時排場縱調笑，往往借面裝俳優。觀者如牆敢發口，梨園子弟歸相尤。就中張叟（燕築）最骯髒，橫襟奮袖髯戟抽。鄰翁《掃松》痛長夜，相國《寄子》哀清秋。金陵丁老（繼之）誇矍鑠，《偷桃》、《竊藥》筋力遒。月夜《劉唐》尺八腿，（原注：見《癸辛雜誌》。）扠衣闊步風颼颼。王倩（原注：公秀，張老之婿。）張五（穉昭）並婀娜，迎風《拜月》相綢繆。玉相交加青眼眩，《鸞篦》奪得紅妝愁。朱生奡兀作狡獪，黔面髽髻衣臂韝。健嫗行媒喧剝啄，小婢角口含咿嘔。矮郎背弓擔賣餅，牧豎口笛尋蹊牛。鬢絲頰毛各有

〔註 112〕張際亮：《王郎曲》，《思伯子堂詩集》卷二七，清刻本。
〔註 113〕張際亮：《王郎曲》，《思伯子堂詩集》卷二七，清刻本。
〔註 114〕張際亮：《眉仙行》，《思伯子堂詩集》卷二七，清刻本。
〔註 115〕張際亮：《眉仙行》，《思伯子堂詩集》卷二七，清刻本。
〔註 116〕董沛：《觀劇行》，《六一山房詩集》詩集卷一〇，清同治十三年刻增修本。
〔註 117〕李良年：《丁老行》，李稻塍輯：《梅會詩選》一集卷八，清乾隆三十二年寸碧山堂刻本。

態，搖頭掉舌誰能侔？」〔註 118〕張燕築演《椒山》中楊繼盛，悲歌慷慨，生氣勃發，令人動容。

杭州教歌頭羅三百斛，「悲懷激揚」〔註 119〕。在藝術追求上，「誓欲尋原奪高第」〔註 120〕，因其刻苦好學，演唱水準爲人們所稱道，「一聲將發坐客定，數變將終動神性。流離遷客涕淚傾，窈窕新娘怨思迸」〔註 121〕，產生強烈的藝術效果。雍正間少女吳芸，「凡奏院本，俗諺所謂「笑面虎」、「綿裏針」、「一世人」、「笑罵者」，悉芸當之，無不形容曲盡」〔註 122〕，「省人情事肖人神」〔註 123〕，可謂「淡妝淡抹雖相譃，揣笑摩顰卻認眞」〔註 124〕。

流落新疆的藝人，亦不乏伎藝精湛者，正所謂「越曲吳歈出塞多」〔註 125〕。「伶人鱉羔子，以生擅場」〔註 126〕。「簡大頭以丑擅場，未登場時，與之語格格不能出口，貌亦樸僿如村翁，登場則隨口詼諧，出人意表，千變萬化，不相重複，雖京師名部不能出其上也」〔註 127〕。「遣戶何奇，能以楚聲爲豔曲，其《紅綾袴》一闋，尤妖曼動魄」〔註 128〕。「劉木匠以旦擅場，年

〔註 118〕錢謙益：《甲午仲冬六日吳門舟中夜飲，飲罷放歌，爲朱生維章六十稱壽》，《牧齋有學集》卷五，《牧齋有學集》上冊，上海古籍出版社，1996 年，第 223～224 頁。

〔註 119〕毛奇齡：《羅三行》詩序，《西河集》卷一六〇「七言古詩」，清文淵閣四庫全書本。

〔註 120〕毛奇齡：《羅三行》，《西河集》卷一六〇「七言古詩」，清文淵閣四庫全書本。

〔註 121〕毛奇齡：《羅三行》，《西河集》卷一六〇「七言古詩」，清文淵閣四庫全書本。

〔註 122〕保培基：《芍藥芸郎索題》詩跋，《西垣集》卷八「詩八」，清乾隆井穀園刻本。

〔註 123〕保培基：《芍藥芸郎索題》之一，《西垣集》卷八「詩八」，清乾隆井穀園刻本。

〔註 124〕保培基：《芍藥芸郎索題》之二，《西垣集》卷八「詩八」，清乾隆井穀園刻本。

〔註 125〕紀昀：《烏魯木齊雜詩》之一百四十六，《紀曉嵐文集》第一冊，河北教育出版社，1991 年，第 608 頁。

〔註 126〕紀昀：《烏魯木齊雜詩》之一百四十九詩注，《紀曉嵐文集》第一冊，河北教育出版社，1991 年，第 609 頁。

〔註 127〕紀昀：《烏魯木齊雜詩》之一百五十詩注，《紀曉嵐文集》第一冊，河北教育出版社，1991 年，第 609 頁。

〔註 128〕紀昀：《烏魯木齊雜詩》之一百五十一詩注，《紀曉嵐文集》第一冊，河北教育出版社，1991 年，第 609 頁。

逾三旬，姿致尚在」〔註 129〕。「遣戶孫七，能演說諸稗官，掀髯抵掌，聲音笑貌，一一點綴如生」〔註 130〕。此類伎藝，多是由遣戶自內地攜帶而來。遣戶，乃入疆五種民中的主要一支，逐年增加，以致形成氣候，「昌吉頭屯及蘆草溝屯，皆爲民遣戶所居」〔註 131〕，以致「鱗鱗小屋似蜂衙，都是新屯遣戶家」〔註 132〕。當地居民往往「半操北語半南音」〔註 133〕。「流人既多，百工略備」〔註 134〕，商人各有商會，剃頭匠也有了自己的組織，崑曲的隨移民而傳入及名伶的湧現，則是很自然的事了。據載：「烏魯木齊之民凡五種，由內地募往耕種及自往塞外認墾者，謂之民戶；因行賈而認墾者，謂之商戶；由軍士子弟認墾者，謂之兵戶；原擬邊外爲民者，謂之安插戶；發往種地爲奴，當差年滿爲民者，謂之遣戶。各以戶頭鄉約統之，官衙有事亦各問之戶頭鄉約。故充是役者，事權頗重，又有所謂園戶者，租官地以種瓜菜，每畝納銀一錢，時來時去，不在戶籍之數也。」〔註 135〕

乾隆間，活躍於揚州劇壇的郝天秀，「廣場一出光四射，歌喉未啓人先憨。銅山傾頹玉山倒，春魂銷盡酒行三。遂令天下父母心，不重生女重生男」〔註 136〕，以致得「坑死人」之雅號。名伶顧郎，「擅場最是梨花槍，絕技渾同柘枝舞」〔註 137〕，此戲爲「其母所授，諸伶無能習之者」〔註 138〕。烏程朱錦山，藝兼眾長，「能陳二十四種樂器於前，以口及左、右手足動之，皆中節。又能

〔註 129〕紀昀：《烏魯木齊雜詩》之一百五十二詩注，《紀曉嵐文集》第一冊，河北教育出版社，1991 年，第 609 頁。

〔註 130〕紀昀：《烏魯木齊雜詩》之一百五十三詩注，《紀曉嵐文集》第一冊，河北教育出版社，1991 年，第 609 頁。

〔註 131〕紀昀：《烏魯木齊雜詩》「鱗鱗小屋」詩注，《紀曉嵐文集》第一冊，河北教育出版社，1991 年，第 600 頁。

〔註 132〕紀昀：《烏魯木齊雜詩》，《紀曉嵐文集》第一冊，河北教育出版社，1991 年，第 600 頁。

〔註 133〕紀昀：《烏魯木齊雜詩》，《紀曉嵐文集》第一冊，河北教育出版社，1991 年，第 600 頁。

〔註 134〕紀昀：《烏魯木齊雜詩》「戍屯處處」詩注，《紀曉嵐文集》第一冊，河北教育出版社，1991 年，第 599 頁。

〔註 135〕紀昀：《烏魯木齊雜詩》「戶籍題名」詩注，《紀曉嵐文集》第一冊，河北教育出版社，1991 年，第 598 頁。

〔註 136〕趙翼：《坑死人歌爲郝郎作》，《甌北集》卷三〇，《趙翼全集》第六冊，鳳凰出版社，2009 年，第 540 頁。

〔註 137〕顧宗泰：《顧郎曲》，《著老書堂集》卷三，清清乾隆刻本。

〔註 138〕顧宗泰：《顧郎曲》詩注，《著老書堂集》卷三，清清乾隆刻本。

奏各種曲，間以拇戰等聲，亦臻其妙」〔註 139〕。演奏時，「忽然悲笳迸空出，雜以金鼓鏘然鳴。此時無論絲與竹，直並百骸歸手足。又喜無論宮與商，盡收萬籟藏喉吭。乍如競度中流戲，東舫歌殘西舫繼。已覺前行聲漸遙，旋驚後隊紛讙譀。俚曲盲詞無不擅，耳畔又疑爭拇戰。五花八門信足迷，貫虱承蜩知久練」〔註 140〕。

其中有些作品，還涉及皮黃戲之演出。如宜慶部蜀伶陳銀，「色藝冠諸部。楚伶王桂繼至，入萃慶部，聲價遂與陳埒。兩伶既巧於自炫，又故傾襟名流以顛倒公卿，一時朝貴恒遭白眼。纏頭之贈，千金蔑如也」〔註 141〕。名伶之演技，亦更每每爲人所稱道。如小翠喜的《托兆》、《碰碑》，「其音悲壯而淋漓」〔註 142〕。孫一清的《汾河灣》，張秀卿的《十萬金》、小玉喜的《文武魁》、小香水的《玉堂春》、小菊芬的《大劈棺》、金玉蘭的《新安驛》、于小霞的《二進宮》、李飛英的《藏舟》、小菊處的《紅梅閣》等，或吐詞宏亮，聲遏行雲；或風流放誕，姿態萬方；或幽音怨思，牽人柔腸；或昆亂不擋，數藝兼擅；或慷慨悲歌，聲情並茂，均盛極一時。女伶小香水，「義州趙氏女，字曰佩雲。明慧善歌，演梆子青衣旦，兼鬚生，爲京師梨園第一」〔註 143〕，且「能作秦聲」〔註 144〕，奇妙無比。「演趙雲者小菊芬，演劉備者明月珍。子龍身手原無敵，先主鬚眉亦罕倫」〔註 145〕。小菊芬「演《怒沉百寶箱》，能使觀者萬人皆泣」〔註 146〕。當時流行「海上三雲」：賈碧玉、朱素雲、張青雲，「伶界三國色」：小玉喜、小菊芬、花元春，

〔註 139〕趙懷玉：《湖州郡齋席上聽朱錦山音伎歌》詩注，《亦有生齋集》詩卷三一「古今體詩」，清道光元年刻本。

〔註 140〕趙懷玉：《湖州郡齋席上聽朱錦山音伎歌》，《亦有生齋集》詩卷三一「古今體詩」，清道光元年刻本。

〔註 141〕孫原湘：《今昔辭》詩序，《天眞閣集》卷三○「詩三十」，清嘉慶五年刻增修本。

〔註 142〕易順鼎：《數斗血歌爲諸女伶作》，《琴志樓詩集》卷一八，上海古籍出版社，2004 年，第 1275 頁。

〔註 143〕易順鼎：《小香水歌》詩序，《琴志樓詩集》卷一八，上海古籍出版社，2004 年，第 1297 頁。

〔註 144〕易順鼎：《七月十九日紀事》，《琴志樓詩集》卷一八，上海古籍出版社，2004 年，第 1305 頁。

〔註 145〕易順鼎：《七月十九日紀事》，《琴志樓詩集》卷一八，上海古籍出版社，2004 年，第 1305 頁。

〔註 146〕易順鼎：《本事五首和無竟韻與原詩本事絕不同也》詩序，《琴志樓詩集》卷一八，上海古籍出版社，2004 年，第 1291 頁。

「四影」：小菊芬、小菊處、金玉蘭、梅蘭芳之說，所述諸伶，皆一時之翹楚。尤其是梅蘭芳，「兼演花衫摹蕩冶，纖腰近更嫻刀馬」〔註147〕，「京師第一青衣劇，梅郎青衣又第一」〔註148〕，以致有「梅魂」、「國花」之譽。其中有些名伶之戲曲活動，或爲王芷章《中國京劇編年史》、《京劇名藝人傳略集》所不載，彌覺珍貴。

再次是伶人習尚。伶人樂於與文人交往，每每求其爲己題寫詩句，以附庸風雅。文人出自於感情或心理的需要，也願意與之往還，故在清人的詩文集中，就有諸如「贈歌妓」、「贈吟旦者」、「贈歌者」、「口號贈女伶」、「贈歌兒」、「與歌者」、「題扇贈歌者」、「逢歌者」等等詩詞作品。伶人與文士的交往，從客觀上來說，對伶人文化素質的涵育、表演伎藝的提升，當有著潛移默化的作用。從主觀上來說，伶人主動與文人交往，甚至求其題寫詩句，留下墨寶，這對於提高其身價、拓展演出市場，顯然是有利的。而文人，也藉此獲得科場蹭蹬、仕途奔波、勢力傾軋等多重壓力交並作用下緊張、焦躁心理的舒緩或精神上的慰藉，又何樂而不爲？清初文人李漁，視編劇、演劇爲文化產業，家中養有戲班，經常外出演戲，其中喬、王二姬，據李漁自述，其「登場演劇時，喬爲婦而姬爲男，豐致翛然，與美少年無異。予利其可觀，即不登場，亦常使角巾相對，伴麈尾清談。不知者以爲歌姬，予則視爲韻友」〔註149〕，是視喬、王二姬爲知己。乾隆間，楚伶王桂來京，入萃慶部，曾向著名畫家余集（字蓉裳，號秋室）習學畫蘭，「娟楚有致，都人士爭購之」〔註150〕。「施漪塘侍御學濂傾心於桂，字之曰『湘雲』。大興方維翰亦字漪塘，作《湘雲賦》。桂裝潢錦軸，懸之臥室。方感其意，踵門執弟子禮」〔註151〕。楚中高士閔貞，「工山水人物，尤工寫眞。有某制府以千金求畫，不應，幾中

〔註147〕易順鼎：《梅郎爲余置酒馮幼薇宅中賞芍藥，留連竟日，因賦國花行贈之，並索同坐癭公秋岳和》，《琴志樓詩集》卷一八，上海古籍出版社，2004年，第1287頁。

〔註148〕易順鼎：《梅郎爲余置酒馮幼薇宅中賞芍藥，留連竟日，因賦國花行贈之，並索同坐癭公秋岳和》，《琴志樓詩集》卷一八，上海古籍出版社，2004年，第1287頁。

〔註149〕李漁：《後斷腸詩十首》之二詩序，《笠翁詩集》卷二，浙江古籍出版社編：《李漁全集》第二冊，浙江古籍出版社，1991年，第217頁。

〔註150〕孫原湘：《今昔辭》之三詩注，《天眞閣集》卷三〇「詩三十」，清嘉慶五年刻增修本。

〔註151〕孫原湘：《今昔辭》之二詩注，《天眞閣集》卷三〇「詩三十」，清嘉慶五年刻增修本。

以法，人呼『閔騃子』！獨爲銀作《渼碧圖》，三日始畢。渼碧，銀字」〔註152〕。「銀既還蜀，裘馬翩翩，居然富人矣！王秋汀觀察啓焜強之演一劇，贈五百金，副以珍裘」〔註153〕。「慶升部小伶翟松，味莊觀察所賞。演燈劇，火然其眉，公爲之疾呼」〔註154〕。伶人與文人的互爲影響、互爲追捧、遮護可以想見。古代之文人，於名之外，還取有字、號，朋儕相見，往往稱字或號而不呼名，以示尊重。此乃風雅之舉。而清代伶人，也每每仿效文士，取字、號以示風雅。如名伶王紫稼，名稼，字紫稼。徐紫雲，字九青，號曼殊。郝天秀，字曉嵐。魏長生，字婉卿。陳銀，字渼碧。王桂，字湘雲等，皆是其例。又如，江南名妓謝玉，「所居秋影樓，即以爲字。乾隆庚子甲辰，江左兩攀翠華，目不覩荒歉，耳不聞金革，風氣日競華豔，而金陵爲尤。曲中有名者，指不可屈。秋影獨浣妝謝客，以自高聲價，爲隨園先生所賞。一時名士翕然譽之」〔註155〕。他們的習學書畫、學作詩詞，亦是在習學文人做派，以示風雅。同樣，文人也喜爲歌唱，一吐情懷。王蔗鄉茂才，「骯髒有奇氣，工古、近體詩，尤長於駢體文。每一篇出，輒付梓人刊之，士林翕然傳誦。與予初見於桃葉渡口，即慷慨願結兄弟歡。嗣是沽酒評花，過從殆無虛日。蔗鄉善歌，當酒酣耳熱時，唱大江東去，響遏行雲。秦淮兩岸麗人皆憑闌傾聽，及嬲其歌，《紫釵記》、《牡丹亭》諸豔曲，則又清脆玲瓏，如出兩喉舌焉。自言平日登場度曲，雖老伶工弗能及，抑可謂極文人之狡獪矣」〔註156〕！戲曲文化對文人生活濡染之深，也藉此可見。

當然，本編所收作品的戲曲文獻價值，還遠不止此。這裏不過擇其要而略述之。筆者在《中國早期戲曲生成史論》（2011 年度國家社科基金後期資助項目）一書的「緒論」中曾經說過：

> 戲曲生成的過程，如同場上的伎藝搬演一樣，是一個充滿活力與動態的發展過程。不同的藝術形態，展示於同一平臺，相互間的

〔註152〕孫原湘：《今昔辭》之四詩注，《天眞閣集》卷三〇「詩三十」，清嘉慶五年刻增修本。

〔註153〕孫原湘：《今昔辭》之五詩注，《天眞閣集》卷三〇「詩三十」，清嘉慶五年刻增修本。

〔註154〕孫原湘：《滬城花事絕句》之十二詩注，《天眞閣集》外集卷六「詩六」，清嘉慶五年刻增修本。

〔註155〕孫原湘：《題謝娘秋影照》詩序，《天眞閣集》外集卷六「詩六」，清嘉慶五年刻增修本。

〔註156〕方浚頤：《金陵兩哀詩》詩序，《二知軒詩鈔》卷一一，清同治五年刻本。

> 競技與較量勢不可免。研究中若只著眼於孤立的、「純粹」的戲曲，就難以窺知其生成的眞實面貌。通過引入大戲曲史觀，搭建由多種文化元素構成的多維立體網絡，在此框架中，找尋戲曲生成所遵循的內在發展理路。〔註 157〕

本編之所以將雜耍等伎藝史料收羅其中，就基於這一考慮。戲曲文獻的搜羅、整理倘若順利，本人還擬將元、明兩代散見戲曲史料分冊編纂。倘若身體條件許可，將在廣泛佔有史料的基礎上，分別撰寫《元代戲曲傳承史論》、《明代戲曲傳承史論》和《清代戲曲傳承史論》，以便《中國早期戲曲生成史論》之研究，得以延續和拓展，並形成《中國古代戲曲傳承發展通史》。願景似乎很宏遠，但能否得以實現，尚須視具體情況而定。

〔註 157〕趙興勤：《中國早期戲曲生成史論》，北京大學出版社，2014 年即出。

# 說　明

一、《清代散見戲曲史料彙編》（以下簡稱《彙編》），主要按文體分類，旨在對散見於各類清代古籍中的戲曲史料進行較爲全面的鉤稽、整理和出版，以利學界翻檢。

二、《彙編》作爲一項宏大的學術工程，已被編者列入計劃的有《詩詞卷》、《筆記卷》、《小說卷》、《方志卷》、《書信日記卷》等。至於清代戲曲序跋，因已有多人整理、研究，資料已搜集得較爲完備，爲避免重複勞動，不再納入《彙編》序列。

三、本書作爲《彙編》之一種，主要輯錄清代詩詞中散見的戲曲史料。因清代詩詞總集、別集、選集數量之巨，以一己之力，實非一朝一夕所能窮盡。故首先出版《詩詞卷・初編》，《二編》、《三編》乃至《四編》有俟來日。每編所收文字，大致 30～50 萬字。

四、本書所輯詩詞，時間大致以清代爲限。明遺民之詩詞及民國時期作者 1912 年以前之作品，亦酌情收錄。爲體現資料的完整性，個別詩詞延伸至民國初年。

五、本書所輯詩詞，大致按詩人生卒先後排列。生卒年不詳者，則據其生活年代妥善入編。爲便於讀者了解，作者名下附以其生平梗概。小傳文字出處於文末以「見××書卷××」形式隨文列示，不一一出注。詩人生卒年主要依據《清代人物生卒年表》、《清人別集總目》等工具書，個別舛誤酌參各類古籍中之記載予以訂正，限於篇幅，不一一說明。

六、本書所輯詩詞，兼及與戲曲發展相關的其它伎藝，如唱曲、說書、雜耍、影戲、雜技、幻術等內容，力圖全面反映戲曲生成、發展之全貌。

七、本書所輯詩詞，一般依據古籍輯錄。遇版本較多者，擇善而從。各種詩（詞）集，已有點校本（校注本、箋注本等）問世者，則多以點校本爲據。

八、本書所輯詩詞，所依之稿本、刻本、鈔本、石印本等，原文缺損或漫漶無法辨認者，以「□」符號加以標示。明顯錯訛處直接改正，異體字、通假字酌情改爲正字，一般不作說明。

九、本書所輯詩詞，明顯扞格不通或有脫（衍）字者，則參校以別本，予以補入或改正；無參校本可據者，則以「□」表示闕文或加案語予以說明。

十、本書所輯詩詞，凡詩歌小注及本書編者所加案語等，字體小一號。

十一、本書所輯詩詞，均詳細注明出處，以省讀者翻檢、對勘之勞。書後另附《主要參考文獻》。

十二、本書所輯詩詞，多從清代總集、別集、選集中摘錄。古代劇本刊刻時前後所附的各類戲曲題辭等，凡已爲蔡毅編著《中國古典戲曲序跋彙編》（齊魯書社 1989 年 10 月版）、吳毓華編《中國古代戲曲序跋集》（中國戲劇出版社 1990 年 8 月版）所收者，以及筆記、詩話、方志等引錄的詩詞作品，一般不作收錄。

二○一三年七月

## 錢謙益

錢謙益（1582～1664），字受之，號牧齋，晚號蒙叟、東澗遺老等。常熟（今屬江蘇）人。明萬曆三十八年（1610）進士，授翰林院編修，累官至禮部侍郎。南明弘光朝爲禮部尚書。入清以禮部侍郎兼管秘書院事，充《明史》館副總裁，旋歸鄉里。錢謙益主盟文壇數十年，與吳偉業、龔鼎孳並稱「江左三大家」。著有《初學集》、《有學集》、《有學集補遺》、《投筆集》等。見《清史稿》卷四八四、《晚晴簃詩匯》卷一九等。

**【冬夜觀劇歌為徐二爾從作】**

金鋪著霜月上楹，高堂綺席陳吳羹。撞鐘伐鼓催嚴更，促尊合坐飛兕觥。蘭膏明燭凝銀燈，釭花夜笑春風生。氍毹蹴水光盈盈，繡屏屈膝圍小伶。十三不足十一零，金花繡領簇隊行。行列參差機體輕，宛如魁壘登平城。涉江《采菱》發新聲，紅牙檀板縱復橫，絲肉交奮梁塵驚。歌喉徐引一線清，江城素月流雛鶯。歌闌曲罷呈妙戲，侲童當筵廣場沸，安西師子金塗眥，擲身倒投不觸地。尋橦上索巧相背，須臾技盡腰鼓退。西涼假面復何在？險竿兒女心猶悸，滿堂觀者爭愕眙。人生百年一戲笥，郭郎鮑老多顛悴。今夕何夕良宴會，主人攜酒坐客位。秉燭歡娛笑惜費，舞衣卻卷光綷縩，歌場尚圓聲搖曳。眼花耳熱各放意，客歌未晞主既醉。（《牧齋初學集》卷九，《牧齋初學集》上冊，清·錢曾箋注、錢仲聯標校，上海古籍出版社 1985 年版，第 291～292 頁）

**【仲夏觀劇歡讌浹月戲題長句呈同席許宮允諸公】**

（其一）浹月邀歡趁會期，老夫旣氉也追隨。可憐舞豔歌嬌日，正是鶯啼燕語時。中酒再霑年少病，討花重發早春癡。閒身好事渾無賴，看取霜毛一番遲。

（其二）桐花風軟燕泥新，一月歌場疊幾旬。小戶權爲衝酒客，大家挨作佐別花人。追陪歡讌應賒老，驅使風光莫較貧。處處典衣鋪妓席，知誰相笑又誰嗔？

（其三）選勝偏宜朱夏長，追歡更覺白頭忙。熟梅雨殢三分酒，眠柳風吹一國狂。飲劇好更新幟纛，曲喧休紊舊宮商。叫呶莫謾嘲長夜，日月何妨在醉鄉。

（其四）眾中歌笑自言殊，冉冉風光溢步趨。點拍更誰傳滿子，歸來但坐看羅敷。青袍便擬休官在，紅粉還能入道無？筵散酒醒成一笑，鬇絲禪榻正疎蕪。（《牧齋初學集》卷十，《牧齋初學集》上冊，清・錢曾箋注、錢仲聯標校，上海古籍出版社 1985 年版，第 308～309 頁）

【長干行寄南城鄭應尼是庚戌同年進士牓下一別三十二年矣】

人生忽如客行路，少壯侵尋逼遲暮。白頭種菜猶昔人，紫陌看花想前度。就中最愛鄭南城，緩帶輕衣太瘦生。七言詩句推渠帥，《千佛名經》獨老成。連鑣未幾忽星散，中外差池不相見。君因忤物坐迍邅，我緣鉤黨遭塗炭。懷袖消沉字幾年，長干風月總堪憐。白夾風流樂府在，青樓薄倖教坊傳。應尼少遊長干，爲名妓馬湘蘭作《白練裙》雜劇，至今流傳曲中。即今天下兵塵滿，年少兒郎死樞筦。武陵彤弓命未反，括蒼鐵衣血新澣。武陵樞相、括蒼司馬，皆同榜少年生也。功名熏灼竟如何，紅粉黃沙不較多。遊人尚酹湘蘭墓，子弟爭翻《白練》歌。不若與君羸得在，瞪目支頤看流輩。且將分鹿付覆蕉，莫以亡羊笑博簺。吳門仙治近麻姑，莫謂盱江道路紆。若逢鳥爪經過便，還寄丹沙問訊余。（《牧齋初學集》卷二十，《牧齋初學集》上冊，清・錢曾箋注、錢仲聯標校，上海古籍出版社 1985 年版，第 672 頁）

【西湖雜感（之二）】

瀲灩西湖水一方，吳根越角兩茫茫。孤山鶴去花如雪，葛嶺鵑啼月似霜。油壁輕車來北里，梨園小部奏《西廂》。而今縱會空王法，知是前塵也斷腸。（《牧齋有學集》卷三，《牧齋有學集》上冊，清・錢曾箋注、錢仲聯標校，上海古籍出版社 1996 年版，第 91 頁）

【辛卯春盡歌者王郎北遊告別戲題十四絕句以當折柳贈別之外雜有寄託諧談無端讔謎間出覽者可以一笑也】

（其一）桃李芳年冰雪身，青鞋席帽走風塵。鐵衣毳帳三千里，刀軟弓欹爲玉人。

（其二）官柳新栽輦路傍，黃衫走馬映鵝黃。垂金曳縷千千樹，也學梧桐待鳳凰。時聞燕京郊外夾路栽柳。

（其三）紅旗曳掣倚青霄，鄴水繁花未寂寥。如意館中春萬樹，一時齊讓鄭櫻桃。

（其四）觱篥休吹蘆管喑，金尊檀板夜沉沉。莫言此地無鸜鵒，乳燕雛鶯到上林。

（其五）多情莫學野宛央，玉勒金丸傍苑牆。十五胡姬燕趙女，何人不願嫁王昌？

（其六）壓酒吳姬墜馬粧，玉缸重碧臘醅香。山梨易栗皆凡果，上苑頻婆勸客嘗。

（其七）閣道雕梁雙燕棲，小紅花發御溝西。太常莫倚清齋禁，一曲看他醉似泥。王郎云：此行將倚龔太常。

（其八）可是湖湘流落身？一聲《紅豆》也沾巾。休將天寶淒涼曲，唱與長安筵上人。

（其九）《邯鄲》曲罷酒人悲，燕市悲歌變《柳枝》。醉覓荊齊舊徒侶，侯家一嫗老吹箎。

（其十）憑將紅淚裹相思，多恐冬哥沒見期。相見只煩傳一語，江南五度落花時。此下共五首寄侯家故妓冬哥。

（其十一）江南才子《杜秋》詩，垂老心情故國思。《金縷》歌殘休悵恨，銅人淚下已多時。

（其十二）灰洞溟濛朔吹哀，離魂嘿嘿繞蘇臺。紅香翠煖山塘路，燕子楊花並馬回。范石湖云：涿南燕北，謂之灰洞。

（其十三）春風作態楝花飛，清醥盈觴照別衣。欲我覆巾施梵呪，要他才去便思歸。

（其十四）左右風懷老旋輕，捉花留絮漫多情。白頭歌叟金禪老，彌佛燈前詛汝行。錫山雲間徐老。（《牧齋有學集》卷四，《牧齋有學集》上冊，清·錢曾箋注、錢仲聯標校，上海古籍出版社 1996 年版，第 124～128 頁）

**【甲午仲冬六日吳門舟中夜飲飲罷放歌為朱生維章六十稱壽】**

吳門朱生朱亥儔，行年六十猶敝裘。生來長不滿六尺，胸中老氣橫九州。朝虀暮鹽心不省，春花秋月身自由。席門縣薄有車轍，臂鷹盤馬多俠遊。是時金閶全盛日，鶯花夾道連虎丘。柳市金盤耀白日，蘭房銀燭明朱樓。時時排場縱調笑，往往借面裝俳優。觀者如牆敢發口，梨園子弟歸相尤。就中張叟燕筑最骯髒，橫襟奮袖髯戟抽。鄰翁《掃松》痛長夜，相國《寄子》哀清秋。金陵丁老繼之誇矍鑠，《偷桃》、《竊藥》筋力遒。月夜《劉唐》尺八腿，見《癸辛雜志》。扠衣闊步風颼颼。王倩公秀，張老之婿、張五穉昭並婀娜，迎風《拜月》相綢繆。玉相交加青眼眩，《鸞篦》奪得紅粧愁。朱生孱兀作狡獪，黔面鬔髻衣臂韝。健媼行媒喧剝啄，小婢角口含咿嘔。矮郎背弓擔賣餅，牧豎口笛尋蹊牛。髩絲頰毛各有態，搖頭掉舌誰能侔？吁嗟十載遭喪亂，寄命朝夕同蜉蝣。天地翻覆戲場在，干戈剝換顛毛留。老顛風景仍欲裂，對酒歌哭庸何郵？瞥眼會過千歲刦，當筵翻笑隔夜憂。何妨使君呼八騶，跨坊綠幘戴紅兜。下馬忽漫開口笑，解貂參預秉燭遊。吳姬錦瑟許共醉，鄂君翠被邀同舟。雜坐何當禁執手，一笑豈惜傾纏頭。商女歌殘燭花冷，仙人淚下鉛水稠。夜烏拉拉散列炬，村雞荒荒催酒籌。午夜前期問櫪馬，明朝樂事歸爽鳩。朱生朱生且罷休，爲爾酌酒仍長謳。張叟老丁齊七十，老夫稍長亦輩流。兔烏天上不相待，雞蟲人世難與謀。且揄王倩長舞袖，更囀張五清歌喉。熨斗眉頭展舊皺，漉囊甕面開新芻。清商一部娛燕幕，紅粉兩隊分鴻溝。急須伴我醉鄉醉，安用笑彼囚山囚。次日篝燈泊舟吳塔，呵凍漫稿。（《牧齋有學集》卷五，《牧齋有學集》上册，清・錢曾箋注、錢仲聯標校，上海古籍出版社 1996 年版，第 223～224 頁）

【左寧南畫像歌為柳敬亭作】

何人踞坐戎帳中？寧南徹侯崑山公。手指抨彈出師象，鼻息吸呼成虎熊。帳前接席柳麻子，海內說書妙無比。長揖能令漢祖驚，搖頭不道楚相死。是時寧南大出師，江湘千里連軍麾。每當按甲休兵日，更值椎牛饗士時。夜營不諠角聲止，高座張燈拂筵几。吹唇芒角生燭花，掉舌波瀾沸江水。寧南聞之鬚蝟張，佽飛櫪馬俱騰驤。誓剜心肝奉天子，拚洒毫毛布戰場。秦灰燒殘漢幟靡，嗚呼寧南長已矣！時來將帥長頭角，運去英雄喪首尾。倚天劍老親身匣，垂敝猶輿晉陽甲。數升赤血噴餘皇，萬斛青蠅掩牆翣。白衣殘客哭江天，畫像提攜訴九泉。舌端有鍔腸堪斷，泣下無珠血可憐。柳生柳生吾語爾，欲報恩門仗牙齒。憑將玉帳三年事，漏作《金陀》一家史。此時笑噱比傳奇，他日應同汗竹垂。從來百戰青燐血，不博三條紅燭詞。千載沈埋國史傳，院本彈詞萬人羨。盲翁負鼓趙家庄，寧南重爲開生面。（《牧齋有學集》卷六，《牧齋有學集》上册，清・錢曾箋注、錢仲聯標校，上海古籍出版社 1996 年版，第 275 頁）

【金陵雜題絕句二十五首繼乙未春留題之作（之七）】

頓老琵琶舊典刑，檀槽生澀響丁零。南巡法曲誰人問？頭白周郎掩淚聽。紹興周錫圭，字禹錫，好聽南院頓老琵琶，常對人曰：「此威武南巡所遺法曲也。」（《牧齋有學集》卷八，《牧齋有學集》上冊，清·錢曾箋注、錢仲聯標校，上海古籍出版社 1996 年版，第 417 頁）

【讀豫章仙音譜漫題八絕句呈太虛宗伯並雪堂梅公古嚴計百諸君子】

（其一）重城珠翠照邗溝，《玉樹》歌聲蕩玉鉤。明月二分都捲去，誤人殘夢到揚州。

（其二）別去騰騰只醉眠，三杯天酒半翕禪。江風吹落《仙音譜》，似佛修羅琴上絃。

（其三）《牡丹亭》苦唱情多，其奈新聲《水調》何？誰解梅村愁絕處，《秣陵春》是隔江歌。

（其四）雲藍小袖盡傾城，逐隊燈前謝小名。莫道掃眉才子少，墨兵酒海正縱橫。

（其五）舞豔歌嬌爛不收，南朝從此果無愁。笑他寂寞新亭客，掩面悲啼作楚囚。

（其六）紅筵綠酒競留春，韝臂弓鞋一番新。銀燭有花還解笑，風光偏賽白頭人。

（其七）花落花開祇一晨，判將嚼蠟抵橫陳。《九歌》本是人間曲，天老何曾愛二嬪。

（其八）遊絲白日忽成嵐，柳絮春風故作憨。寄與《多心經》一卷，色空空色任君參。（《牧齋有學集》卷十一，《牧齋有學集》中冊，清·錢曾箋注、錢仲聯標校，上海古籍出版社 1996 年版，第 522～524 頁）

【病榻消寒雜詠四十六首（之十一）】

柏寢梧宮事儼然，富平一叟記眞延。牽絲入仕陪元宰，執簡排場見古賢。早歲光陰頻跋燭，百年人物遞當筵。舉杯欲理滄桑話，兒女讙呶擁膝前。余五六歲，看演《鳴鳳記》，見孫立庭袍笏登場。庚戌登第，富平爲太宰延接，如見古人，迄今又五十四年矣。（《牧齋有學集》卷十三，《牧齋有學集》中冊，清·錢曾箋注、錢仲聯標校，上海古籍出版社 1996 年版，第 645 頁）

**【病榻消寒雜詠四十六首（之十二）】**

硯席書生倚稚驕，《邯鄲》一部夜呼囂。朱衣早作臚傳讖，青史翻爲度曲訞。炊熟黃粱新剪韭，夢醒紅燭舊分蕉。衛靈石槨誰鐫刻？莫向東城歎市朝。是夕又演《邯鄲夢》。（《牧齋有學集》卷十三，《牧齋有學集》中冊，清·錢曾箋注、錢仲聯標校，上海古籍出版社 1996 年版，第 645 頁）

## 姚子莊

姚子莊，生卒年不詳，字六康，歸善（今廣東惠陽縣）人。明崇禎六年（1633）舉人。康熙五年知石埭縣，編里甲，均徭役，置義塾十二所，民咸德之。著有《姚六康集》等。見《（乾隆）江南通志》卷一一七、《（光緒）重修安徽通志》卷一四四等。

**【清風詞贈歌者】**

伊人遙夜嘆，露寒秋氣滋。歸舟無定計，只遣清風知。（清·徐釚：《本事詩》卷十一，清光緒十四年徐氏刻本）

## 朱　隗

朱隗，生卒年不詳，字雲子，江南長洲（今江蘇吳縣）人。治博士業，雅尚文藻。天啓中，吳中復社聚四方積學之士，隗與張溥、張采、楊廷樞、楊彝、顧夢麟等分主五經，馳驅江表，爲一時廚顧。詩宗中晚唐，時稱爲徐禎卿、唐寅之流亞，晚歲當貢，隱居不出。著有《咫聞齋稿》等。見《明詩紀事》辛籤卷二二、《靜志居詩話》卷二一、《（同治）蘇州府志》卷八八等。

**【鴛湖主人出家姬演牡丹亭記歌】**按：鴛湖主人，禾中某吏部也。吏部家居時，極聲伎歌舞之樂，後以事見法。南湖花柳，散作荒煙；東市朝衣，變爲蛺蝶。故吳祭酒梅村《鴛湖曲》有「芳草乍疑歌扇綠，落英錯認舞衣鮮」之句，余亦賦《鴛湖感舊》云：「曾說荒臺舞柘枝，而今空見柳絲絲。不因重唱鴛湖曲，誰識南朝舊總持。」

鴛鴦湖頭颯寒雨，竹戶蘭軒坐容與。主人不慣留俗賓，識曲知音有心許。徐徐邀入翠簾垂，掃地添香亦侍兒。默默愔愔燈欲炧，才看聲影出參差。氍毹祇隔紗屏綠，茗鑪相對人如玉。不須粉項與檀妝，謝卻哀絲及豪竹。縈盈澹蕩未能名，歌舞場中別調清。態非作意方成艷，曲到無聲始是情。幽明人鬼皆情宅，作記窮情醒情癖。當筵喚起老臨川，玉茗堂中夜深魄。歸時風露四更初，暗省從前倍起予。尊前此意堪生死，誰似瑯琊王伯輿。（清・徐釚：《本事詩》卷七，清光緒十四年徐氏刻本）

## 俞南史

俞南史，生卒年不詳，字無殊，號鹿床，江南吳江（今江蘇吳江）人。山人安期子。諸生。與潘木公、史弱翁、沈君服、徐介白齊名，號「松陵五子」。著有《鹿床稿》、《唐詩正》、《唐詩擘香集》等。見《國朝詩人徵略》卷六、《國朝詞綜補》卷二、《晚晴簃詩匯》卷一五等。

【香奩社集分詠諸姬】吳姬舊有甲乙譜，無錫錢星客復修之，珠簾畫舫，粉香載道，一時諸名士各賦詩題贈，名《香奩社集詩》。茂苑朱隗雲子曰：「玉輕釵豔乍參差，密坐圍寒卜夜期。錦陣班頭推火鳳，梨園色長有蠻兒。螺巵傳令沾衣酒，猊帶求書即席詞。欲作群芳生面譜，應看蓮本出青泥」，正詠其事也。

（其一）晚寒強病出來遲，微笑燈前影半欹。祇爲愁多長獨坐，翻嫌情重易相思。瓊花不是人間種，桃葉還從江上期。若有好花兼好月，攜來酒畔總相宜。沙才。

（其二）瓜時初過正嬌嬈，煙葉雙眉不待描。濃睡未醒鸚鵡喚，曉妝難竟畫船邀。清歌疑傍爐煙散，豔影愁隨蠟淚消。一笑樽前似曾識，朝來莫共楚雲飄。郎玄。

（其三）日晚煙香護紫冥，迢迢忽覩下雲軿。逢人每見敲棋局，彷彿長思誦梵經。醉裏歌聲憑扇煖，座間眉色映人青。酒闌黯黯消魂處，明月臨空白滿汀。梁昭。

（其四）朝來曾不負芳辰，晚坐花間送月輪。和曲自同王大令，學書曾仿衛夫人。每從南浦捐瑤珮，長向西窗醉錦茵。家在虎丘山畔住，眞孃或恐是前身。卞賽。

（其五）月下亭亭影不移，整釵微動小相思。眼澄秋水光初剪，身倚名花豔獨披。若對青鸞期莫失，倘逢紅鳳會休遲。雙成欲見無消息，還向君家寄怨詞。董曉。

（其六）鳳影鸞音畫燭前，紅衫紫帶使人憐。蘭香宜出風塵表，絳樹還來歌舞筵。獺髓新塗光正媚，翠鈿初貼態逾妍。金荃好句偏成誦，細寫菖蒲小樣牋。蔣慶。（清・徐釚：《本事詩》卷九，清光緒十四年徐氏刻本）

## 錢　霍

錢霍，生卒年不詳，字去病，號荊山，上虞籍山陰（今浙江紹興）人。爲諸生，貢太學。精舉子業，然獨好爲詩。其詩自闢阡陌，勁出橫貫，不假雕飾而姿態橫生。性豪喜談，酒酣興至，音吐如洪鐘，目閃閃有光，驚起坐客。性狷介，恥以詩文干士大夫。嘗遊京師，故人居華要者不投一刺。詹事沈荃獨嚴重之，曰：「今之謫仙也！」鄉人姚儀好霍詩，爲梓其集。著有《望舒樓詩集》十卷、《文集》一卷，輯有《望舒樓古詩選》。見《（雍正）浙江通志》卷一八〇、《兩浙輶軒錄》卷七等。

**【櫻桃歌范馭遠席上贈歌者孟紉蘭】**時馭遠將之北平。

范生留醉吳門豪，白玉盤薦紅櫻桃。狂客一生歌白苧，鄰女深更放剪刀。歌聲風裏飛如雪，花落燈前細似毛。歌聲流轉催花落，鸚鵡杯行烏夜號。驚君忽作幽燕客，江路春寒將贈袍。聞道幽燕近朔方，招賢昔有燕昭王。祇今駿骨無人買，莫向金臺騁驌驦。君行留不住，夜宿投何處？張黴一曲送春風，玉顏雙映櫻桃紅。迴身幾轉就郎抱，青娥思殺白頭翁。亂揮血淚唯錢霍，紛紛盡作櫻桃落。（清・徐釚：《本事詩》卷九，清光緒十四年徐氏刻本）

## 屠蕊佩

屠蕊佩，清初女詩人，生卒年不詳。字瑤芳，秀水（今浙江嘉興）人。屠成烈女，孫渭璜室。其小詞情思婉約。著有《咽露吟》、《鈿匳遺詠》等。見《檇李詩繫》卷三四、《晚晴簃詩匯》卷一八五等。

**【觀沈氏諸姬演劇】**

梨園喜見屬紅妝，三五娉婷出洞房。檀口鶯聲歌細細，柳枝蝶態舞將將。冠簪雅步參軍度，粉墨塗顏傖父行。底事酒闌人未散，月明照徹錦雲裳。（徐世昌輯：《晚晴簃詩匯》卷一百八十五，民國退耕堂刻本）

## 顧開雍

顧開雍（1594～1676），字偉南，華亭（今屬上海）人。順治八年（1651）貢監。性和易，秀羸多才，與陳子龍、夏允彝諸人並起，名滿海內。詩文峭刻，尤長於五言及漢魏樂府。書法古勁，爲時所重。見《復社姓氏傳略》卷三、《（嘉慶）松江府志》卷五六等。

【柳生歌】揚之泰州柳生，名遇春，號敬亭，本曹姓。年十五，犯法亡命盱眙。苦饑，乃挾稗官一冊，爲人説書，遂傾盱眙市。已而渡江，攀柳枝曰：「我自此姓柳矣！」世因號柳生。所至輒傾諸豪。是時南中士大夫避寇卜居者，多暱柳生，與之遊。而柳生故與寧南侯左良玉善，在軍中多所全活。會相國馬士英、司馬阮大鋮用事齮齕左，則左乃命柳生往請罷兵，相國不報，師遂東。柳生還吳中，酒酣時時向人説寧南事，聞者皆涕下，而柳生從説書益奇。庚寅七月，僕始相見淮浦，爲僕發故宋小史宋江軼記一則，縱橫撼動，聲搖屋瓦，俯仰離合，皆出己意，使聽者悲泣喜笑，世稱柳生不虛云。

廣陵柳生能好奇，千年野史口說之。濮陽遊俠走天下，上坐手弄王公巵。十五亡入盱眙市，渡江直上長干里。長干不乏使酒人，白銀蠟炬氍毹紫。諧談一笑哄滿堂，長風天末涼如水。是時江左稱太平，楚豫已見萑苻兵。柳生獨言報讎亡命事，聽者咸能感動心怦怦。問汝何師此工巧，雲間少年有莫生。此術自是儒者授，悲歡離合搜經營。憶昔南郡擁旄節，山頭廷尉橫江截。執政何人馬貴陽，公子扶蘇禁門血。桓家兒郎五湖長，石頭城下桅檣列。柳生遊說歸中朝，司馬西上追驃姚。欲烹食其侈得意，柳生夜逝還漁樵。逢人劇說故侯事，涕泗交頤聲墮地。落日青山泣鷓鴣，掩袂向君君筆記。僕亦江南樂毅古雅人，黃河岸旁理憔悴。聽君前席徵羽聲，猶見公孫瀏漓舞劍器。酒罷巾車各自馳，鴉啼南浦吹秋絲。興亡日月手板出，吁嗟柳生眞好奇。

顧工部見山《與傳奇柳老》云：「上下千年事，飛騰六尺身。中原無劇孟，投老見斯人。」又云：「任俠侈雄辯，粗豪擅解紛。蕭條攀大樹，空憶故將軍。」（清・徐釚：《本事詩》卷八，清光緒十四年徐氏刻本）

## 王猷定

王猷定（1598～1662），字于一，晚年自號軫石老人，南昌縣（今江西南昌）人。拔貢生。明太僕卿時熙子。幼聰穎，承家學，於書無所不窺。爲人倜儻自豪。少時馳騁聲伎，狗馬陸博、神仙迂怪之事，無所不好，故產爲之傾亂。其爲文多鬱勃，不沿窠臼，獨寫性靈，東南主壇坫者嘖嘖稱道之。以詩古文詞自負，對客講論，每舉一事，原原本本，聽者心折。與徐世溥、陳宏緒、歐陽斌元輩，皆名著一時。兼有筆札喉舌之妙，書法亦擅名一時。晚年客杭卒。著有《四照堂集》。見《(康熙) 江西通志》卷七〇、《小腆紀傳》補遺卷六九、《江西詩徵》卷六五、《國朝詩人徵略》卷五等。

**【聽柳敬亭說書】**

（其一）百萬軍中託死生，孫吳知此笑談兵。千金散盡尋常事，不換盱眙市上名。

（其二）英雄頭肯向人低，長把山河當滑稽。一曲景陽岡上事，門前流水夕陽西。（清・徐釚：《本事詩》卷七，清光緒十四年徐氏刻本）

## 閻爾梅

閻爾梅（1603～1662），字用卿，號古古，江南沛縣（今江蘇沛縣）人。崇禎庚午（三年，1630）舉人。李自成陷北京，爾梅上書請兵北伐，並盡散家財，結死士爲前驅。自成黨武愫至沛，屢使招爾梅，以碎牒大罵下獄。愫敗，乃免。赴史可法之聘，參軍事，首勸渡河復山東，不聽。時高傑爲許定國所殺，河南大亂，爾梅又說可法西行鎮撫之。傑部將約束待命，可法爲設提督統其眾，而自退保揚州。爾梅力阻之，請開幕府徐州，號召河南北義勇，得以一成一旅，規畫中原。又請空名告身數百紙，乘時布發，視忠義爲鼓勵，俾逋寇叛帥不得以踰時渙散，少有睥睨。策皆不行，遂貽以書而去。詩有奇氣，每近粗豪。著有《白耷山人稿》。見《明詩別裁集》卷一〇、《（乾隆）江南通志》卷一六六、《清史稿》卷三一二、《晚晴簃詩匯》卷一三等。

**【黃華山觀戲】**

黃華山深積翠微，東風將歇桃杏飛。嘉菓珍肴笙管圍，美人斂步蹴紅衣。素粧靚姣遠山眉，歌喉引長囀依依。牡丹香悄夢不歸，亂我心兮如調饑。愁殺雀臺張繐幃，周郎顧之懽且悲。上馬酣吟倒接䍦，出城滿天星斗暉。金園鐘板誦陀尼，宰官居士笑同皈。（《白耷山人詩文集》詩集卷四，清康熙刻本）

**【柳麻子小說行】**名遇春，號敬亭，年八十，揚州人。

丙午之秋客廬江，秋雨平溪水瀧瀧。素車白馬冠蓋集，執紼來登被九堂。禮成哀止設賓筵，垂楊院靜荷池煙。霓裳舞衣粉黛濃，步搖環珮響玲瓏。將歌未歌絲竹颭，中有人兮高聲喚。吳歈齊謳南國多，鳳嘯龍吟君不見。芳蘭紫莉繞珠屏，郇廚佳膾五侯鯖。惠泉露洗北園茶，官揀遼葠湛雪花。暫撤賓筵列兩旁，豹紋綿裀布中央。傳語滿堂客滌耳，喧囂不動肅如霜。綵褎紅褸蹲座上，座定猶餘身一丈。科頭抵掌說英雄，段落不與稗官同。始也敘事略平常，繼而搖曳加低昂。發言近俚入人情，吐音悲壯轉舌輕。唇帶血香目瞪稜，精華射注九光燈。獅吼深崖蛟舞潭，江北一聲徹江南。忽如田間父老籌桑麻，村社雞豚酒帘斜；忽如三峽湍迴十二峰，峰嵐明滅亂流中；忽如六月雨驟四滂沱，傾簷破地觸漩渦；忽如他鄉嫠婦哭松墳；忽如兒女號饑索餺饠；忽如秋宵天狗叫長空；忽如華陰土拭太阿鋒；忽如嫖姚伐鼓賀蘭山；忽如王嬙琵琶弄蕭關；忽如重瞳臨陣叱樓煩，弓不敢張馬倒翻；忽如越石吹笳向北斗，萬人垂涕連營走；忽如西江老禪逗消息，一喝百丈聾三日。既有漁郎樵叟伐薪欸乃之泠泠，亦有忠臣孝子抑鬱無聊之啾唧。我聞此間小吏焦仲卿，姑媳誶語哀難聽；又聞此間神僧血白如銀膏，貔貅隊裏墮三刀。孤猿啼破清溪月，炎天簫笛涼於鐵。娓娓百句不停喉，纔道不停倏而絕。霹靂流空萬馬奔，一聲斬住最驚魂。更將前所說者未完意，淡描數句補無痕。世間野史漫荒唐，此翁之史有文章。章句腐儒道不出，傳奇腳色苦穠妝。獨有此翁稱絕伎，不可無一不能二。八十歲人若嬰兒，聲比金石眞奇異。乃知天下之事不論誰是與誰非，難逃千載之下人刺譏。蓼伯、優孟起九原，定與柳翁奏壎篪，柳兮柳兮豪布衣！（《白耷山人詩文集》詩集卷四，清康熙刻本）

**【元宵東庄看影戲】**

枌榆舊社徙郊東，元夜新添擊筑童。角抵魚龍隨影幻，花燒梨菊綴煙空。霓裳舞碎邗江月，漁鼓撾殘淇水風。歡醉少年場裡去，不知身是白頭翁。（《白耷山人詩文集》詩集卷六上，清康熙刻本）

**【秋夜聽妓人度曲】**

膏沐風吹滿苑香，華嚴上寺接平康。官貽塞北秋分酒，曲奏江南夜度娘。看畫白登添懊惱，埋絃青塚失宮商。王孫樂府飄零盡，猶有佳人感毅皇。大同有武宗行殿，今盡燬。（《白耷山人詩文集》詩集卷六上，清康熙刻本）

**【從安邑南入中條遂渡茅津抵陝州西去】**

平陽佳醞選蒲萄，色艷襄陵味旨羔。一線鬼門穿白徑，半間神廟夾青槽。玉鉤懸處雲峰翠，金舌焚時磬語高。土俗從來歡賽戲，鳴鑼百隊雜鐘璈。（《白耷山人詩文集》詩集卷六上，清康熙刻本）

**【劉君固攜琴見訪醉後贈之（之三）】**

蕤賓鐵響應黃鸝，紈扇輕搖唱竹枝。新曲向人翻舊譜，野棠花下有紅兒。君固談女郎善歌者云云。（《白耷山人詩文集》詩集卷八，清康熙刻本）

**【廟灣即事時在吳琜伯署中】**

（其一）歌妓官衙往歲稀，春江花月六朝非。誰知海上芙蓉閣，夜奏霓裳舊舞衣。

（其二）海城涼夜美人歌，怨篴無如客夢何。雨後東風明月綠，吹來偏是楚聲多。（《白耷山人詩文集》詩集卷八，清康熙刻本）

**【觀戲】**

初夏風輕夜雨寒，芙蓉五色綴琅玕。逢人莫說詩文事，請看燈前《綠牡丹》。（《白耷山人詩文集》詩集卷八，清康熙刻本）

**【廬州見傳奇有史閣部勤王一闋感而誌之】**

（其一）元戎親帥五諸侯，不肯西征據上遊。今夜廬州燈下見，還疑公未死揚州。

（其二）繡鎧金鞍妃子裝，興平一旅下河陽。猿公劍術無人曉，驚道筵前舞大娘。此指高傑之婦，即李自成妻。（《白耷山人詩文集》詩集卷八，清康熙刻本）

**【廬州贈歌兒】**

（其一）冰下紅絲月下姻，風流無計可分身。誰知才子有天幸，一首詩來三美人。

（其二）一杯蒿酒一燈花，月到中天不肯斜。正苦西風憐北調，忽聞南曲奏琵琶。（《白耷山人詩文集》詩集卷八，清康熙刻本）

**【過袁籜庵邸中聽吳歈】**

秋風一闋譜朱絃，協律兒郎列殿前。創製新聲誰起調，武皇親詔李延年。（《白耷山人詩文集》詩集卷八，清康熙刻本）

**【月夜飲劉東里齋中即事】**

邊關樂府唱伊州，花下歸來月滿樓。自是侯門秋怨譜，騷人題作

打丫頭。禹州舊有王府，其妓人獻爲新曲，曰《打丫頭》。(《白牟山人詩文集》詩集卷八，清康熙刻本)

【蘇敬伯即席限字贈唱旦者】

中秋初霽月初明，數點微雲不老成。似欲飛來簫管內，四邊催出美人聲。(《白牟山人詩文集》詩集卷八，清康熙刻本)

【次夕又題】

一時風雨一時塵，舊譜殘妝剝換新。明月西沉歌舞散，來朝金粉又何人。(《白牟山人詩文集》詩集卷八，清康熙刻本)

【彰德王太守出其吳歌侑酒醉後贈之】

春風吹客上銅臺，三月桃花萬樹開。唱得《牡丹亭》一齣，美人驚起夢中來。(《白牟山人詩文集》詩集卷八，清康熙刻本)

【臨卭至青城山看戲】

曾聞蜀國四弦詩，可補江南白紵辭。村舍笙鐃喧鱕母，江神婚嫁謁冰兒。衰年不作題橋夢，退步何須叱馭爲。此去洞天尋道伴，青城山下掘蹲鴟。(清・卓爾堪輯：《遺民詩》卷三，清康熙刻本)

【贈扮蘇屬國者】

節旄殘落雪氈青，十九年來不可腥。直到河梁分手去，苕苕白髮炤龍庭。(張相文編：《閻古古全集》卷三，中國地學會民國十一年本)

## 萬壽祺

萬壽祺(1603～1652)，字年少，一字介若，又字内景，徐州(今江蘇徐州)人。御史崇德子。由選貢中鄉試，五上公車不第。甲申後避地吳中，當事欲授以吳江令，不就。復渡江築室袁浦，自號沙門慧壽，或曰明志道人，飲酒食肉如故。風流豪宕，傾動一時。顧炎武過山陽，與定交。其學博極群書，深明曆法，旁通禪理，吟詠無虛日。書畫皆精絕。甲申三月聞變，以家財募兵江淮，督師史可法辟置幕府，授歸德屯田推官。清初隱居不仕。著有《隰西草堂詩文集》。見《小腆紀傳》卷五八、《(同治)徐州府志》卷二二等。

【伯紫席上逢魏婉容】

京洛曾相識，於今已十年。開元留法曲，凝碧亂繁絃。樂部慚歸

院，茶商未放船。可憐零落後，猶得見非煙。（《隰西草堂詩文集》詩集卷二「五律」，民國八年明季三孝廉集本）

【橫塘春會曲（之二）】

兩行清道競傳呼，百戲前頭開畫圖。會首近年家道盛，黃金新鑄博山鑪。（《隰西草堂詩文集》詩集卷五「五言絕句、七言絕句」，民國八年明季三孝廉集本）

## 李 雯

李雯（1608～1647），字舒章，江南華亭（今上海松江）人。崇禎十五年（1642）舉人。少負才名，品識端朗，才致淹雅。與彭孝廉賓、夏考功允彝、陳黃門子龍、周太學立勳、徐孝廉孚遠相唱和，號「雲間六子」。清時官中書舍人。飛書走檄，頗著聲稱。著有《蓼齋集》五十二卷。見《國朝詞綜》卷一、《晚晴簃詩匯》卷二二等。

【高堂行】時亦大招飲，觀儲氏家伎。

高堂美人夜擊鼓，公子開筵借歌舞。石家絲管朝朝新，金屏羅坐娛眾賓。銀缸寶毯香沉沉，如煙如霧陳錦茵。先歌陽阿變淥水，珠簾漫捲羅袖人。重見明妃塞外春，琵琶明月愁胡塵。滿堂賓客盡惆悵，須臾別整梨花仗。沉香亭北奏清平，催花羯鼓華鐙亮。二八迭陳體舞疲，不聞風雨鳴天雞。前有遺簪後墮珥，淳于一石不能止。明朝更拂舊綈袍，扁舟波浪心忉忉。（《蓼齋集》卷十八，清順治十四年石維崑刻本）

【彷彿行】余少聞小青之事，傷其哀麗矣。今年秋，同郡好事者爲青作傳奇劇於其宅，召余觀之。事既絕賞，情又凄異，而體是曲旨，神態彷彿者，實吳郡女郎青來也。小青怨才深秀，單思激哀，雖古之才婦，何以加？乃其人去今亦數年矣。涼草冷風，化其妙質。昔之所哭，今已爲歌而是。女郎持容適曲，悲引內發，意響所赴，形魂俱至，豈非有深傷之情者耶？神仙家言，情深之士，不得聞道，類以夭喪。小青由此死也，乃或泝神。清響之外，結意影似之內，亦自愧非達流矣。宣託所慨，聊作此行。

天下佳人不易得，小青之墓徒青青。生時豔逸人不知，死後空名傷娉婷。雲容綺思安可見，吳閶才人馳目成。滿堂歛容靜不語，清唱獨發如哀箏。寡鶴夜叫山竹冷，幽蘭落露泫淺清。切如悲蛩鳴素琴，商絲將斷不可聽。絕如秋風振哀玉，芙蓉欲墮難爲形。四座舉袂盡惆悵，白日爲涼蟬不鳴。憶昔小青信仙侶，任魄悲魂天不許。清姿下邁失所儔，有骨更作西陵土。西陵之土松柏脩，石泉雨滑啼斑鳩。沉顔杳冥不可問，忽來堂上生麗愁。當年美人恨不遇，故託遺容垂絹素。豈知一曲寫最眞，蛺蝶飛來錢塘路。(《蓼齋集》卷十八，清順治十四年石維崑刻本)

## 【題西廂圖二十則】

（其一）【蝶戀花・初見】

庭院沉沉春幾許。回影東牆，聽得花間語。願作遊絲空裏住，隨人更落香風處。　　芳徑苔侵么鳳履。沒箇安排，冉冉行雲去。轉過薔薇驚翠羽，相思只在旃檀樹。

（其二）【一剪梅・紅問齋期】

栟櫚春鎖上方清。身在慈雲，心對愁城。觚稜西下見娉婷。記得香堦，細雨聲聲。　　玉女傳言此最能。曾整蘭衾，也抱銀箏。欲將心事託卿卿。應是多情，莫道無情。

（其三）【生查子・生叩紅】

雲鬟素袖低，口齒清如雪。不惜沈郎腰，爲卿更深折。　　匆匆姓字通，草草生辰說。憑將連理心，寄與丁香舌。

（其四）【臨江仙・酬和】

牆角清陰花月靜，一聯秀句雙成。不須紅葉更流情，風吹修竹響，傳得鳳凰聲。　　好影隔來心自語，碧雲細點春星。小桃枝下聽分明。消魂酬五字，清露越三更。

（其五）【定風波・佛會】

貝葉宣聲動法筵，月華燈影照嬋娟。半是傷春眉黛歛，無限。淚珠常近粉痕邊。　　七寶幡成紅綬帶，人在。溫柔鄉畔白雲天。總是玉人看不了，煩惱。楞伽無語靜爐煙。

（其六）【清平樂・惠明齎書】

風生雲袖，袖底蛟龍驟。一幅嚇蠻書在手，正是護花星斗。　　朱旗遠望潼關，蔴鞋踏上青山。且看錦囊飛度，便教紅線周旋。

（其七）【踏莎行・請宴】

粉傅何郎，香薰荀令，帽簷低亞花枝並。頻將宜稱問雙鬟，畫簾吹動風流影。　　鵲尾銀屏，龍涎金鼎，乘鸞指刻成佳倩。春陰立盡海棠東，合歡心事從頭整。

（其八）【河滿子・聽琴】

楊柳風吹鬢影，瑯玕竹映迴廊。半疊屏山千里隔，琴心只傍西廂。今日求凰司馬，幾時跨鳳蕭郎。　　膝上情傳玉軫，花前淚浥香囊。靠損冰肌雙跳脫，不知月過東墻。喚起兩邊幽恨，何消一曲清商。

（其九）【蘇幙遮・探病】

紫苔深，薇幃掩。獨自支琴，賸得相思頷。此日文園眞命短。愁殺東風，總道無人管。　　念東床，和夢遠。猶喜青衣，見我曾心慪。莫說相如消渴淺。玉露金莖，只在鸞幃畔。

（其十）【解珮令・寄詩】

蠻箋細襞，墨花輕染。一聲聲、愁紅初斷。字押相思，纔離了、狼毫斑管。早去憐、香綃雪腕。　　前宵琴曲，那宵玉盞。這衷懷、不堪重轉。寄語青鸞，倘若是、風悽雲暗。怎能勝、蜂吟蝶怨。

（其十一）【青玉案・得信】

菱花看罷晨妝了。天外信，傳青鳥。蹙損眉尖雙葉小。鴛鴦譜上，金鍼初到。怕有人知道。　　嘗將密意輸春草，春草，婢名。消息通時又煩惱。誰識銀鉤眞字好。微持薄怒，已曾心照。炤見和衣倒。

（其十二）【唐多令・越墻】

銀砌粉圍墻，栖鴉淡月黃。做蜂兒飛度也颼颼。錯抱花枝羞整帽，更小立，聽鳴璫。　　彈指玉纖長，輕紈映晚妝。對春風無語不焚香。幾葉芭蕉連曲檻，看咫尺，近高唐。

（其十三）【眼兒媚・幽會】

葳蕤金鎖啓春風，人在月明中。那時相見，猶將羅袖，半掩芙蓉。

鸞衾整頓和香肩，溫玉小窗東。端詳此際，星眉微斂，蟬鬢初鬆。

（其十四）【誤佳期・紅辨】

織女度銀河，靈鵲空擔怕。昔日燒香抱枕人，跪在湘簾下。　　不是野東風，錯把桃花嫁。誰移楊柳近牆東，又怪鶯兒詐。

（其十五）【風入松・離別】

西風霜葉短長亭，驚動別離情。玉驄慣是催人去，茫茫也、荒草雲平。紅袂分開雙淚，斜陽獨照孤征。　　陽關不唱第三聲，無計殢君行。纔辭鴛帳親銀鐙，迴頭看、水綠山青。數兩車移垂柳，幾回雁起沙汀。

（其十六）【惜分飛・驚夢】

茅店星霜人靜後，正是相思初透。夢遶風林驟，暗憐孤影清宵瘦。

遊仙半枕紅妝就，蝴蝶栖香未久。驚起披襟袖，桃花淚染看依舊。

（其十七）【柳梢青・金泥】

鵲噪簷牙，泥金字樣，先寫寧家。特爲多情，人宜待月，官近司花。　　歡容微靨朝霞。懷袖裏、沉吟看他。杏雨蒲風，惹人縈繫，最是宮紗。

（其十八）【虞美人・寄愁】

白玉堂前芳草歇，賦盡江郎別。雙魚誰寄錦書來。正是滿函清淚、向人開。　　濃愁細數相思字，檢物經人意。嬌心更在不言中。珍重窄衫蘭麝、散秋風。

（其十九）【醜奴兒令・鄭恒求匹】

海棠已折他人手，待得來時。幾度黃鸝，好處春風別樣吹。　　人間自有眞蕭史，無處容伊。月暗星移。金刀裁斷女蘿絲。

（其二十）【阮郎歸・書錦】

畫簾捲起鬱金堂，弄影過迴廊。宮袍新打內家香，當時解珮郎。

攜翠管，近明窗，春山待曉粧。洛陽才子見東床，西廂春夢長。

（《蓼齋集》卷三十二，清順治十四年石維崑刻本）

【端午日吳雪航水部招飲孝升齋看演吳越春秋賦得端字】

高會猶將令節看，素交風義豈盤餐。酒因弔屈人難醉，事涉亡吳淚已彈。生意盡隨麋鹿後，鄉心幾度玉蘭殘。年來歌哭渾同調，顛倒從前非一端。（《蓼齋集》後集卷三，清順治十四年石維崑刻本）

## 錢龍惕

錢龍惕（1609～？），字夕公，號子健，又號無聞子，江南常熟人。諸生。錢謙益侄。詩宗溫、李，著有《玉溪生詩箋》三卷、《大究集》五卷、《錢夕公詩選》一卷等。見《（同治）蘇州府志》卷一三八。

【聞歌引為朱翁樂隆作】

亭皋木落霜天清，朱翁唱歌能唱情。絲調管協曼聲發，四坐掩抑難爲聽。初移宮，復換羽，珠貫累累音縷縷。乍時幽咽弦不通，一似幽泉細竇滴瀝含微風。俄頃悠揚調方熟，又似春鶯百舌間關語深谷。忽然轉換喉吻調，鏗金嘎玉聲嘈嘈。腔移字向暗中度，拍正腔從絕處挑。曲終聲慢云裊裊，鶴唳秋空寒月皎。知音若向隔墻聞，吳姬十五猶嬌小。自從樂府變南音，四聲才具律更深。萬曆年中崑調起，歌壇指授傳於今。前有衛（編者案：應作魏）良輔，後有秦季公，我生已晚聞其風。新安程老詩律高天下，當筵顧曲稱絕工。昔曾爲我言：牌名腔拍宜相從。青樓舊識端與風，歌場喚出曾驚眾。端歌人悅窺青眼，長空萬里推徐風。一歸泉下一當壚，北里歌聲今已無。朱翁雖老音猶少，獨擅詞林曲調殊。簾外風清日當午，雲停不飛塵欲舞。爲君題作《聞歌引》，我亦留名掛詞譜。（《常昭合志》）

## 紀映鍾

紀映鍾（1609～1681），字伯紫，一字伯子，號戇叟，自稱鍾山遺老。江南上元（今江蘇南京）人。與方文、林古度齊名。善詩古文詞，工書，知名海内，所至爭折節延致。伯紫以金陵名士爲復社宗主，易代後躬耕養母，不面時貴。龔芝麓以總角交，爲梓其集行世。詩亦清刻、亦沈雄，憤時憂國，時露於楮墨之間。著有《眞冷堂詩稿》、《補石倉集》、《檗堂詩鈔》等。見《清史列傳》卷七〇、《國朝書人輯略》卷一、《晚晴簃詩匯》卷一六等。

【雛孃度曲歌爲王郎作】

金衣仙人啄紅藥，琅玕粉蜕胭脂瀹。江南四月雨初晴，五銖香動湘靈箔。王郎羯鼓牢騷人，坐上雛孃竝春蕚。雛孃漆髮秋水姿，宛若驚鴻起幽壑。清歌一曲易人慮，行者忘擔郢忘堊。細聲直上廣庭雲，激越還捎林莽落。歌罷清輝炤坐人，雕楹三日餘音嫋。淳于優孟錯兩旁，一石仍輸君善謔。羅襦不解薌澤聞，東鄰有女避重閣。誰能才調比王郎，不負佳人萬金託。開元天子重梨園，公孫大孃劍磅礴。杜陵野老愁復愁，一見能消十日惡。風塵澒洞當年同，絕世紅顏摧朔漠。王郎感涕全盛時，六代繁華猶似昨。會須譜出《清平》詞，沈香亭畔拋絃索。（清・徐釚：《本事詩》卷八，清光緒十四年徐氏刻本）

## 吳偉業

吳偉業（1609～1671），字駿公，號梅村，太倉（今屬江蘇）人。明崇禎四年（1631）一甲二名進士，授編修，充東宮講讀官，再遷左庶子。弘光時授少詹事，乞假歸。順治九年（1652），用兩江總督馬國柱薦，詔至京，侍郎孫承澤、大學士馮銓相繼論薦，授秘書院侍講，充修太祖太宗聖訓纂修官。十三年遷祭酒。丁母憂歸，康熙十年卒。作詩取法盛唐及元、白諸家，創「婁東派」，世稱「梅村體」，影響深遠。詩文外，尚作有《通天臺》、《臨春閣》雜劇及《秣陵春》傳奇。見《清史稿》卷四八四、《晚晴簃詩匯》卷二〇等。

【**琵琶行**并序】去梅村一里，爲王太常煙客南園。今春梅花盛開，予偶步到此，忽聞琵琶聲出於短垣叢竹間。循牆側聽，當其妙處，不覺拊掌。主人開門延客，問向誰彈，則通州白在湄、子彧如。父子善琵琶，好爲新聲。須臾花下置酒，白生爲予朗彈一曲，迺先帝十七年以來事。敘述亂離，豪嘈淒切。坐客有舊中常侍姚公，避地流落江南，因言：「先帝在玉熙宮中，梨園子弟奏水嬉、過錦諸戲，內才人於暖閣，齎鏤金曲柄琵琶，彈清商雜調。自河南寇亂，天顏常慘然不悅，無復有此樂矣！」相與哽咽者久之。於是作長句紀其事，凡六百二言，仍命之曰《琵琶行》。

琵琶急響多秦聲，對山慷慨稱入神。同時渼陂亦第一，兩人失志遭遷謫。絕調王、康並盛名，崑崙、摩詰無顏色。百餘年來操南風，竹枝水調謳吳儂。里人度曲魏良輔，高士塡詞梁伯龍。北調猶存止弦索，朔管、胡琴相間作。盡失傳頭誤後生，誰知卻唱江南樂。今春偶步城南斜，王家池館彈琵琶。悄聽失聲叫奇絕，主人招客同看花。爲問按歌人姓白，家住通州好尋覓。袴褶新更回鶻裝，虬鬚錯認龜茲客。偶因同坐話先皇，手把檀槽淚數行。抱向人前訴遺事，其時月黑花茫茫。初撥鵾弦秋雨滴，刀劍相磨轂相擊。驚沙拂面鼓沈沈，砉然一聲飛霹靂。南山石裂黃河傾，馬蹄迸散車徒行。鐵鳳銅盤柱摧塌，四條弦上煙塵生。忽焉摧藏若枯木，寂寞空城烏啄肉。轆轤夜半轉咿啞，嗚咽無聲貴人哭。碎珮叢鈴斷續風，冰泉凍壑瀉淙淙。明珠瑟瑟拋殘盡，卻在輕攏慢撚中。斜抹輕挑中一摘，漻慄颼飀憯肌骨。銜枚鐵騎飲桑乾，白草黃沙夜吹笛。可憐風雪滿關山，烏鵲南飛行路難。猨嘯鼯啼山鬼語，瞿塘千尺響鳴灘。坐中有客淚如霰，先朝舊直乾清殿。穿宮近侍拜長秋，咬春燕九陪遊燕。先皇駕幸玉熙宮，鳳紙僉名喚樂工。苑內水嬉金傀儡，殿頭過錦玉玲瓏。一自中原盛豺虎，煖閣才人撤歌舞。插柳停撾素手箏，燒燈罷擊花奴鼓。我亦承明侍至尊，止聞古樂奏雲門。段師淪落延年死，不見君王賜予恩。一人勞悴深宮裏，賊騎西來趨易水。萬歲山前鼙鼓鳴，九龍池畔悲笳起。換羽移宮總斷腸，江村花落聽《霓裳》。龜年哽咽歌長恨，力士淒涼說上皇。前輩風流最堪羡，明時遷客猶嗟怨。即今相對苦南冠，昇平樂事難重見。白生爾盡一杯酒，繇來此伎推能手。岐王席散少陵窮，五陵召客君知否？獨有風塵潦倒人，偶逢絲竹便沾巾。江湖滿地南鄉子，鐵笛哀歌何處尋。（《梅村家藏稿》卷三「前集三・七言古詩」，四部叢刊景清宣統武進董氏本）

【贈歌者】

天寶遺音在，江東妙舞傳。舊人推賀老，新曲唱延年。白眼公卿貴，青娥弟子妍。醉中談往事，少小侍平泉。（《梅村家藏稿》卷四「前集四・五言古詩」，四部叢刊景清宣統武進董氏本）

【過朱君宣百草堂觀劇】

肯將遊俠誤躬耕，愛客村居不入城。亭占綠疇朝置酒，船移紅燭夜鳴箏。金齎斫鱠霜螯美，玉粒呼鷹雪爪輕。主人好獵。卻話少年逢社飲，季心然諾是平生。（《梅村家藏稿》卷六「前集六・七言律詩」，四部叢刊景清宣統武進董氏本）

【聽朱樂隆歌六首】

（其一）少小江湖載酒船，月明吹笛不知眠。只今憔悴秋風裏，白髮花前又十年。

（其二）一春絲管唱吳趨，得似何戡此曲無。自是風流推老輩，不須教染白髭鬚。

（其三）開元法部按霓裳，曾和巫山窈窕娘。見說念奴今老大，白頭供奉話岐王。

（其四）誰畫張家靜婉腰，輕綃一幅美人蕉。會看記曲紅紅笑，喚下丹青弄碧簫。

（其五）長白山頭蘆管聲，秋風吹滿雒陽城。茂陵底事無消息，沙邏檀槽撥不成。

（其六）楚雨荊雲雁影還，竹枝彈徹淚痕斑。坐中誰是沾裳者？

詞客哀時庾子山。(《梅村家藏稿》卷八「前集八・七言絕句」,四部叢刊景清宣統武進董氏本)

## 【臨頓兒】

臨頓誰家兒,生小矜白皙。阿爺負官錢,棄置何倉卒。紿我適誰家,朱門臨廣陌。囑儂且好住,跳弄無知識。獨怪臨去時,摩首如憐惜。三年教歌舞,萬里離親戚。絕伎逢侯王,寵異施恩澤。高堂紅氍毹,華燈布瑤席。授以紫檀槽,吹以白玉笛。文錦縫我衣,珍珠裝我額。瑟瑟珊瑚枝,曲罷恣狼藉。我本貧家子,邂逅遭拋擲。一身被驅使,兩口無消息。縱賞千黃金,莫救餓死骨。歡樂居它鄉,骨肉誠何益。(《梅村家藏稿》卷九「後集一・五言古詩」,四部叢刊景清宣統武進董氏本)

## 【楚兩生行并序】

蔡州蘇崑生、維揚柳敬亭,其地皆楚分也,而又客於楚。左寧南駐武昌,柳以談、蘇以歌爲幸舍重客。寧南沒於九江舟中,百萬眾皆奔潰。柳已先期東下,蘇生痛哭,削髮入九華山。久之,出從武林汪然明,然明亡,之吳中。吳中以善歌名海內,然不過嘽緩柔曼爲新聲。蘇生則於陰陽抗墜,分刌比度,如崑刀之切玉,叩之栗然,非時世所爲工也。嘗遇虎丘廣場大集,生睨其旁,笑曰:「某郎以某字不合律。」有識之者曰:「彼傖楚乃竊言是非。」思有以挫之,間請一發聲,不覺屈服。顧少年耳剽日久,終不肯輕自貶下,就蘇生問所長。生亦落落難合,到海濱,寓吾里。蕭寺風雪中,以余與柳生有雅故,爲立小傳。援之以請曰:「吾浪跡三十年,爲通侯所知,今失路憔悴而來過此。惟願公一言,與柳生並傳足矣。」柳生近客於雲間帥,識其必敗,苦無以自脫,浮湛敖弄,在軍政一無所關,其禍也幸以免。蘇生將渡江,余作《楚兩生行》送之,以之寓柳生,俾知余與蘇生遊,且爲柳生危之也。

黃鵠磯頭楚兩生,征南上客擅縱橫。將軍已沒時世換,絕調空隨流水聲。一生拄頰高談妙,君卿唇舌淳于笑。痛哭長因感舊恩,詼嘲尚足陪年少。途窮重走伏波軍,短衣縛袴非吾好。抵掌聊分幕府金,褰裳自把江村釣。一生嚼徵與含商,笑殺江南古調亡。洗出元音傾老輩,疊成妍唱待君王。一絲縈曳珠盤轉,半黍分明玉尺量。最是大堤西去曲,累人腸斷杜當陽。憶昔將軍正全盛,江樓高會誇名勝。生來索酒便長歌,中天明月軍聲靜。將軍聽罷據胡床,撫髀百戰今衰病。一朝身死豎降旛,貔貅散盡無橫陣。祁連高塚泣西風,射堂賓客嗟蓬鬢。羈棲孤館伴斜曛,野哭天邊幾處聞。草滿獨尋江令宅,花開閒弔杜秋墳。鵾絃屢換尊前舞，鼉鼓誰開江上軍。楚客祗憐歸未得，吳兒肯道不如君。我念邗江頭白叟，滑稽幸免君知否？失路徒貽妻子憂，脫身莫落諸侯手。坎壈緜來爲盛名，見君寥落思君友。老去年來消息稀，寄爾新詩同一首。隱語藏名代客嘲，姑蘇臺畔東風柳。（《梅村家藏稿》卷十「後集二・七言古詩」，四部叢刊景清宣統武進董氏本）

【王郎曲】

王郎十五吳趨坊，覆額青絲白晳長。孝穆園亭常置酒，風流前輩醉人狂。同伴李生柘枝鼓，結束新翻善財舞。鎖骨觀音變現身，反腰貼地蓮花吐。蓮花婀娜不禁風，一斛珠傾宛轉中。此際可憐明月夜，此時脆管出簾櫳。王郎水調歌緩緩，新鶯嘹嚦花枝暖。慣抛斜袖卸長肩，眼看欲化愁應懶。推藏掩抑未分明，拍數移來發曼聲。最是轉喉偷入破，殢人腸斷臉波橫。十年芳草長洲綠，主人池館惟喬木。王郎三十長安城，老大傷心故園曲。誰知顏色更美好，瞳神翦水清如玉。五陵俠少豪華子，甘心欲爲王郎死。甯失尙書期，恐見王郎遲；甯犯金吾夜，難得王郎暇。坐中莫禁狂呼客，王郎一聲聲頓息。移床欹坐看王郎，都似與郎不相識。往昔京師推小宋，外戚田家舊供奉。只今重聽王郎歌，不須再把昭文痛。時世工彈白翎雀，婆羅門舞龜茲樂。梨園子弟愛傳頭，請事王郎教弦索。恥向王門作伎兒，博徒酒伴貪歡謔。君不見康崑崙、黃幡綽，承恩白首華清閣。古來絕藝當通都，盛名肯放優閒多，王郎王郎可奈何！王郎名稼，字紫稼，於勿齋徐先生二株園中見之，髫而晳，明慧善歌。今秋遇於京師，相去已十六七載，風流儇巧，猶承平時故習。酒酣，一出其伎，坐上爲之傾靡。余此曲成，合肥龔公芝麓口占贈之曰：「薊苑霜高舞柘枝，當年楊柳尙如絲。酒闌卻唱梅村曲，腸斷王郎十五時。」（《梅村家藏稿》卷十一「後集三・七言古詩」，四部叢刊景清宣統武進董氏本）

【臨淮老妓行】

臨淮將軍擅開府，不鬥身強鬥歌舞。白骨何如棄戰場，青娥已自成灰土。老大猶存一妓師，柘枝記得開元譜。纔轉輕喉便淚流，尊前訴出漂零苦。妾是劉家舊主謳，冬兒小字唱梁州。翻新水調教桃葉，撥定鵾弦授莫愁。武安當日誇聲伎，秋娘絕藝傾時世。戚里迎歸金犢車，後來轉入臨淮第。臨淮遊俠起山東，帳下銀箏小隊紅。巧笑射棚分畫的，濃收毬仗簇花叢。縱爲房老腰肢在，若論軍容粉黛工。羊侃侍兒能走馬，李波小妹解彎弓。錦帶輕衫嬌結束，城南挾彈貪馳逐。忽聞京闕起黃塵，殺氣奔騰滿川陸。探騎誰能到薊門，空閒千里追風足。消息無憑訪兩宮，兒家出入金張屋。請爲將軍走故都，一鞭夜渡黃河宿。暗穿敵壘過侯家，妓堂仍訝調絲竹。祿山裨將帶弓刀，醉擁如花念奴曲。倉卒逢人問二王，武安妻子相持哭。薰天貴勢倚椒房，不爲君王收骨肉。翻身歸去遇南兵，退駐淮陰正拔營。寶劍幾曾求死士，明珠還欲致傾城。男兒作健酣杯酒，女子無愁發曼聲。可憐西風怒，吹折山陽樹，將軍自撤沿淮戍。不惜黃金購海師，西施一舸東南避。鬱洲崩浪大於山，張帆捩柁無歸處。重來海口豎降旛，全家北過長淮去。長淮一去幾時還，誤作王侯邸第看。收者到門停奏伎，蕭條西市歎南冠。老婦今年頭總白，淒涼閱盡興亡跡。已見秋槐隕故宮，又看春草生南陌。依然絲管對東風，坐中尚識當時客。金谷田園化作塵，綠珠子弟更無人。楚州月落清江冷，長笛聲聲欲斷魂。(《梅村家藏稿》卷十一「後集三・七言古詩」，四部叢刊景清宣統武進董氏本)

【贈荊州守袁大韞玉四首】袁爲吳郡佳公子，風流才調，詞曲擅名。遭亂北都，佐藩西楚，尋以失職空囊，僑寓白下。扁舟歸里，惆悵無家，爲作此詩贈之。

(其一)曉日珠簾半上鉤，少年走馬過紅樓。五陵烽火窮途恨，三峽雲山遠地愁。盧女門前烏桕樹，昭君村畔木蘭舟。相逢莫唱思歸引，故國傷心恐淚流。

(其二)霓裳三疊遍天涯，浪跡巴丘度歲華。賴有狂名堪作客，誰知拙宦已無家。西州士女章臺柳，南國江山玉樹花。正遇秋風蕭索甚，淒涼賀老撥琵琶。

(其三)詞客開元擅盛名，蕭條鶴髮可憐生。劉郎浦口潮初長，伍相祠邊月正明。擊筑悲歌燕市恨，彈絲法曲《楚江情》。袁西樓樂府中有《楚江情》一齣。善才已死秋娘老，溼盡青衫調不成。

(其四)湘山木落洞庭波，杜宇聲聲喚奈何。千騎油幢持虎節，扁舟鐵笛換漁簑。使君灘急風濤阻，神女臺荒雲雨多。楚相歸來惟四壁，故人優孟早高歌。(《梅村家藏稿》卷十六「後集八・七言律詩」四部叢刊景清宣統武進董氏本)

**【贈武林李笠翁】**笠翁名漁，能爲唐人小說，兼以金元詞曲知名。

家近西陵住薛蘿，十郎才調歲蹉跎。江湖笑傲誇齊贅，雲雨荒唐憶楚娥。海外九州書志怪，坐中三疊舞迴波。前身合是玄眞子，一笠滄浪自放歌。（《梅村家藏稿》卷十六「後集八·七言律詩」四部叢刊景清宣統武進董氏本）

**【口占贈蘇崑生四首】**

（其一）樓船諸將碧油幢，一片降旗出九江。獨有龜年臥吹笛，暗潮打枕泣篷窗。

（其二）有客新經墮淚碑，武昌官柳故垂垂。扁舟夜半聞蘆管，猶把當年水調吹。

（其三）西興哀曲夜深聞，絕似南朝汪水雲。回首岳侯墳下路，亂山何處葬將軍。

（其四）故國傷心在寢丘，蒜山北望淚交流。饒它劉毅思鵝炙，不比君今憶蔡州。蘇生，固始人，即楚相寢丘也。（《梅村家藏稿》卷二十「後集十二·七言絕句」，四部叢刊景清宣統武進董氏本）

**【望江南一十七首（之六）】**

江南好，茶館客分棚。走馬布簾開瓦肆，博羊餳鼓賣山亭，傀儡弄參軍。（《梅村家藏稿》卷二十一「後集十三·詩餘」，四部叢刊景清宣統武進董氏本）

**【望江南一十七首（之七）】**

江南好，皓月石場歌。一曲輕圓同伴少，十反麤細聽人多，絃索應雲鑼。（《梅村家藏稿》卷二十一「後集十三·詩餘」，四部叢刊景清宣統武進董氏本）

**【金人捧露盤·觀演秣陵春】**

記當年，曾供奉，舊《霓裳》。歎茂陵、遺事淒涼。酒旗戲鼓，買花簪帽一春狂。綠楊池館，逢高會、身在他鄉。　喜新詞，初塡就，無限恨，斷人腸。爲知音、仔細思量。偷聲減字，畫堂高燭弄絲簧。夜深風月，催檀板、顧曲周郎。（《梅村家藏稿》卷二十一「後集十三·詩餘」，四部叢刊景清宣統武進董氏本）

## 錢芳標

錢芳標（？～1678？），初名鼎瑞，字寶汾，後易名芳標，字寶駙。江南華亭（今上海松江）人。明刑部侍郎士貴子。雍容都雅，風神秀異，弱冠即以詩名。好倚聲，酒肆粉牆，倡家團扇，每因興會，輒有斜行。中康熙丙午（五年，1666）順天鄉試，官中書舍人。既而假歸。康熙戊午（十七年，1678）舉博學鴻詞科，撫臣薦爲江南第一才人，以丁内艱不赴。著有《金門稿》，《湘瑟詞》等。見《己未詞科錄》卷四、《今世説》卷三等。

**【內直雜詩（之三）】**

法曲何勞寵段師，水嬉角觝鑒前時。虞階但奏朝正伎，假面伶工舞柘枝。（清・王士禛輯：《感舊集》卷四，清乾隆十七年刻本）

## 郭金臺

郭金臺（1610～1676），字幼隗，湘潭（今湖南湘潭）人。本姓陳氏，名湜，字子原。父嘉謨，戹於豪猾，盡奪其產。時金臺年十五，匿中表郭氏得脱。郭初無子，遂子之。其生而超穎，狀貌奇偉，見者咸目爲異人。讀書目十行下，下筆萬言，居家孝友淵默，至慷慨談天下事，議論風生。與蔡道憲友善，以忠義相期許。弱冠有聲黌序，然屢薦不仕。以副榜積分例授學官，亦不赴。隆武稱號，舉於鄉，何騰蛟、堵允錫交薦，授職方郎中，再以僉事起之，辭母老不出。潰卒刦掠，結鄉團，佐官軍保守鄉里，縣人依聚，所全護甚眾。明亡隱衡山，教授生徒，多尚實學，絕口不復言天下事。惟論列當時殉難諸人，輒欷歔流涕。康熙初卒，自題其阡曰「遺民郭金臺之墓」。著有《毛詩辨》、《博物彙編》、《碧泉記》及《五經駢語》五卷、《石村文集》三卷、《石村詩集》三卷、《代古詩》一卷等。見《（光緒）湘潭縣志》卷八、《（光緒）湖南通志》卷一六六等。

**【戲贈歌妓八首】**

（其一）不學寒梅令素枝，《牡丹亭》畔鬧花姨。唐皇若解春風恨，霓羽叢中喚阿誰？

（其二）絲管名城墮鼓鼙，吹樓紅粉艸萋萋。洛神巫女都成夢，腸斷臨篇似更迷。

（其三）撲面薰風暢百花，羅裙翠袖過香車。遊人不解尋芳徑，爭看雲堆鬢侶鴉。

（其四）卻憶花陰擲果迴，紅顏白面兩相猜。玉顏塵土今誰是？衛玠曾經看殺來。

（其五）高館酴酥百合香，傾城掣電競飛觴。個中任客酡雙眼，笑指名場即劇場。

（其六）綠野池塘雜管絃，壓場人識舊平泉。隔溪野老酣歌笑，空有流鶯一樣傳。

（其七）三匝人煙半梵宮，磬魚朝暮四時通。何緣一曲翻新譜，湘上青青只數峰。

（其八）隨風弱柳不勝柔，嘹嚦鳴蟬也似愁。深坐顰眉猶負恨，可憐上舞上迷樓。（《石村詩文集》詩集卷中，清康熙刻本）

## 黃宗羲

黃宗羲（1610～1695），字太沖，號梨洲，餘姚（今浙江餘姚）人，明御史黃尊素長子。與弟宗炎、宗會，並負異才，有「東浙三黃」之目。明末，參加東林黨人反宦官權貴的鬥爭，幾不測。清兵入關，又曾組織武裝抵抗，與張煌言堅守舟山。後隱居著述。宗羲之學，出於蕺山，以誠意愼獨爲主。嘗謂明人講學，襲語錄之糟粕，不以六經爲根柢，束書而從事於遊談。故問學者必先窮經，經術所以經世。不爲迂儒，必兼讀史。讀史不多，無以證理之變化；多而不求於心，則爲俗學。故上下古今，穿穴群言，自天官、地志、九流百家之教，無不精研。所著有《易學象數論》六卷、《授書隨筆》一卷、《律呂新義》二卷、《孟子師說》二卷、《南雷文定》十一卷、《明儒學案》六十二卷、《明文海》四百八十二卷、《深衣考》一卷、《今水經》一卷、《四明山志》九卷、《歷代甲子考》一卷、《二程學案》二卷、《明夷待訪錄》一卷、《大統法辨》四卷、《圜解》一卷、《割圜八線解》一卷等。爲明清之際影響最大的思想家之一。見《清史稿》卷四八〇、《晚晴簃詩匯》卷一一等。

**【感舊（之五）】**

寒江纔把一書開，耿耿此心不易灰。落日歌聲明月罵，不堪重到聖湖來。崑銅在西湖，每日與余觀劇。月夜扼腕時事，罵不絕口。（《南雷詩曆》卷一，沈善洪主編：《黃宗羲全集》第十一冊，浙江古籍出版社 2005 年版，第 223 頁）

**【青藤歌】**

文長曾自號青藤，青藤今在城隅處。離奇輪囷歲月長，猶見當年讀書意。憶昔元美主文盟，一捧珠盤同受記。七子五子廣且續，不放他人一頭地。踽踽窮巷一老生，崛強不肯從世議。破帽青衫拜孝陵，科名藝苑皆失位。叔考院本供排場，史槃字叔考，以院本行世。伯良《紅閨》詠麗事。伯良名驥德，《紅閨》詩和者甚眾。弟子亦可長黃池，不救師門之顛頓。豈知文章有定價，未及百年見眞僞。光芒夜半驚鬼神，即無中郎豈肯墜！余嘗山行入深谷，如此青藤亦累累。此藤茍不遇文長，籬落糞土誰人視。斯世乃忍棄文長，文長不忍一藤棄。吾友勝吉加護持，還見文章如昔比。（《南雷詩曆》卷三，沈善洪主編：《黃宗羲全集》第十一冊，浙江古籍出版社 2005 年版，第 286 頁）

【同輪菴飲虞咨牧陽和書院】

拄杖丁丁躡石梯，快風忽至竹痕齊。主人情重鞭歌妓，咨牧以家樂緩答歌者。佛法無多漏木樨。已視興亡如院本，故翻黨錮作新題。時唱阮大鋮詞，其詞多刺東林。舊人此日唯君在，話到當年日已西。（《南雷詩曆》卷三，沈善洪主編：《黃宗羲全集》第十一冊，浙江古籍出版社 2005 年版，第 297～298 頁）

【聽唱牡丹亭】八月十八日。

掩窗試按《牡丹亭》，不比紅牙鬧賤伶。鶯隔花間還歷歷，蕉抽雪底自惺惺。遠山時閣三更雨，冷骨難銷一線靈。卻爲情深每入破，等閒難與俗人聽。臧晉叔改《牡丹》詞，若士有詩：「總饒割就時人景，卻愧王維舊《雪圖》」，圖乃雪裏芭蕉也；遠山，眉也；閣雨，言淚。（《南雷詩歷》卷四，沈善洪主編：《黃宗羲全集》第十一冊，浙江古籍出版社 2005 年版，第 310 頁）

【偶書（之二）】

諸公說事不分明，玉茗翻爲兒女情。不道象賢參不透，欲將一火蓋平生。玉茗堂《四夢》以外，又有他劇，爲其子開遠燒卻。（《南雷詩曆》卷四，沈善洪主編：《黃宗羲全集》第十一冊，浙江古籍出版社 2005 年版，第 321 頁）

## 黃周星

黃周星（1611～1680），字景虞，號九煙，上元（今江蘇南京）人。崇禎十三年（1640）進士，又三年授計部主事。明年夏，以國變棄家，流寓吳越間。在吳寓陽城湖濱。後更名人，更字略似，號半非，晚又號笑蒼道人。生平或笑或哭，感觸無端。遇沈冥放廢之士，執手悲歌，聲激水涯。嘗自言，身多患難，幼時遇酖毒不死，丙子公車出洞庭遇盜不死。丁丑遘寒疾不汗發狂不死，庚辰京邸觸凶刃不死，丙戌避亂閩海復遇盜不死，浮沈三十餘年，年七十，仰天嘆曰：「吾今不可以死乎？」與妻孥訣別，慷慨飲醇酒，盡數斗，竟日夕不醒，人以爲眞死矣，仍不死。後泛舟浙東，被髮長嘯，自沈水死。著有《夏爲堂詩略刻》、《九煙詩抄》、《黃九煙先生雜著》等多種，盈百卷。且亦長於戲曲創作，著有雜劇《惜花報》、《試官述懷》二種，均佚。傳奇《人天樂》（一名《北俱盧》）一種，尚存，另有戲曲論著《制曲枝語》，亦存。見《靜志居詩話》卷二一、《（同治）蘇州府志》卷一一二等。

**【擬作雜劇四種】**

美人才子與英雄，更著神仙四座中。演作傳奇隨意唱，柳枝風月大江東。（清·徐釚：《本事詩》卷七，清光緒十四年徐氏刻本）

## 冒　襄

冒襄（1611～1693），字辟疆，號巢民，如皋（今屬江蘇）人。崇禎十五年（1642）副貢生，授台州推官，不赴。入清不仕，以隱逸薦，以博學宏辭薦，皆不就。與陳定生、方以智、吳次尾並稱四公子。父起宗官荊樊時，値世亂。襄往省覲，奉母以歸，不入內寢。或問之，襄曰：「父在殘疆而子安枕席乎？」泣血上書，政府得調寶慶。襄友愛諸弟，一日忽有人入戶，將剚刃於襄，襄子丹書以身蔽，被重創。聞於官，辭連其弟，襄痛哭，直弟無是事。太守因並寬刺者。鬻產賑饑，日行道殣中，染病死，三日復甦。晚年退居，祖宅傍築室數閒，雜植花藥，客至與酌酒賦詩。解音樂，時命小奚度曲，亦以娛客。書法特妙，喜作擘窠大字，人皆藏弆珍之。著有《樸巢詩選》、《水繪庵詩集》等。見《（乾隆）江南通志》卷一五九、《國朝書人輯略》卷一、《晚晴簃詩匯》卷一三等。

**【冬夜水繪菴讀書諸子招陪其年時小季無譽禾丹兩兒在侍即席限韻三首】**

（其一）同人今夕集，無異照青藜。共發文章燄，能令星斗低。極天誰正氣，觀劇有感。徹夜聽邊鼙。酒醉看如意，西風任取攜。

（其二）何人搴藝苑，巨手馭班麟。舊失梁園雪，指侯。今歸義府陳。乾坤僧有臘，歲暮履無新。莫嘆相逢晚，霜天指翠筠。

（其三）午夜酬知己，高歌更一觴。鵾絃橫鐵撥，花筆賦芝房。月浸一庭碧，人衣百蘊香。每驚風雨句，今日減清狂。其年時有所暱，今晚詩成稍後，故云。（《巢民詩文集》卷三「五言律」，清康熙刻本）

【與其年諸君觀劇各成四絕句】

（其一）冰絲新颭藕羅裳，一曲開筵又舉觴。曾唱陽關灑西淚，並州東返當還鄉。

（其二）最無消息是清音，竹肉喧闐未易尋。唱到情來生意思，一絲裊裊碧雲心。

（其三）豪酣醉夢豈聞聲，娛悅雖知亦楚傖。活鳳生花春漠漠，性情融液是歌情。

（其四）二十年來何所事，稱詩握管意茫然。最是泥人惟顧曲，細於筆墨倩誰傳？（《巢民詩文集》詩集卷六「五七言絕句・七言絕句」，清康熙刻本）

編者案：其二以下原闕。其三、其四兩首詩，據清代端方所著《壬寅銷夏錄》補入。

【鵲橋仙・重九日登望江樓演陽羨萬紅友空青石新劇老懷棖觸倚聲待和】

樸巢已覆，苔岑遙隔，賸有丹楓堪玩。今朝重上望江樓，悵南北煙林全換。　尊前新譜，曲終雅奏，一字一聲低按。縱然海水遠連天，抵不得閒愁一半！（清・丁紹儀輯：《國朝詞綜補》卷一，清光緒刻前五十八卷本）

## 李　漁

李漁（1611～1680），原名仙侶，字笠鴻，又字謫凡、笠翁、笠道人、隨庵主人、新亭樵客等。祖籍蘭溪（今屬浙江），生於揚州雉皋（今江蘇如皋）。崇禎十年（1637）郡庠生，兩赴鄉試不第，後棄科舉，從事戲劇活動等。由於精於譜曲，時人呼之「李十郎」。有傳奇十種行世，即《風箏誤》、《奈何天》、《比目魚》、《慎鸞交》、《玉搔頭》、《巧團圓》、《凰求鳳》、《意中緣》、《蜃中樓》、《憐香伴》。其詩規橅香山，真率而近俚。見《兩浙輶軒錄》卷八、《（民國）杭州府志》卷一七〇等。

【予改琵琶明珠南西廂諸舊劇變陳為新兼正其失同人觀之多蒙見許因呈以詩所云為知者道也】

我本他山石，匪玉能玉攻。當世忌鑿枘，古人資磨礱。稍爲效一得，敢曰睛點龍？但覺微翳去，青天益穹窿。我亦多撰著，瑕瑜互相蒙。焉得千載後，再生狂笠翁！一一施針砭，啓我地下聾。聖賢重三益，何必曾相逢。（《笠翁詩集》卷一，浙江古籍出版社編：《李漁全集》第二册，浙江古籍出版社 1991 年版，第 14 頁）

【次韻和婁鏡湖使君顧曲二首】

（其一）莫作人間韻事誇，立錐無地始浮家。製成小曲慚巴里，折得微紅異舜華。檀板接來隨按譜，豔妝洗去即漚麻。當筵枉拜纏頭賜，難使飛蓬綴六珈。

（其二）啼饑容易損歌喉，難使行雲遏不流。遣興暫教呈舞態，避慚仍復下簾鉤。自來桃李詩中艷，難向荊榛隊裏求。困頓一宵無樂事，漫勞秉燭恣遨遊。（《笠翁詩集》卷二，浙江古籍出版社編：《李漁全集》第二册，浙江古籍出版社 1991 年版，第 195 頁）

【舟泊清江守閘陸馭之司農湯聖昭刺史彭觀吉張力臣諸文學移尊過訪是夕外演雜劇內度清歌】

世上嚶鳴我獨偏，行蹤到處集名賢。尊攜謝傅登山具，酒費相如賣賦錢。簾內曲賡簾外曲，醉中天異客中天。明朝欲泛黃河水，別去拚爲倚棹眠。（《笠翁詩集》卷二，浙江古籍出版社編：《李漁全集》第二册，浙江古籍出版社 1991 年版，第 214 頁）

【後斷腸詩十首（之二）】登場演劇時，喬爲婦而姬爲男，豊致翛然，與美少年無異。予利其可觀，即不登場，亦常使角巾相對，伴麈尾清談。不知者以爲歌姬，予則視爲韻友。傷哉此歿！茅堂左右虛無人矣。

角巾紗帽日籠頭，俊雅誰稱是女流。莊語有時難伉儷，詼諧無處覓嬌羞。居平慣作夷光侶，此去應同范蠡舟。不但姬亡良友失，忍教雙淚一齊收。（《笠翁詩集》卷二，浙江古籍出版社編：《李漁全集》第二册，浙江古籍出版社 1991 年版，第 217 頁）

【秋日同于勝斯郡司馬顧梁汾典籍高鳳翥邑侯集何紫雯使君署中聽新到梨園度曲】

有客同時佩錦囊，栽花縣裏看秋芳。彎弓預習持螯手，覓句能寬貯酒腸。小部新來天上曲，輕衫猶帶月中香。漫言在席都年少，老興如儂亦復狂。（《笠翁詩集》卷二，浙江古籍出版社編：《李漁全集》第二册，浙江古籍出版社 1991 年版，第 235 頁）

【于勝斯郡丞邀陪余霽岩別駕林象鼎參軍衙齋聽曲攜菊而歸】

多情地主慣添杯，十度邀賓九喚陪。食飽難禁螃蟹勸，飲遲無奈菊花催。歌童豈止聲音好，坐客非關酒意頹。歸去預愁身寂寞，連瓶攜得錦葩回。（《笠翁詩集》卷二，浙江古籍出版社編：《李漁全集》第二冊，浙江古籍出版社 1991 年版，第 244 頁）

【虎丘千人石上聽曲四首】

（其一）曲到千人石，惟宜識者聽。若逢門外客，翻著耳中釘。

（其二）並無梁可繞，只有雲堪遏。唱與月中聽，嫦娥應咄咄。

（其三）堂中十分曲，野外只三分。空聽猶如此，深歌那得聞。

（其四）一贊一回好，一字一聲血。幾令善歌人，唱殺虎丘月。

（《笠翁詩集》卷三，浙江古籍出版社編：《李漁全集》第二冊，浙江古籍出版社 1991 年版，第 284 頁）

【四方諸友書來無不訊及新製填詞者不能盡答二詩共之】

（其一）熱鬧場中嘆水難，只宜初夢到邯鄲。近詞頗似西湖月，縱好誰人耐冷看。

（其二）白雪陽春世所嗔，滿場洗耳聽《巴人》。調高猶喜非《春雪》，冷熱同觀但未勻。（《笠翁詩集》卷三，浙江古籍出版社編：《李漁全集》第二冊，浙江古籍出版社 1991 年版，第 327～328 頁）

【端陽前五日尤展成余澹心宋澹仙諸子集姑蘇寓中小鬟演劇澹心首倡八絕依韻和之】中逸其二。

（其一）才上氍毹齒未開，周郎顧曲眼爭回。未經出口先成誤，目斷驚魂字不來。

（其二）舊曲改充新樂奏，溪毛拾作玳筵張。全憑小婦斑斕舌，逗出嘉賓錦繡腸。

（其三）響遏行雲事果眞，飛來過曲盡天神。諦觀不似霓裳舞，悔殺蓬萊枉駕人。

（其四）修短升沉一任天，嘯歌終日學頑仙。白頭愛使紅裙繞，何必當初始少年。

（其五）贈罷新篇客始歸，纏頭錦字壓羅衣。品題洵可成佳士，不是輕仙也解飛。

（其六）是夕演《明珠・煎茶》一折，未及終曲而曉。

更衣正待演無雙，報導新曦映綠窗。佳興未闌憎夜短，教人飲恨撲殘缸。（《笠翁詩集》卷三，浙江古籍出版社編：《李漁全集》第二冊，浙江古籍出版社 1991 年版，第 347～348 頁）

**【端陽後七日諸君子重集寓齋備觀新劇澹心又疊前韻即席和之】**是日澹心攜幼童三人至，亦奏新歌。

（其一）廣席長筵閉復開，雲車又逐晚風回。神仙不耐聽凡樂，自挾鈞天小部來。

（其二）澹心幼子甫七歲，解辨歌聲，以手按板，無不合拍。

誰家顧曲小周郎，七歲聽歌慧眼張。隨手拍來檀板合，數聲驚斷老人腸。

（其三）忘羞才覺露天眞，顰不矜持笑有神。誰是夷光誰嫫姆，自安常態便宜人。

（其四）無窮樂境出壺天，不是群仙也類仙。勝事欲傳須珥筆，歌聲留得幾千年。

（其五）不傾百斗莫言歸，覆卻銀瓶復典衣。醉後一聲齊鼓掌，千林宿鳥盡驚飛。

（其六）勝事從來不可雙，忌人曙色瞷幽窗。清歌不復能三疊，槌碎新豐賣酒缸。（《笠翁詩集》卷三，浙江古籍出版社編：《李漁全集》第二冊，浙江古籍出版社 1991 年版，第 348～349 頁）

**【席上贈歌妓王友蘭兼嘲座客】**

清歌歷歷斷人腸，有客低聲助抑揚。毒殺秋波時一轉，周郎不顧顧周郎。（《笠翁詩集》卷三，浙江古籍出版社編：《李漁全集》第二冊，浙江古籍出版社 1991 年版，第 361 頁）

**【風流子・虎丘千人石上贈歌者】**

一曲清謳石上，到處箜篌齊放。思喝采，慮喧嘩，默默低頭相向。早停莫唱，十萬歌魂齊喪。（《耐歌詞》，浙江古籍出版社編：《李漁全集》第二冊，浙江古籍出版社 1991 年版，第 392 頁）

**【花心動・王長安席上觀女樂】**

此曲只應天上有，今日創來人世。聽有餘音，看有餘妍，演處卻全無意。當年作者來場上，描寫出、毫端筆底。雖愛飲，只愁忽略，不教沉醉。　　我亦逢場作戲。歎院本雖多，歌聲盡沸。曲止聞聲，態不摹情，但使終場而已。焉能他日盡如斯，俾逝者常留生氣。借君酒，權代古人收淚。（《耐歌詞》，浙江古籍出版社編：《李漁全集》第二册，浙江古籍出版社 1991 年版，第 484 頁）

## 杜　濬

杜濬（1611～1687），初名詔先，字于皇，號茶村，黄岡（今湖北黄岡）人。明副榜貢生。啓、禎之間楚人言詩者多效法鍾、譚，濬獨以少陵爲師，以此名聞天下。亂後僑寓金陵，窶甚。南昌王猷定嘗問窮愁何似，答曰：「往日之窮，以不舉火爲奇；近日之窮，以舉火爲奇。」猷定笑曰：「君言抑何雋也！」周亮工偶集諸名士觀燈船於秦淮，出百金置席上爲采，賭鼓吹詞。濬遽起，攫之云：「鮑叔知我貧也。」就吟席振筆直書，立成長韻一百七十四句，一座爲之傾倒。性傲慢，不求友，王山長嘗以讓于皇。于皇曰：「某豈敢如此？只是一味好閑無用，但得一覺好睡，縱有司馬遷、韓愈在隔舍，亦不及相訪。」求詩者踵至，多謝絕。錢謙益嘗造訪至，閉門不與通。惟故舊或守土吏徒步到門，則偶接焉。及功令有排門之役，有司注籍優免。濬曰：「是吾所服也。」躬雜廝輿，夜巡綽，衆莫能止。晚年貧益甚，竟扼窮以死，年七十七卒於揚州。生平論詩最嚴，於時人多所詆訶，有富者重價購其集焚之。鄉人某搜得遺稿刊以行世，即《變雅堂集》。見《文獻徵存錄》卷一〇、《小腆紀傳》補遺卷六九等。

### 【看苦戲】

何代傳歌譜，今宵誤酒盃。心傷情理絕，事急鬼神來。蠟淚寧知苦，雞聲莫漫催。吾生不如戲，垂老未甘回。（《變雅堂遺集》詩集卷三，清光緒二十年黄岡沈氏刻本）

### 【贈蘇伶王子玠】

分明南去客，忽接北來音。出岫雲俱懶，登場鉢自吟。淺夫頻擊節，識者但觀心。儔輩無消息，春風吹素琴。（《變雅堂遺集》詩集卷四，清光緒二十年黄岡沈氏刻本）

### 【龔宗伯座中贈優人扮虞姬絕句】

年少當場秋思深，座中楚客最知音。八千子弟封侯去，惟有虞兮不負心。（《變雅堂遺集》詩集卷九，清光緒二十年黄岡沈氏刻本）

# 方　文

方文（1612～1669），又名一來，字爾止，一字明農，號嵞山，桐城（今安徽桐城）人。明諸生。方嵞山居金陵，少有才華，晚學白樂天，雖民謠里諺、塗巷瑣事，皆可引用。興會所屬，衝口成篇，款曲如話，眞至渾融，自肺腑中流出，絕無補綴之痕。爲人瀟灑有天趣，每見人誦詩者，輒爲竄改。其人不樂，亦不顧也。著有《嵞山集》。見《明詩紀事》辛籤卷二二、《晚晴簃詩匯》卷一六等。

**【清明日飲寶計部署中觀劇有感】**

（其一）宋玉爲郎日，官齋任往還。別來頻節序，旅泊又江關。楊柳弄春色，風塵損客顏。使君猶夙昔，高義許重攀。

（其二）久不見袍笏，優伶尙漢官。酒多情易感，曲罷漏將殘。令節驚相問，中心黯自酸。一生開口笑，祗是傍人歡。（《嵞山集》卷五，清康熙二十八年王槩刻本）

**【劉旋九招集章園觀家伎】**

金戈鐵甲渡江來，紅粉青娥化作灰。香閣尙餘天上樂，華樽仍向月中開。湘妃垂手穿修竹，嬴女吹簫弄落梅。有客迷離疑是夢，不知曾賦子山哀。（《嵞山集》卷六，清康熙二十八年王槩刻本）

**【許石疏園留別歌者辛巳】**

密樹重陰覆草堂，清歌一曲夜雲涼。可憐明日河橋別，白袷秋衣粉黛香。（《嵞山集》卷十二，清康熙二十八年王槩刻本）

**【六聲猿】**昔徐文長作《四聲猿》，借禰衡諸君之口，以泄其胸中不平，眞千古絕唱矣！予欲仿其義作《六聲猿》，蓋取宋末遺臣六事，演爲雜劇。詞曲易工，但音律未諳。既作復止，先記以詩。俟他日遇知音者，始塡詞焉。

（其一）《謝侍郎建陽賣卜》：骯髒乾坤八尺軀，且將卜肆溷屠沽。當時猶解欽風節，今日程劉（編者案：當作留）輩亦無。程文海、劉（編者案：當作留）夢炎也。

（其二）《家參政河間談經》：平生志業在春秋，說與諸生涕泗流。吳楚風詩猶不采，那堪戎索遍神州。

（其三）《唐玉潛冬青記骨》：鳳巢龍穴不成棲，玉匣珠襦踏作泥。唯有年年寒食節，冬青樹下杜鵑啼。

（其四）《鄭所南鐵函藏書》：吳門春草綠參差，枯井藏書那得知。三百餘年書始出，中原又似畫蘭時。

（其五）《王炎午生祭文相》：文相精忠泣鬼神，當年猶有見疑人。可知盡節惟應死，才說權宜便不眞。

（其六）《謝皋羽慟哭西臺》：嚴子灘頭風雪飄，生芻一束薊門遙。傷心豈獨悲柴市，萬古崖山恨不銷。（《僉山集》卷十二，清康熙二十八年王槩刻本）

**【贈歌者宛鷺】**

野性羞同雞鶩居，霜天偏喜傍樵漁。雪衣皎潔應相似，只恐凄音鷺不如。（《僉山集》卷十二，清康熙二十八年王槩刻本）

**【擊缶行留別韓子任】**

韓生置酒城東園，送我南歸去都門。設坐正當兩芍藥，行觴復有三嬋媛。撥阮搊箏聲激楚，齊唱南枝更凄苦。《鎖南枝》，曲名。中有小妓名翠兒，歌罷又能擊缶舞。擊缶古來是秦聲，雖非雅樂音韻清。纖腰宛轉似無力，狂態拖沓疑有情。主人勸客且進酒，此舞江南所未有。今宵把臂不盡懽，明日登車重回首。聞說賢兄寓會稽，秋風相訪若耶溪。子任之兄子有，高士也，避地浙東，子任將往訪之。是時我正客湖舫，共聽吳歈山月低。（《僉山集》續集北遊草，清康熙二十八年王槩刻本）

**【王涓來席上贈歌者】**

（其一）塞北惟聞羯鼓聲，那知南曲細如鶯。不甘蔡琰終沙漠，且作何戡唱渭城。

（其二）旗是廂紅復正紅，贖身何日返吳中。莫愁京國無知己，現有黃州太史公。（《僉山集》續集北遊草，清康熙二十八年王槩刻本）

**【湖上觀劇】**

誰譜新詞忌諱無，優伶傳播到西湖。驚心最是張方伯，不敢重看《鐵冠圖》。（《僉山集》續集徐杭遊草，清康熙二十八年王槩刻本）

**【旅店贈歌者】**

胡姬十五弄琵琶，名喚青萍亦可嗟。誰解公孫大孃舞，前身只恐是楊花。（《僉山集》續集魯遊草，清康熙二十八年王槩刻本）

【重九後二日同陳士業飲李太虛先生齋頭】

江城風雨誤重陽，著屐難登綠野堂。此日林端明霽色，特來花下就壺漿。年臻大耋身猶健，吟到眞詩喜欲狂。聞有翠眉工度曲，何時纔一奏笙簧。（《僉山集》續集西江遊草，清康熙二十八年王檠刻本）

【聞李宗伯家伎並遣傷之】

（其一）霓裳一部本群仙，秖合文人與結緣。底事同歸廝養卒，酸風腥雨哭嬋娟。

（其二）聞說登艫涕淚頻，煙波迴雪更悲辛。章江遊子腸先斷，況是虔州納采人。煙波、迴雪二伎名，虔州友人曾以千金聘煙波不可得。（《僉山集》再續集卷一，清康熙二十八年王檠刻本）

【九日周雪客招飲觀劇】

（其一）九日渾無賴，三年不在家。南州使君署，辛丑遊南昌，周伯衡招飲。東省故人衙。壬寅遊濟南，李澱林招飲。又作蕪城客，癸卯遊揚州，王貽上招飲。誰看籬落花。今秋才返舍，采掇復何嗟。

（其二）正擬登山去，周郎復見招。懽娛過此節，歌管遂終宵。閒卻籬邊菊，空餘花下瓢。老妻私嘆息，寂寞又今朝。（《僉山集》再續集卷三，清康熙二十八年王檠刻本）

【贈歌者韻郎】

（其一）二月江南草樹芳，鶯歌一曲斷人腸。《牡丹亭》畔梅花下，何處重尋杜麗娘。

（其二）西秦才子客東吳，蕭寺過從興不孤。豫恐春殘欲分手，倩人先作掃花圖。謝仲美爲王無異作掃花圖，貌郎於其側。（《僉山集》再續集卷五，清康熙二十八年王檠刻本）

【廣陵一貴家讌客伶人呈劇目首坐者點萬年歡予大呼曰不可豈有使祖宗立於堂下而我輩坐觀者乎主人重違客意予即奮袖而起曰吾寧先去留此一線於天地間王貽上拊几曰壯哉遺民也遂改他劇】

（其一）黍離麥秀尚消魂，何況威儀儼至尊。莫道人心盡澌滅，也留一線在乾坤。

（其二）雖然遊戲事非眞，優孟衣冠亦感人。卻訝先朝曾扮此，

當筵未見有人嗔。(《畲山集》再續集卷五,清康熙二十八年王槩刻本)

## 錢澄之

錢澄之(1612～1693),字飲光,初名秉鐙,字幼光,後改號田間。桐城(今安徽桐城)人。少爲諸生,名籍甚,然屢試不售。閉户著書,皆根極理要,陳言務去。甲申後南都建國,群小阿附,爲之魁者,其鄉人也。澄之夙慷慨持正論,與鄉人迕。以避禍挈家亡命,走浙、閩入粵,崎嶇絕徼,數從鋒鏑間支持名義。後妻死於兵,子死於盜,乃寓吳之花谿,與徐僉事燗注《五代史》,較徐無黨尤詳密,惜未刊行。又嘗寓崑山徐侍郎秉義培林堂,商訂經史。所著《田間易學》、《詩學》、《莊屈合詁》及詩文集,徐乾學爲刻之於蘇州。見《(同治)蘇州府志》卷一一二、《(光緒)重修安徽通志》卷二二二等。

**【清溪竹枝詞】**

(其一)頻催畫槳趁歌行,認得前船姊妹聲。連日曲中新作客,隔闌一一會呼名。

(其二)只在秦淮路不遙,遊人坐定便吹簫。清溪一帶朱樓好,頻去頻來莫出橋。

(其三)銀蒜朱闌翡翠簾,隔船小語燕聲尖。輕橈慢舉由人看,素面鴉頭喚酒添。

(其四)節近端陽蒲草香,家家少婦賃衣裳。妝成出市誰人看,辛苦兒郎一月忙。

(其五)朱朱綠綠內家窗,遶檻金鈴吠小厖。自教梨園新子弟,生來不解聽南腔。

(其六)朱闌畫舸尾相銜,次第更番奏管弦。火樹銀花通夜賽,國公府內看燈船。(《藏山閣集》詩存卷二過江集,清光緒三十四年本)

**【彥林家伶散為健兒因予強奏數闋】**

綺席頻邀選妓陪,梨園散後爲重開。纔看繡鬣腰刀侍,忽作紅粧引扇來。絃上新詞名十撰,燈前小拍玉人催。舞衫未脫爭行酒,醉後能添一百杯。(《藏山閣集》詩存卷二過江集,清光緒三十四年本)

**【福州迎春歌】**

福州臘月天氣佳,迎春看春人如花。福州女兒好顏色,皎若朝雪襯輕霞。宛轉蛾眉樓上出，迴身卻用珠簾遮。街頭小兒喧笙鼓，錦棚對對倡家女。珠衫寶髻百樣裝，盡按梨園歌曲譜。逾梁出巷觀者多，卻扇亭亭嬌不語。此日梅花滿地飛，此時柳色弄春暉。公子停鞭牽玉勒，佳人對鏡換羅衣。羅衣嫋嫋細腰身，令人卻憶白門春。白門春在長干里，鈿閣青樓夾道起。侯家珠翠半天中，外戚簾櫳香霧裏。三條九陌車騎紛，人影花光何處是。楊柳溪邊歲歲新，射鵰今已遍城闉。秋千院下穹廬帳，蹴踘場飛鐵馬塵。可憐日暮吹笳動，風雜鴉聲愁殺人。（《藏山閣集》詩存卷三生還集，清光緒三十四年本）

## 【髯絕篇聽司空耿伯良敘述詩以紀之】

髯昔東奔婺，金華府隸浙江，隋唐曰婺州。本恃同官情。婺州方舉義，朱公名大典建戎旌。要髯共整旅，遂抗同官衡。同官爲隱忍，義軍爲不平。護之還江上，因入方帥營。名國安。馬相久在幕，後至權稍輕。計邀方帥歡，二豎還相爭。鬱鬱懷異志，遣諜潛歸誠。是時越守固，降表達燕京。陰以國情輸，還令虜增兵。六月虜渡江，長跪江頭迎。貝勒久始信，涿州馮相銓書迺呈。叩頭感且泣，誓死報聖清。招降方與馬，踴躍隨長征。自請五十騎，先克金華城。躍馬到城下，長嘯颭胡纓。昔聞朱公計，城西角易傾。此來直攻瑕，礮火蹋天轟。須臾城西陷，戮及懷中嬰。耿君名獻忠，原任金華同知亦被縶，望髯氣正英。貝勒酬髯官，懸稱內院榮。次第度閩嶠，所過無草莖。群酋罕肉食，髯至必大烹。相顧笑且駭，每夜盤飧盈。作歌勸酋酒，群酋飲必酲。爭言梨園伎，南來耳髯名。髯起頓足唱，髣髴昔家伶。有酋黑姓者求學詩，唱和到五更。晨起歷諸帳，每談必縱橫。一朝面目腫，群酋人人驚。託耿往語髯，且緩閩中程。髯老而過勞，即防疾病攖。髯聞大憂疑，疑有阻其行。酬官諒不欺，此意胡然萌。我年甫六十，有如鐵錚錚。實無秋毫疾，願君爲我明。耿君還復命，群酋指胸盟。急邀並馬走，仙霞嶺崢嶸。群酋皆按轡，惟髯棄馬行。健步奔犢捷，矍鑠聊自鳴。上嶺復下嶺，顧笑群兒獰。忽踞磐石坐，呼之目已瞪。馬箠掣其辮，氣絕不復生。群酋齊下馬，環哭爲失聲。亟命索火炬，荼毗藏諸罌。家僮搏顙泣，請還附先塋。方馬隨入關，屍首委長鯨。惟髯有遭遇，所志惜不成。耿君新返正，列爲行在卿。始末親所見，記以待史評。（《藏山閣集》詩存卷九牛還集，清光緒三十四年本）

【行路難（之十五）】

五更起坐自溫經，還似書聲靜夜聽。梵唱自矜能仿佛，老僧本色是優伶。愚道人既爲僧，習梵唱，予笑其是劇場中老僧腔也。（《藏山閣集》詩存卷十三失路吟，清光緒三十四年本）

【薄命曲】安邑張萬青悼亡姬，索詩。

妾家住金陵，姊妹良家子。身如金錢花，被人作錢使。一解。車過秦關去，知充後房姬。齧臂謝阿母，低頭事諸姨。二解。君家庭廣廣，多植合歡樹。但得爲人憐，不恨爲人誤。三解。阿母捨女歸，泣涕終夜語。養蠶喂黃檗，腹內絲絲苦。四解。脫釧要阿母，妹勿別與人。諒爲人小婦，寧有姊情親。五解。弋人坐磐石，野鴨飛滿塘。蒲弓不再引，一獲兩鴛鴦。六解。郎載阿妹行，荔枝得飽食。妹勿食荔奴，嗔他生在側。七解。妹宿羅浮旁，姊在泰華頂。夢中擲梨花，與郎同哭醒。八解。夢醒促郎歸，妹來姊不見。幃前出皓腕，念姊臂上釧。九解。郎採芙蓉花，花葉大如船。儂自乘船去，郎心空見憐。十解。張有《載花船》傳奇。俱敘傳奇中事。（《田間詩文集》詩集卷四江上集，清康熙刻本）

【金陵雜詠（之一）】

尋嚴遊女禁，今見往來頻。入院車偏熟，穿林馬亦馴。茶湯前內監，星卜老遺民。柏樹枝多死，南廊僧漸貧。信心惟道媼，護法仗時人。大殿工將起，梨園賣戲新。長干寺。（《田間詩文集》詩集卷五江上集，清康熙刻本）

【龍眠山居雜興（之九）】

村居離郭近，野老未忘機。籜隕編涼帽，稭留織草衣。血痕歸獵網，腥氣坐魚磯。見客雄談古，東門看戲歸。（《田間詩文集》詩集卷六江上集，清康熙刻本）

【吳城阻風（之三）】

潮落墟初出，舟航集市門。邊商人盡讓，楚客語多喧。曲巷穿山徑，巖牆上水痕。令公祠鬧甚，新稅及梨園。（《田間詩文集》詩集卷十一客隱集，清康熙刻本）

【客園酬龍門先生（之三）】

不到園林三十年，當時丘壑已茫然。數峰插水餘殘石，雜樹成陰弄晚煙。池上未慳春草句，樽前空憶竹林賢。梅花小閣藏嬌處，詠雪聽歌絕可憐。昔與仲馭冒雪於此聽女史張秀度曲，今其閣猶在也。（《田間詩文集》詩集卷十七客隱集，清康熙刻本）

【開遠堂燕集觀伎即席和韻二首】

（其一）妖姿偏與舞衫宜，約法停盃看柘枝。愁煞大娘雙劍起，青萍鋒裏轉腰肢。

（其二）雜劇單呈怪眼花，近前代酒背人斜。使君不許分明看，明日開筵設絳紗。（《田間詩文集》詩集卷二十五客隱集，清康熙刻本）

【同楚學使者集開遠堂觀伎】

紅燭清樽接坐香，新從江漢攬群芳。筵前仔細聽吳曲，醉後傾頹任楚狂。校士技誇雲夢獵，選聲樂快洞庭張。可憐小伎能歌舞，也點頭頻許冠場。（《田間詩文集》詩集卷二十五客隱集，清康熙刻本）

【立春後一日龔觀察成少參邀同顧黃公方與三宴集徐方伯梅雪堂觀劇是日微雪梅亦初放】

（其一）高觀山半敞亭臺，節使移樽並駕來。爲念故侯偏潦倒，卻邀遺老共追陪。酒嚴庭雪寒全散，歌徹檐梅萼盡開。正好觥酬酣拇戰，曉鐘底事欲相催。

（其二）吾鄉方伯舊風流，爲愛湖山破旅愁。宦後論詩餘老友，閒中送酒有諸侯。樓前花朵移燈見，郭外江光卷幔收。小伎夜寒何處宿，教人臨去幾回頭。（《田間詩文集》詩集卷二十六客隱集，清康熙刻本）

## 周亮工

周亮工（1612～1672），字元亮，一字緘齋，號櫟園，祥符（今屬河南）人，明崇禎十三年（1640）進士。入清歷官户部侍郎，坐事罷，復官江安糧道。櫟園豪邁好士，嘗置一簿於座上，與客言海内人材，輒疏記之。尤嗜畫及印章，搜羅著錄，獎借成名。好事風流，蓋出天性。詩如其人，權奇磊落，語語皆見性情。著有《賴古堂集》、《因樹屋書影》、《讀畫錄》、《閩小紀》、《印人傳》、《字觸》等。見《（乾隆）江南通志》卷一七二、《晚晴簃詩匯》卷二〇等。

【章丘追懷李中麓前輩】

（其一）焉文閣裏舊詞魔，自說聞聲泣下多。鵝管檀槽明月夜，百年猶按奉常歌。公以焉文名閣。公常言演其自作劇，座客無不泣下沾襟。恐損道心，往往逸去。公稱其客有濟南胡春以鵝管作笛，有穿雲裂石聲長於竹聲者，旁觀嘆羡而已。予過章丘，猶見有爲此技者。公以奉常致仕。

（其二）青龍鈔就自矜誇，一律匀停譜鏌釾。樓上燭光空自合，錢塘不許唱琵琶。公嘗作《寶劍記》，自言音韻匀停，遠出《琵琶》上。《琵琶》惟「雁魚錦」、「梁州序」、「四朝元」及「甘州歌」等六七闋爲可，餘皆鬆懈，更用韻差池，何至神其事曰作「記」時燭光合，遂名其樓曰瑞光耶？

（其三）擎杯振藻百千函，賴得荒唐足謝讒。自許臨文非率易，惟將委曲許遵巖。公與樂安李慰欽同有文名，時稱「二李」。皆以不合於時，致政歸。慰欽致力經學，公獨對客調笑，聚童放歌，以此自遠於世云。公集最夥，每擎杯屬筆，對客飛翰，咄嗟而辦，常推王遵巖行文委曲，每欲效之。

（其四）憑教一笑散窮愁，小令元家字字搜。南客不知宮調好，虞山近始艷章丘。公所著雜劇如《園林午夢》類，總名曰《一笑散》。公所藏元人曲有百十種，如馬東籬、白仁甫諸曲，皆手自改訂付梓。又最喜張小山、喬夢符小令，耑刻以行。公名噪於北，江以南猶不深知。近虞山刻《列朝詩選》，始爲闡揚，《小傳》頗悉公生平。（《賴古堂集》卷十二，清康熙十四年周在浚刻本）

# 周茂源

周茂源（1613～1672），字宿來，號釜山，江南華亭（今上海松江）人。順治六年（1649）進士，官處州府知府。官刑部時，與同官宋直方、施愚山相過從，飲酒賦詩，雖大風雪弗輟，一時都下傳謂復見先輩風流。嘗以恤刑駐節雪苑，有山人得罪別駕，欲加以刑。山人倉卒中託言秋部執友，冀緩其責，實未嘗謀面也。別駕謁周，問之，答曰：「此余好友，幸君相諒。」山人得無恙。一時推秋部爲長者。著有《鶴靜堂集》十四卷。見《感舊集》卷一四、《國朝詞綜》卷一等。

【聽教坊人理舊曲】

釵横金鳳髩堆鴉，供奉西宮老歲華。爲問望陵何處所，秋風惆悵六萌車。（清・徐釚：《本事詩》卷八，清光緒十四年徐氏刻本）

## 曹　溶

曹溶（1613～1685），字潔躬，又字鑒躬，號秋岳，又號金陀老圃。平湖人，居秀水（今浙江嘉興）。明崇禎丁丑（十年，1637）進士。官御史。入清任副都御史，升户部侍郎，出爲廣東布政使，左遷山西陽和道。晚年自號鉏菜翁，築室范蠡湖，顔曰「倦圃」。莳花種竹，置酒唱和無虚日。愛才若渴，四方之士倚爲雅宗者四十年。家多藏書，勤於誦覽，嘗輯《續獻徵錄》六十卷、《五十輔臣傳》五卷、《静惕堂詩文集》三十卷等。見《兩浙輶軒錄》卷一等。

**【虎丘秋夜紀遊十首（之二）】**

燭暗趨新月，環城沸萬家。歌絃吳岫碧，舞伎越羅斜。雜坐侵壇草，窮宵拂磵花。告歸仍是客，垂首羨栖鴉。（《静惕堂詩集》卷十五「五言律」，清雍正刻本）

**【海陵初遇冒辟疆年七十二矣贈詩十首（之四）】**

累夕邀觀伎，無殊狎野鷗。同飲俞水文宅者二。空囊難任俠，名士必多愁。淚雨紅芽濕，情波翠鏡秋。何鄉非樂土，莫倚仲宣樓。（《静惕堂詩集》卷二十五「五言律」，清雍正刻本）

**【素園招同于皇星期雪舫登宋氏水榭六首（之二）】**

自采茱萸罷，秋光苦見親。閒宜臨綠水，旅更結芳鄰。小海盤中炙，横簫帳底人。莫須悲潦倒，酩酊動經旬。有善歌者侍坐。（《静惕堂詩集》卷二十六「五言律」，清雍正刻本）

**【送朱子莊北上赴選二首（之二）】**

渡江煙月快遊多，競矚征人白玉珂。漢道候亭迎錦旆，吳船家伎擁驪歌。東方千騎趨三輔，北海孤城接九河。安用憑高愁極目，柳花飛雨正清和。（《静惕堂詩集》卷二十九「七言律」，清雍正刻本）

**【無外户部席上觀劇同芝麓限韻三首】**

（其一）失路誰招杜宇魂，歷年騷席締金昆。名慚相馬重通籍，時余忝僕卿。客爲留鴻喜置樽。夜出青巒輝户牖，心同白水奉蘭蓀。荷囊橐筆眞吾事，續史曾傳褚少孫。

（其二）歌成樂府自名趨，倚酒猖狂態不無。燭跋半消遊子恨，花陰欲寫故宫圖。悲涼絲竹心難熱，流浪煙塵病強扶。相對巍峨頻問夜，平明騎馬試青蕪。

（其三）紅牙翠管稱華筵，月白宵虛悵自憐。交態易供蝴蝶夢，鄉情不散柳條年。休嫌牧馬驅車地，願老拋毬度曲天。倚和香奩才未盡，曲終安雅賴朱絃。（《靜惕堂詩集》卷三十「七言律」，清雍正刻本）

**【同轅文觀吳友演劇紀事】**

初解征鞍玉露前，紅牙翠管得周旋。逢秋定憶蘭臺賦，有酒還留笠澤船。坐上群賢王逸少，曲終遺慟李延年。飛觴盡夜懽相識，不滅長安明月篇。（《靜惕堂詩集》卷三十「七言律」，清雍正刻本）

**【春夜觀舞】**

翠蝶無聲錦毯平，弄花雙袖隔窗生。桐膏不惜分明甚，寸月能銷一夜情。（《靜惕堂詩集》卷四十一「七言絕句」，清雍正刻本）

**【贈歌者尹姬】**

密坐香飄翠袖輕，月中纖手按瑤笙。梨園弟子親傳得，爲爾含愁憶鳳城。（《靜惕堂詩集》卷四十一「七言絕句」，清雍正刻本）

**【即席贈歌者三首】**

（其一）新豐客舍燭花深，宛轉含啼子夜心。法部梨園今寂寞，芙蓉樓閣爲誰陰。

（其二）太常齋罷不宜醒，急走南鄰倒玉瓶。咫尺鳳城寒意少，舞衣新繡六銖青。

（其三）窈窕當筵獸錦鋪，何郎長倚玉爲膚。秋來瘦盡鴛鴦影，愁殺南飛雪滿塗。（《靜惕堂詩集》卷四十一「七言絕句」，清雍正刻本）

**【同鐵崖觀女優三首】**

（其一）步障流珠炫燭花，歌成宮調咽琵琶。春情若許相憐惜，羅韈輕移掌上斜。

（其二）舞袖橫飄似月輪，垂楊不及小腰身。香喉宛轉親吹動，願作梁間一寸塵。

（其三）倦鳥錢塘放逐秋，不堪檀板喚離愁。當年曾聽開元曲，水殿新涼奏六州。（《靜惕堂詩集》卷四十二「七言絕句」，清雍正刻本）

【同冒辟疆過俞水文宅觀女樂十首】

（其一）天涯何處覓風流，黼帳新垂海上樓。有酒便邀珠履客，信陵公子不曾愁。

（其二）鵾笙象管細如絲，銀燭光中舞柘枝。占斷齊梁花月夜，從無一箇是男兒。戲用花蕊夫人句。

（其三）舉世誰爲讀曲歌，筵前合喚杜郎過。寒風不到鴛鴦瓦，仙島桃花此夜多。

（其四）隨著周郎興不孤，更闌醉態各模糊。一聲畫鼓驚人目，花簟中心湧玉趺。周郎指辟疆也。

（其五）吐玉量珠曲度明，春纖堪入掌中擎。屛開一隊珊珊影，不信黃金教得成。

（其六）劍器歌喉各擅場，曲房搖曳綵雲香。無端撥動英雄感，雙淚能添漏水長。

（其七）何限閨中愛惜成，六朝丰格太輕盈。迴波欲與蕭郎語，鳳脛微嫌絳蠟明。

（其八）人到江關月半昏，小窗檀火試餘溫。梁塵飛罷嬌無力，願作纖羅拭粉痕。

（其九）宅近銀河錦瑟張，白頭追逐少年場。依稀唱出關心字，浪說司空不斷腸。

（其十）片帆明日下邗陰，尙乏纏頭報好音。綺語一時都折盡，徘徊留得夜情深。（《靜惕堂詩集》卷四十四「七言絕句」，清雍正刻本）

## 法若眞

法若眞（1613～1696），字漢儒，號黃石，一號黃山，膠州（今屬山東）人。順治乙酉（二年，1645）以五經特賜中式，授中書舍人。丙戌（三年，1646）成進士，改庶吉士，遷編修，再遷秘書院侍讀，歷官南康府知府、江南布政使等。晚居東海之濱，不仕者三十餘年。善山水，工書。若眞詩古文詞少宗李賀，晚乃歸心少陵，不屑櫛比字句，依倚門户，惟其意所欲爲，不古不今，自成一格。著有《黃山詩留》十六卷。見《己未詞科錄》卷七、《國朝畫識》卷二、《歷代畫史彙傳》卷六二等。

【八十自壽紀事一百四首（之七十八）】

老狂雙頰瘦微渦，不識綺筵金叵羅。才士翩翩揮羽籥，仙人落落鼓巢和。移來漢口黃柑酒，湧出秦橋赤鴈歌。更喜嘉賓留四座，春山徧醉月明多。廿二日兩兒壽宴，諸客咸集，深坐觀劇，伶人迺以文人自隱。（《黃山詩留》卷十四，清康熙刻本）

【自壽有序（之七）】

飛來仙子海雲生，玉版金樽綠雪輕。薄醉連肩遮客笑，簪花歸院倩人擎。赤瓜怪食安期棗，白鶴疑吹子晉笙。到夜頭昏聊去去，歌沉人散已三更。觀劇。（《黃山詩留》卷十六，清康熙刻本）

【自壽有序（之八）】

再酌嘉賓又敬爐，喧喧簫鼓荐春蔬。驚人談笑千年事，望闕星雲萬里呼。忠佞全非新用舍，衣冠半是舊公孤。且消眼底榮枯事，不了樽空海嶽圖。又觀劇。（《黃山詩留》卷十六，清康熙刻本）

## 陸 圻

陸圻（1614～？），清初戲曲作家。字麗京，一字講山，浙江錢塘（今浙江杭州）人。明季貢生。富於才藻，工詩及駢體文。少與弟堦、培，咸以文章經世自任，海內稱「三陸」。又與陳子龍等爲登樓社，世號「西陵體」。事親孝，割股療母病，久而知醫。明亡避居海上，旋入閩爲僧，往來南北，或賣藥都肆，無定蹤。以母老，復歸奉母。私史獄發，圻名居首，購捕甚急，久之得脱。母死，更爲道士，不知所終。著有《新婦譜》一卷、《陸生口譜》四卷、《冥報錄》二卷、《威鳳堂集》一卷等。劇作有傳奇四种，均佚。見《國朝先正事略》卷三七、《國朝先正事略補編》卷一、《清史稿》卷四八四等。

【贈伎趙秀】

豔妾傾城色，含羞入教坊。手擎青玉案，身佩紫香囊。舞態飄蝴蜨，琴心感鳳凰。可憐閨閣秀，翻作倚門粧。（《威鳳堂文集》，清康熙刻本）

【與歌者陳郎】

落日橫江老白蘋，同鄉停問一相親。未嫌李尉翻新曲，偏喜何戡是舊人。玉管漫吹秋月白，紅牙曾按綺筵新。坐中恐有傷心客，莫唱

伊涼水調頻。（清・沈德潛輯評：《國朝詩別裁集》卷八，清乾隆二十五年教忠堂刻本）

## 宋　琬

宋琬（1614～1674），字玉叔，號荔裳，別署二鄉亭主人。萊陽（今屬山東）人。順治丁亥（四年，1647）進士，官至四川按察使。詩才儁麗，佳者頗似陸遊。居京師，與宣城施閏章齊名，時稱「南施北宋」。又與嚴顥亭、丁飛濤、施愚山、張譙明、趙錦帆、周宿來，號「燕臺七子」。性明決，遇事立剖，奸宄斂跡，境內肅然。修學宮及名宦、鄉賢兩祠，又修樂器以光祀典，輯府志以備文獻。著有《安雅堂詩》、《安雅堂文集》、《安雅堂未刻稿》等，另撰雜劇《祭皋陶》四齣。見《(雍正)畿輔通志》卷六七、《國朝先正事略補編》卷一、《文獻徵存錄》卷二等。

**【夏日過廣慧菴作呈米吉土】**

同州刺史延陵君，於此觴客當宵分。梨園子弟梁玉班，歌喉婉轉遏行雲。是時新經亂離後，吾儕尙得銜杯酒。老僧借我精藍居，梵唄書聲滿林藪。君家諸子鯉庭趨，競爽復與王郎俱。更端設問悅以解，聽我揮麈談黃虞。奇文一出恣歡歎，每到平原欲焚硯。自從割席各成名，貴不如人亦不賤。尙書父子踐三台，雯也天駟行天街。蜀道之難在跬步，先生因賦《歸去來》。雨餘并馬欵雙扉，影堂寂寂流塵飛。天外碧雲自繚繞，堦前紅藥徒芳菲。高座欣然具五簋，認是焚香舊童子。驚心十載剎那間，榮瘁升沉一彈指。最愛青青雙檜樹，幾度摩挲不忍去。月出堪思抱膝時，鶯啼似識聞歌處。綠邸朱輪未可親，緇衣白社近爲鄰。誰憐華髮滄州客，飽看元都觀裡人。（《安雅堂未刻稿》卷二，清乾隆三十一年刻本）

**【贈陸君暘七首】**

（其一）花落樽前喚奈何，忽聞燈下唱韓娥。月明彈出關山月，卻恨秦箏鴈柱多。

（其二）虎邱三五月華明，按拍吳兒結隊行。一曲涼州纔入破，千人石上夜無聲。

（其三）朔風吹雪夜漫漫，變徵高歌易水寒。醉客滿堂齊下淚，分明畫出白衣冠。

（其四）旗亭沽酒月初彎，畫角吹殘客未還。愛唱開元才子句，黃河遠上白雲間。

（其五）華髮新填絕妙辭，閨中爭喚郭箏師。紅顏弟子今零落，幾度鶯聲喚雪兒。

（其六）曾陪鐵笛宴寧王，吹落梅花滿御床。輦路淒涼春草碧，不堪重過鬥雞坊。

（其七）燕姬無用擘箜篌，賴爾能消萬古愁。無那青衫偏易溼，傷心不但白江州。（《安雅堂未刻稿》卷五，清乾隆三十一年刻本）

**【至月望日同劉雪舫李鏡月張鄰仙金六吉堵羽三沈右文諸君登金山妙高臺翫月聽吳伶度曲達旦作二首】**

（其一）驚濤如雪送扁舟，絕頂登臨共倚樓。返照焦山孤嶼出，晚潮瓜渚萬帆收。東流白浪悲前代，西上青天賦遠遊。來歲與君相望處，瞿唐峽口月輪秋。

（其二）潤州美酒近如何，雙槳酤來泛綠波。哀笛數聲驚宿鷺，空江終夜吼鳴鼉。上方月滿松杉冷，下界人疑笙鶴過。高詠南飛烏鵲句，醉揮甘蔗代銀戈。（《安雅堂未刻稿》入蜀集上，清乾隆三十一年刻本）

**【鷓鴣天·正月既望泊舟三江口同諸兄暨兒輩觀楚人演劇賽神歸來小飲漏下三鼓始罷】**

且繫蘭舟上小坡，閒看村社杖橫拖。數家白板魚鱗屋，幾道青渠燕尾波。　燈爛熳，舞婆娑，朱顏暫借酒微酡。小兒何似香山嫗，愛聽衰翁赤壁歌。（《安雅堂未刻稿》入蜀集下，清乾隆三十一年刻本）

**【與鐵崖顧菴西樵宴集演邯鄲夢傳奇殆為余輩寫照也即席賦滿江紅】**

古陌邯鄲，輪蹄路，紅塵飛漲。恰半晌，盧生醒矣，龜茲無恙。三島神仙遊戲外，百年卿相蘧廬上。歎人間、難熟是黃粱，誰能餉？

滄海曲，桃花漾；茅店內，黃雞唱。閱今來古往，一杯新釀。蒲類海邊征伐碣，雲陽市上修羅杖。笑吾儕、半本未收場，如斯狀。（清·徐釚：《詞苑叢談》卷九，王百里校箋：《詞苑叢談校箋》，人民文學出版社 1988 年版，第 546～547 頁）

編者案：題目爲編者所擬。

## 龔鼎孳

龔鼎孳（1616～1673），字孝升，合肥（今安徽合肥）人。生時庭產紫芝，因號芝麓。崇禎甲戌（七年，1634）進士。入清累遷左都御史，再謫再起，復都憲，晉刑、兵、禮三部尚書。謚端毅。鼎孳洽聞博學，天才宏肆，數千言可立就。詞藻繽紛，都不點竄。詩與牧齋、梅村鼎足，感慨興亡，聲情悲壯，有不可一世之概。吳梅村曾曰：「合肥尚書身爲三公，而修布衣之節；交盡王侯，而好山澤之遊。故人老宿，殷勤贈答，其惻怛眞摯見之篇什者，百世而下讀之應爲感動，而況於身受之者乎？」著有《定山堂詩集》等。見《文獻徵存錄》卷一〇、《（乾隆）江南通志》卷一六七、《晚晴簃詩匯》卷二〇等。

### 【陳階六招同趙洞門石仲生姜真源宋其武觀劇和其武韻】

長安巷陌飛花通，況有好月當晴空。楚州酒人召歌舞，一曲裂雲貫白虹。銅盤爛爛青槐裏，殷郎玉骨凝秋水。共惜飄零江左人，銷魂不獨金樓子。千秋意氣開生面，山下負薪塞上死。醉後繁星下碧漢，照見九衢塵沒骭。雜坐傀俄最厚顏，今日聾丞昨馬掾。長沙豈與絳灌謀，竹林興愛山公酬。花驄步工行不休，霜飄青璅珊瑚鉤。宋玉情多感搖落，風流文藻生煙壑。自臥元龍湖海樓，何論驃騎金貂爵。吁嘻乎！何論驃騎金貂爵，安巢且幸南枝鵲。（《定山堂詩集》卷四「七言古詩二」，清康熙十五年吳興祚刻本）

### 【同秋岳觀劇無外邸中】

（其一）才名推繡虎，生計習醯雞。春雨前溪後，銀燈北闕西。宮鶯叢月語，巢燕困花泥。最惱深宵柝，烏今未可栖。

（其二）歌舞行芳竿，文章起劫灰。吟方驕爛熳，春欲老條枚。衰鳳猶群慕，宵蚊又聚雷。得佳聊且住，天意或須回。

（其三）春愁看旅鬢，人語得鄉園。柳爲吹綿薄，花宜藉艸溫。姓名羞狗監，心跡託龍門。風物催歸屐，春畦長芥孫。（《定山堂詩集》卷五「五言律詩一」，清康熙十五年吳興祚刻本）

### 【觀劇偶感同于皇作】

乾坤同白首，涕淚且深杯。歡入笙簫變，晴看雨雪來。盤渦天一折，裂石鼓三催。痛久疑忘味，心傷諫菓回。（《定山堂詩集》卷十二「五言律詩八」，清康熙十五年吳興祚刻本）

【雪航寓中看演玉鏡臺傳奇】

（其一）狂狷千秋不可裁，風流標映自蘭臺。六朝文士誇吳會，一日中原散楚材。樂府巧分團扇笑，博山香傍綠樽迴。玉簫金管傷心麗，蓬鬢愁偏此夕開。

（其二）綺閣煙花散後庭，行雲猶自繞秦青。西園客共銅駝月，北海樽橫杜史星。鸚鵡夢回狂似昨，杜鵑春遠淚交零。徵歌罵座原同調，不用金人口鑄銘。（《定山堂詩集》卷十六「七言律詩一」，清康熙十五年吳興祚刻本）

【午日李舒章中翰招同朱遂初孫惠可兩給諫集小軒演吳越傳奇得端字】

青燈蒲酒共盤桓，崔九堂前韻未殘。楚澤椒蘭追侘傺，吳宮麋鹿幻悲酸。名花傾國人何恨，煙水藏身計果難。歌舞場中齊墮淚，亂餘憂樂太無端。（《定山堂詩集》卷十七「七言律詩二」，清康熙十五年吳興祚刻本）

【袁凫公水部招飲演所著西樓傳奇同秋岳賦】

（其一）鳳管鵾絃奏合圍，酒場新約醉無歸。可憐薊北紅牙拍，猶唱江南金縷衣。詞客幸隨明月在，清歌應遏彩雲飛。上林早得琴心賞，粉黛知音世總稀。

（其二）寒城客思繞更籌，夢裏橫塘阻十洲。一部管簫新解語，六朝人物舊多愁。烏栖往事談何綺，鶯囀當筵滑欲流。落魄信陵心自苦，徵歌莫訝錦纏頭。（《定山堂詩集》卷十七「七言律詩二」，清康熙十五年吳興祚刻本）

【遙和巖子觀劇二首】

（其一）綺筵何惜轄投陳，無忌功名盡飲醇。供奉譜翻紅藥苑，昭容簾立夜珠人。粉香沸月花間社，簫鼓迴風畫裏身。檻柳不知離亂事，冷看歌舞又兼旬。

（其二）水邊夕照滿疎篁，紅板橋頭路已荒。歌放竹枝頻勸酒，鳴啼楊柳一薰香。愁深盡日看紈扇，春去無聊選醉鄉。心折玉臺明月下，彩毫夜夜響宮商。（《定山堂詩集》卷十八「七言律詩三」，清康熙十五年吳興祚刻本）

【壽張燕築】

太平誰致亂誰爲，花月開元剩此時。老愛五陵遊俠傳，天留六代管絃師。禪床拍板層層換，詞客名姝歷歷知。過眼滄桑人健在，商山更卜採芝期。（《定山堂詩集》卷十八「七言律詩三」，清康熙十五年吳興祚刻本）

【九日魯𢳍菴總戎招飲出家伶度曲】

爛醉高齋菊正秋，銀箏絳燭豁羈愁。井陘壁在旗仍赤，銅柱功成謗合休。萬事浮雲看塞馬，五湖明月屬輕鷗。禁中頗牧懸相待，四十封侯卜虎頭。（《定山堂詩集》卷二十四「七言律詩九」，清康熙十五年吳興祚刻本）

【高欽亮來長安出所著續鸞膠樂府見示蓋騎省神傷發為人間可哀之曲感其情至為題數語歸之】

筑市重逢話酒悲，招魂猶唱定情詩。文人慧總妨仙佛，塵劫天難補別離。紅淚一巾花瀲灩，名香千喚玉葳蕤。水晶宮外珠簾月，惆悵茶煙裊鬢絲。（《定山堂詩集》卷二十九「七言律詩十四」，清康熙十五年吳興祚刻本）

【口號四絕贈朱音仙】爲阮懷寧歌者。

（其一）江左曾傳秋水篇，揚州煙月更堪憐。難呼百子山樵客，重聽花前《燕子牋》。

（其二）當筵妙舞復清歌，自愛腰身稱綺羅。醉後莫談天寶事，新翻樂府已無多。

（其三）急管清箏度夜分，落花聲裏幾回聞。東風欲別能惆悵，吹送春江一片雲。

（其四）萬甲樓船仗水犀，一軍鶯燕散前溪。難聞擁髻消魂語，戰壘蒼茫落日低。音仙曾供事軍中，談江上情形甚悉。（《定山堂詩集》卷三十六「七言絕句一」，清康熙十五年吳興祚刻本）

【贈歌者王郎南歸和牧齋宗伯韻】

（其一）吳苑曾看蛺蝶身，行雲乍繞曲江塵。不知洗馬情多少，宮柳長條欲似人。

（其二）醉拋錦瑟落花傍，春過蜂鬚未褪黃。十里芙蓉珠箔捲，試歌一曲《鳳求凰》。

（其三）香韉紫絡度煙霄，金管瑤笙起碧寥。誰唱涼州新樂府，舊人彈淚覓紅桃。

（其四）漁陽鼓動雨鈴喑，長樂螢流皓月沉。不信銅駝荊棘後，一枝瑤草秀中林。

（其五）將身莫便許文鴦，羅袖能窺宋玉牆。歸到茱萸溝水上，一叢仙蕊擁唐昌。

（其六）盤髻撥箏各鬥粧，當筵彈動舞山香。酒錢夜數留人醉，不是吳姬不可嘗。

（其七）生成珠樹有鸞棲，丞相鳴鐘邸第西。爲報五侯鯖又熟，平津花月賤如泥。

（其八）長恨飄零入雒身，相看憔悴掩羅巾。後庭花落腸應斷，也是陳隋失路人。

（其九）蕭騷蓬鬢逐春衰，入座偏逢白玉枝。珍重何戡天寶意，雲門誰與奏塤篪。

（其十）天半明霞繫客思，杜鵑無賴促歸期。紅泉碧樹堪銷暑，妒殺銀塘倚笛時。

（其十一）金谷人宜障紫絲，杜陵猶欠海棠詩。玉喉幾許驪珠轉，博得虞山絕妙辭。

（其十二）煙月江南庾信哀，多情沈炯哭荒臺。流鶯正繞長楸道，不放春風玉勒回。

（其十三）韋公祠畔乳鶯飛，花下聞歌金縷衣。細雨左安門外路，一行芳草送人歸。

（其十四）初衣快比五銖輕，越水吳山竝有情。一舸便尋香粉去，不須垂淚祖君行。（《定山堂詩集》卷三十七「七言絕句二」，清康熙十五年吳興祚刻本）

## 【春日觀胡氏家伎席中作】

（其一）吳苑鶯啼上苑春，一絲金縷遏梁塵。妒他鸚鵡啣紅豆，長喚珍珠簾下人。

（其二）催花風煗鬱金堂，玉管銀箏易斷腸。安得綵繩千萬尺，畫樓高處繫斜陽。

（其三）亭亭束素立春雲，難捉留仙蛺蝶裙。今日再從花底見，惱人時節近春分。

（其四）雲母屏山玉坎篌，迴身停拍總風流。不須更下葳蕤鎖，遮斷春風是白頭。（《定山堂詩集》卷四十一「七言絕句詩六」，清康熙十五年吳興祚刻本）

## 【冬夜觀螺浮侍史龍梭演劇戲贈】

（其一）畫鼓香催碧醥濃，錦燈人影玉芙蓉。雒神有句堪持贈，翩若驚鴻婉若龍。

（其二）一聲紅豆倚屏歌，玉骨亭亭怯綺羅。不分風中三月柳，吹將珠串比鶯梭。（《定山堂詩集》卷四十一「七言絕句詩六」，清康熙十五年吳興祚刻本）

## 【胡氏齋中觀劇】

（其一）又見穠花杜曲飛，一年一度縷金衣。紫絲圍裏春長住，不許流鶯喚便歸。

（其二）姍姍玉屧下來遲，似是微嗔薄倦時。半面紅酥遮不定，夕陽偏上遠山眉。（《定山堂詩集》卷四十二「七言絕句詩七」，清康熙十五年吳興祚刻本）

## 【戲贈周伶一絕句】

王家歌舞鬥青春，束素臨風更可人。顧曲未終還顧影，病大歡極也傷神。（《定山堂詩集》卷四十二「七言絕句詩七」，清康熙十五年吳興祚刻本）

## 【寄祝胡章甫（之三）】

柳宿敬亭張星燕筑南極旁，令威繼之鶴骨太昂藏。歌呼未坐輸君健，花月猶堪醉萬觴。（《定山堂詩集》卷四十二「七言絕句詩七」，清康熙十五年吳興祚刻本）

## 【蝶戀花・和蒼巖西樵阮亭蛟門飲荔裳園演劇】

（其一）韋曲穠花鋪繡纈。一泒流鶯，催到含桃節。人柳三眠春漸歇，池臺處處飛香雪。　紅豆記歌頻換闋。萬事東風，不醉憐癡絕。欲去還留宵已徹，栖烏踏碎玲瓏月。

（其二）鐵撥鵾絃眉總纈。青史人豪，慷慨鳴奇節。啼鴂一聲芳草歇，仰天孤憤何由雪。　　清淚樽前彈此闋。不待悲秋，春夜銷魂絕。世事到頭須了徹，瓊樓正挂高寒月。（《定山堂詩餘》卷四，清康熙十五年吳興祚刻本）

## 余　懷

余懷（1616～1696），清初文學家。字澹心，一字無懷，又字廣霞，號曼翁，別號鬘持老人，莆田（今屬福建）人，寓居南京。才情綺麗，詞多悽婉，爲詩擅六朝之華藻，運唐賢之格調，清而能綺，麗而不靡，明季莆田詩人莫能與之抗衡，爲王士禎等所推許。與杜濬、白仲調齊名，號「余杜白」。著有《研山草堂詩稿》、《味外軒稿》。又有《板橋雜記》，述曲中事甚悉，自比《夢華錄》。見《文獻徵存錄》卷一、《明詩紀事》辛籤卷一四等。

**【李笠翁招飲出家姬演新劇即席分賦】**

（其一）釧動花飛素口開，狂言忽發紫雲迴。湘簾直下風吹起，舞出山香薛夜來。

（其二）曲子相公今姓李，記歌孃子又逢張。江南紅豆花開後，一串珍珠壓酒腸。

（其三）紅紅好好又眞眞，不數思王賦洛神。錦瑟玉笙供奉曲，果然燕趙有佳人。

（其四）自斷此生休問天，蹉跎富貴與神仙。可憐驚破霓裳舞，落在人閒五百年。

（其五）衡城洞裏玉清歸，結綺樓前試舞衣。誰擘箜篌誰擫管，行雲遏住繞梁飛。

（其六）玲瓏綽約點春波，顧影薰香寫翠蛾。借問當年李天下，後宮曾有鏡新磨。

（其七）彈罷燒槽淚滿襟，傷心無限夕陽深。人生合作逢場戲，頭白周郎何處尋。

（其八）雕梁語燕各雙雙，天鳥啼春醉綠窗。無賴汝南催不去，好留殘角對銀缸。（《余懷全集》上册，李金堂編校，上海古籍出版社 2011 年版，第 180 頁）

**【鷓鴣天・王長安拙政園晏集觀家姬演劇】**

（其一）秋水芙容繞畫廊，朱樓縹緲半斜陽。參差鶴舞堦前樹，宛轉橋通竹外墻。　　披翠被，擁紅粧，柳欹花醉惱襄王。笙歌院落人歸否，歸路猶騎白鳳皇。

（其二）又麗人演《牡丹亭・驚夢》、《邯鄲夢・舞燈》，嬌艷絕代，觀者消魂。

戚里風流僟晉卿，西園重集闔閭城。清歌妙語紅紅麗，細膂微軀燕燕輕。　　驚夢杳，舞燈明，踈桐缺月挂三更。溫柔鄉裏神仙降，十斛眞珠滿地傾。（《玉琴齋詞》，《余懷全集》上册，李金堂編校，上海古籍出版社 2011 年版，第 298 頁）

【念奴嬌・張友鴻招諸同人晏集鴻範堂觀劇女郎鶯初侑酒】

雲間高會，正湘簾如水，宫鶯初囀。銀燭金杯開綺席，坐上遠山眉淺。功父豪華，茂先博奧，兩事君兼擅。隨身歌舞，驚起畫梁巢燕。

憶我二十年前，青樓紅豆，不數司空慣。倏忽於今頭半白，往日風流重見。獨對芳筵，同傾綠酒，醉覺柔腸轉。英雄老矣，看他餘子何限。（《玉琴齋詞》，《余懷全集》上册，李金堂編校，上海古籍出版社 2011 年版，第 301 頁）

## 宋徵輿

宋徵輿（1617～1667），字直方，一字轅文，號林屋，江南華亭（今上海松江）人。順治丁亥（四年，1647）進士，官至左副都御史。徵輿以文章風雅著稱，爲諸生時，與陳子龍、李雯等以古學相砥礪，所作以博贍見長，其才氣睥睨一世，而精鍊不及子龍，故聲譽亦稍亞之。督學閩中，所拔皆單寒士。著有《全閩詩選》、《林屋詩文稿》、《瑣聞錄》、《瑣聞別錄》等。見《國朝詩人徵略》卷一、《(乾隆) 江南通志》卷一六六等。

【客吳門有感】

泰伯文身地，山川尚鬱盤。梁鴻無杵臼，優孟有衣冠。時觀優於橫塘。鄉國嗟行役，秋風憶故歡。酒闌悲畫角，遥夜落星寒。（《林屋詩文稿》詩稿卷八「五言律詩」，清康熙九籥樓刻本）

## 尤　侗

尤侗（1618～1704），字同人，一字展成，號悔庵、艮齋、西堂老人，江南長洲（今江蘇吴縣）人。生而警敏，博聞強記，有才名，歷試不利，以貢謁選，除永平府推官，不畏強禦，坐撻旗丁，鐫級歸。康熙時召試博學鴻詞，官翰林院檢討，與修《明史》三年，分撰《列傳》三百餘篇、《藝文志》五卷，告歸。家居後加侍講，所著《西堂雜俎》傳入禁中，章皇帝稱爲眞才子。後入翰林院，聖祖稱爲老名士。位雖不尊，天下羡其榮遇，比於李青蓮。西堂少時專尚才情，詩近溫、李，歸田以後倣白樂天，流於太易。雖街談巷議，一切入韻語中。詩開闔動盪，軒昂頓挫，實從盛唐諸公中出也。著有《尤西堂集》六十一卷、《西堂剩稿》二卷、《秋夢錄》一卷、《西堂小草》一卷、《論語詩》一卷、《七釋》一卷、《擬明史樂府》一卷、《讀東坡志林》一卷、《外國竹枝詞》一卷、《五九枝譚》一卷、《戒賭文》一卷、《宮闈小名錄》四卷、《後錄》一卷、《百末詞》六卷、《百末詞餘》一卷等。戲曲方面作有傳奇《鈞天樂》、雜劇《讀離騷》、《弔琵琶》、《桃花源》、《黑白衛》、《清平調》，合稱《西堂曲腋》。見《（同治）蘇州府志》卷八八、《槐廳載筆》卷三、《八千卷樓書目》卷五、卷八、卷一二、卷一三、卷一七、卷二〇等。

**【春夜過卿謀觀演牡丹亭】**

私幸春風第一行，女郎新唱竹枝聲。翠簾衣煖飄香霧，紅燭花低試玉箏。永夜畫眉粧半面，殢人困酒到三更。十年惆悵今猶在，小院歸來起夢情。（《西堂詩集》剩稿卷下，清康熙刻本）

**【毘陵客夜聞隔院女伶歌悵然口號四首】**

（其一）誰家白苧繞雕梁，一串明珠記曲娘。清韻半飛天外去，隔墻微辨口脂香。

（其二）紅兒絃索碧兒粧，宛轉新聲能斷腸。本是桃源諸女伴，笙歌花裡魅劉郎。主人劉氏。

（其三）搽粉虞侯梳掠新，柳枝低出絳桃唇。春風只許司空見，不顧墻頭壓笛人。

（其四）顧曲周郎情有餘，曲終不見渺愁予。何當夢入瑶臺去，笑捉飛瓊唱步虛。（《西堂詩集》小草，清康熙刻本）

**【渡泗聽僕夫唱邊調歌】**

平原野燒連岡黑，寒沙削面無人色。征夫局促枕車中，臥聽馬嘶蹄特特。忽聞一聲塞外歌，迸入霜風驚蕭瑟。凄凄越石奏蘆笳，凛凛申胡吹觱栗。開檐起問歌者誰，白髮黃鬚戰場客。自言少隨熊將軍，遼陽瀋陽營數屯。撻鼓如雷旗如電，部署兵法如天神。此時校獵出講武，投醪百斛牛千斤。人人令醉且安坐，各唱鐃歌不論文。二十萬人齊拍手，甘州涼州調入雲。將軍巡行喜起舞，詰朝一戰當策勳。遼東失後將軍戮，行伍弟兄無幾存。鄉關寇亂歸不得，一身卻作掌鞭人。戰馬已沒戰袍裂，惟記此歌是舊聞。我聞斯言淚如洗，彈指興亡河滿子。擊轅再唱隴頭吟，嘹嚦哀鴻飛不起。柰何頻喚還已矣，君不見楚漢英雄空泗水。（《西堂詩集》小草，清康熙刻本）

**【太師摯適齊亞飯干適楚三飯繚適蔡四飯缺適秦鼓方叔入於河播鼗武入於漢少師陽擊磬襄入於海】**

蔓草寒煙空魯庭，梨園子弟散如星。關前疋馬數行雁，天外孤帆幾點萍。已抱琵琶辭故國，猶聞短笛咽離亭。相思獨有尼山老，一曲哀琴淚雨零。（《西堂詩集》論語詩，清康熙刻本）

**【通州口號二首】**

（其一）通州新俗小燕京，車馬東西蹀躞行。好似江南瓜步夜，滿街燈火管絃聲。

（其二）東淶美酒琉璃卮，南部新聲琥珀詞。笑昵倡姑唱邊調，參差醉殺滿州兒。（《西堂詩集》右北平集，清康熙刻本）

**【口占贈女伎鳴臯】**

懶撥琵琶唱懊儂，和衣睡起枕痕紅。相逢借問家何處，笑指人煙橘柚中。（《西堂詩集》看雲草堂集卷一，清康熙刻本）

**【靜容招同蒼孚雲客珍示菽旃曲讌聽歌疊韻再贈】**

紅羅障子紫軿車，鬧掃梳粧學內家。玉鏡輕黃匀素面，香奩淡墨寫文紗。坐移簾幙秋光好，起舞杯槃月影斜。惆悵南朝簫鼓歇，清歌猶唱後庭花。（《西堂詩集》看雲草堂集卷三，清康熙刻本）

**【同諸子讌珍示堂中觀靜容演西子紅娘雜劇再疊前韻】**

錦瑟迎歡金犢車，霓裳一部本仙家。鐘聲曉寺來傳簡，花影清溪出浣紗。珠箔驟飛白雪下，畫梁常裊彩雲斜。都疑此夜魂銷盡，背語教人剪燭花。（《西堂詩集》看雲草堂集卷三，清康熙刻本）

【長歌題朱慎人行樂圖】

我來灤江四十日，飛燕落花春寂寂。主人惟有朱家賢，投車燒燭常留客。此時鼠姑正發紅，絳羅高捲闌干風。舩船引滿不歸去，花神並舞出簾櫳。梨園法曲霓裳序，髣髴沉香張小部。野狐龜年皆妙顏，傾城尤愛周郎顧。周郎，旦名。主人大笑蹋氍毹，酒酣示我《招隱圖》。五湖咫尺將終老，此中之人即陶朱。兩宰嚴城拜司馬，一麾便落藩籬下。人生行樂復何須，絲竹中年賴陶寫。我歎此翁眞達人，障面且避長安塵。賤子有冠亦早掛，畫作青山烏角巾。相逢同是支離叟，白眼看他牛馬走。安得灤江化酒缸，日對名花傾百斗，樽前莫住捱籌手。

（《西堂詩集》看雲草堂集卷四，清康熙刻本）

【戲柬慎人】

君家梨園皆妙年，更衣垂手如神僊。春夜銀鐙目苦短，但聽嬌鳥啼花前。更聞外宅多蛾綠，鴛鴦各伴諸郎宿。障而幸有眞珠簾，何不傳教歌一曲。（《西堂詩集》看雲草堂集卷四，清康熙刻本）

【笠翁席上顧曲和淡心韻七首】

（其一）樊川喜遇綺筵開，無計驚他紅粉迴。齡殺花奴十棒鼓，翠盤賺出玉奴來。

（其二）侍兒垂手歌三疊，坐客纏頭紙半張。喜極翻成懊惱曲，相看白地斷人腸。

（其三）金闕西廂降玉眞，非雲非雨望針神。可憐今夜蓮花燭，照見巫山夢裏人。

（其四）飛瓊萼綠住瑤天，走向人間伴謫仙。吾輩旗亭暫傾倒，傷心絲竹在中年。

（其五）樓頭更鼓慢催歸，簾內初更金縷衣。緩坐莫愁歌舞散，輕魂拚逐彩雲飛。

（其六）乍看登場矙眼波，纔當入破蹙雙蛾。可知一字千金値，盡道新腔是水磨。

（其七）楊柳櫻桃各一雙，音聲小部鬧紅窗。未傾蠡落心先醉，辜負臨卬賣酒缸。（《西堂詩集》看雲草堂集卷六，清康熙刻本）

【再集笠翁寓齋顧曲疊韻】

（其一）繡箔初傳月鏡開，霓裳迭奏紫雲迴。桃花似向春風笑，昨日劉郎今又來。

（其二）佳人二八顏如玉，熱客鬚髯笑戟張。誰知燕趙胭脂口，惱殺吳兒木石腸。

（其三）新人巧寫舊人眞，頰上添毫妙入神。漢殿重翻出塞曲，吳宮活現浣紗人。

（其四）恍然笙鶴下瑤天，我亦飄飄氣欲仙。一夕抵當千歲樂，揚州枉自夢三年。

（其五）急急催觴緩緩歸，氍毹舞遍六銖衣。爭疑五月天無暑，纔唱迴風落葉飛。

（其六）偷聲減字弄迴波，剛剩工夫掃翠蛾。更說東君修艷史，隃糜常倩遠山磨。

（其七）十郎才調福無雙，雙燕雙鶯話小窗。送客留髡休滅燭，要看花睡照銀缸。（《西堂詩集》看雲草堂集卷六，清康熙刻本）

【錫山遇蘇崑生口號贈之二首】

（其一）三十年前大將牙，張燈劍舞攬箏琶。相逢蕭寺驚憔悴，紅豆江南正落花。

（其二）九江漂泊九華歸，楚尾吳頭舊夢非。莫向樽前歌水調，山川滿目淚沾衣。（《西堂詩集》看雲草堂集卷七，清康熙刻本）

【龍石樓金陵納姬四首（之三）】

舊夢揚州后土祠，十年解珮訝來遲。天風吹下瓊花種，開作人間連理枝。石樓感夢，曾製《瓊花夢》樂府。（《西堂詩集》于京集卷一，清康熙刻本）

【冬夜訪濂齋中小飲歸而賦此】

漫持杯酒話盤桓，對此茫茫起百端。塵夢漸隨殘日短，羈愁逼近五更寒。挽歌何處悲青塚，聞王魯生編修夭亡。浩唱誰家舞翠盤。鄰人有演劇者。總是傷心聽不得，數聲清漏月闌干。（《西堂詩集》于京集卷三，清康熙刻本）

## 【汴城懷古】

自古名都說大梁，兵戈浩劫幾滄桑。繁臺莫問歌吹地，艮嶽空傳花石綱。萬里黃河歸故道，百年喬木倚斜陽。金橋明月依然在，樂府誰家唱憲王。崆峒詩：「齊唱憲王新樂府，金梁橋上月如霜。」(《西堂詩集》于京集卷五，清康熙刻本)

## 【玉山行】

玉山草堂陽城曲，金粟道人漁莊宿。軟裘快馬昔遨遊，桐帽棕鞋旋裹束。青山埋骨向臨濠，錦里空存舊茆屋。楊鐵崖，倪雲林，千載長呼顧阿瑛。左把丁香秀，右攜翡翠屏。至今風雨界溪夜，猶聽高樓摘阮聲。

顧阿瑛卜築玉山草堂，園亭聲妓之盛，甲於天下。日與高人俊流，置酒賦詩，自稱金粟道人，以子元臣爲元萬户，封瑛錢塘縣男。洪武元年徙臨濠，卒。自爲壙誌，以紵衣、桐帽、棕鞋、布襪纏裹入土。嘗自畫小像，題云：「儒衣僧帽道人鞋，到處青山骨可埋。還憶少年豪俠興，五陵裘馬洛陽街。」丁香秀，其侍兒。翡翠屏，則鐵崖妓也。(《西堂詩集》擬明史樂府，清康熙刻本)

## 【黑眚見】

黑眚見，西廠設。出猺種，大藤峽。太監來，仗兩鉞。惜哉威寧膝，乃爲豎刁屈。不堪陳鉞與同傳，彼六卿者何足算，異哉燒葱復搗蒜。

成化十二年，黑眚見。十三年置西廠，命汪直刺事。直本大藤猺種人，謂黑眚之應也。中官阿丑嘗於上前作院本，裝直持雙斧行，或問故，曰：「吾將兵，惟仗兩鉞耳！」問鉞何名，曰：「王越、陳鉞也。」上微哂焉。越亦曰：「所不堪者，他日與陳鉞同傳耳。」尚書尹旻偕諸卿貳，欲謁直，屬越爲介，私問越：「跪否？」越曰：「安有六卿跪人者乎？」越先入，旻陰伺之。越跪直，叩頭出。及旻等入，見旻先跪，諸人皆跪，直大悦。既出，越尤旻，旻曰：「吾見人跪，特效之耳。」時有語云：「都憲叩頭如搗蒜，尚書扯腿似燒葱。」(《西堂詩集》擬明史樂府，清康熙刻本)

## 【對山救我】

劉家老公性烈火，滿朝公卿鋃鐺鎖。磨刀將殺李崆峒，惟有對山能救我。對山慨應眞吾事，騎馬上門謁中貴。今日何好風，吹得狀元至。老公倒屣小璫跪，焚香把酒勸公醉。醉公酒，我不辭；我一言，公三思。力士肯爲太白屈，此事非公誰能之？老公笑請先生坐，當爲狂生免其禍。解衣脫帽爲公舞，餔糟啜醨無不可。明年天子誅老公，朝裏交章薦崆峒。可憐對山罷官去，一身零落污泥中。對山救我李北地，誰救對山康武功。且呼少年共豪飲，手彈琵琶曲未終。琵琶嘈嘈絃何急，聲聲似訴負情儂。

劉瑾慕康海名，欲招致之，弗往。會李夢陽代韓文草疏劾瑾，下獄，瑾將甘心焉。夢陽從獄中出片紙曰：「對山救我！」海見之曰：「是誠在我，我何惜一官，不救李死耶？」即馳詣瑾，瑾大喜，焚香延上坐曰：「今日何好風，吹先生來？」命設席。海曰：「吾有言，公聽，我當留，不然去矣！」瑾問之，因言關中人才，且曰：「曹操殺禰衡，假手黃祖，此奸雄小智，惟高力士爲李白脫靴，乃容物大度也。」瑾俛首曰：「先生豈謂李夢陽耶？此人罪當誅，今爲先生釋之。」歡飲而罷。瑾敗，海坐落職爲民，歸汧東，以聲伎自娛。間作樂府，使青衣歌以侑觴，故城馬東田所傳《中山狼》，或云爲空同作也。（《西堂詩集》擬明史樂府，清康熙刻本）

【古里（之二）】

五等皈依乃納兒，葫蘆彈唱間銅絲。西風萬里䑸人至，上岸先看永樂碑。

國有五等人，爲南昆、回回、哲地、革令、木瓜。王以銅鑄佛像，名乃納兒衎衎。彈唱以葫蘆殼爲樂器，紅銅絲爲絃，番歌相和，甚有音韻。永樂中鄭和賫詔建碑云：「去中國十萬餘里，民物咸若，熙皞同風，刻石於茲，永樂萬世。」（《西堂詩集》外國竹枝詞，清康熙刻本）

【黎人】

五母山中女及笄，百花繡面勝胭脂。那堪裙底無窮袴，作劇時時誘散仔。

婦女有裙無袴，女伴互施針筆，涅面爲花鳥。春時笄女戲秋千以誘散仔，攜手蹋歌，名曰作劇。散仔，美男子也。（《西堂詩集》外國竹枝詞，清康熙刻本）

【如夢令・戲贈小伶】

六幅裙兒半掛，八字眉兒半畫。笑問若耶人，何事西施未嫁？長夜，長夜，爲語新粧休卸。（《西堂詩集》百末詞卷一，清康熙刻本）

【菩薩蠻・丁巳九月病中有感八首（之一）】

曲江芳草年年碧，郎君騎馬臙脂色。白首苦低垂，花間扶杖歸。

逢場曾作戲，喬扮參軍勢。濃笑寫官銜，排行無二三。（《西堂詩集》百末詞卷一，清康熙刻本）

【南鄉子・席上戲贈女伶文玉】

珠箔舞蠻靴，淺立氍毹宛轉歌。忽換猩袍紅燭艷。瞧科，錦繖將軍小黛蛾。時粧淮陰侯故事。　鬒髮尚盤螺，一瓣絲鞭燕尾拖，為待情人親解取。誰何，春草江南細馬馱。晉女未字者，鬢後垂辮。解辮，則破瓜矣。（《西堂詩集》百末詞卷二，清康熙刻本）

【漢宮春・觀演邯鄲夢】

咄咄臨川，能現夢中身，而為說法。邯鄲道上，一枕悲歡離合。青驢黃犬，好粧成、紅妻綠妾。等閒看、鬼門關外，何殊洛陽宮闕？

休笑盧生癡絕，算一場春夢，大家收煞。黃粱半甑炊過，幾朝年月。曲終人醒，玳筵前、酒盃猶熱。又歸來、獨眠孤館，今夜應添白髮。（《西堂詩集》百末詞卷四，清康熙刻本）

【二郎神慢・李笠翁招飲觀家姬新劇】

百花巷。笠翁寓所。乍小隊、花神來降。看面似芙蓉眉似柳，點素額、簷梅初放。蓮襪榴裙花下舞，桃葉渡、采菱新唱。湘簾捲、蘭香暗度，風動羅衣微颺。　惆悵。分明仙樂、大羅天上。聽趙瑟秦箏吳苑曲，諸姬皆產燕趙。妒殺粉君脂相。自笑周郎愁眇眇，好央及、燈花剔亮。予短視，故云。怕飛逐彩雲，牢繫鸞凰，重重綃帳。（《西堂詩集》百末詞卷五，清康熙刻本）

【駐雲飛・十空曲（之五）】

絃索丁冬，絳蠟燒殘曲未終。鼓疊江南弄，簫吹秦樓鳳。嗏，轉盼白楊風。挽歌相送，子弟梨園，同入鈞天夢。君看大地音聲總是空。（《西堂詩集》百末詞餘卷六，清康熙刻本）

【北耍孩兒・和高侍郎席上作二首】

（其一）漫乾坤，百丈塵。趲春秋，萬斛愁。黃雞白日寧長久？俺只見鴛鴦樓上飛蝴蝶，虎豹關前走馬牛。猛思量，空消受。搬故事、黄粱夢裏；弄前程、傀儡場頭。

（其二）歎浮生，燈上花。看人情，浪裏舟。朝歌暮哭同何有？須知道雲翻雨覆難開口，水盡山窮急轉頭。早參來，三分透。慢鑽求、牧羊想馬；休錯認、騎馬尋牛。

高邑趙儕鶴冢宰，一代正人也。予於梁宗伯處見其所塡歌曲，乃雜取村謠里諺，耍弄打諢，以洩其骯髒不平之氣。近則高念東侍郎亦復爲之。至李昌祺，生平剛嚴方直，以續《剪燈餘話》不得祭於社。而黄才伯「笑擁如花」之句，自注爲「欲盡理還」。王元美云：「此公作美官，講學，恐人得而持之故也。若然，則文王琴瑟鐘鼓，幾爲梨園作俑；而夫子善與人歌，不且稱曲子先生耶？」予少而嬉戲，中年落魄無聊，好作詩餘及南北院本雜曲，綺艷迭陳，詼諧間出。知我者以爲空中語，罪我者以爲有傷名教，不衹白璧微瑕而已。聊存一二，以誌過焉。昔有先輩規湯若士講學者，湯曰：「吾與公日講學而人不知也。公講性，某講情。」或謂王渼陂：「太上立德，其次立功，其次立言。」渼陂笑曰：「豈不聞其次致曲乎？」二君之言雖戲，亦足以解嘲矣。悔菴自跋。（《西堂詩集》百末詞餘卷六，清康熙刻本）

## 王　掞

王掞（1619～1689），字端士，號芝麋，江南太倉（今屬江蘇）人。明太常卿時敏次子，順治乙未（十二年，1655）進士。應以推官用，因養親不出。能詩，康熙十七年詔舉博學鴻詞，巡撫慕天顔疏薦，力辭。通籍四十年，雖未入仕，而志切民生，如蘆洲税課蠹弊，力請當事釐之；劉家河久淤，上書巡撫，爲之浚鑿。以長子原祁貴，累贈資政大夫。卒年七十一。與周肇子俶、顧湄伊人、許旭九日、黄與堅庭表、王撰異公、王攄虹友、王昊惟夏、王忭懌民、王曜升次谷并稱「婁東十子」，一時風流文采，稱極盛焉。著有《芝麋集》。見《己未詞科錄》卷八、《（嘉慶）直隸太倉州志》卷三六等。

**【廣陵贈歌者】**

（其一）覆額青絲白雪身，櫻桃宛轉度歌新。傾城不獨歸紅粉，薄醉樽前爲玉人。

（其二）才看何家傅粉郎，忽疑神女下高唐。銷魂最是三更後，不作閨妝作道妝。時演《玉簪》。（清・徐釚：《本事詩》卷十一，清光緒十四年徐氏刻本）

## 吳　綺

吳綺（1619～1694），清初文學家。字園次，號聽翁。江都（今江蘇揚州）人。順治九年（1652）以拔貢生授中書舍人，奉詔譜《楊繼盛傳奇》，稱旨，即以楊繼盛之官官之，時以爲榮。升工部郎中，出守吳興。人號「三風太守」。謂多風力、尚風節、饒風雅也。山水遊讌，極一時之盛。歸田後葺園，曰「種字林」。晚病目，因號聽翁。有毘陵女子，日誦其「把酒囑東風，種出雙紅豆」句，又號紅豆詞人。工詩詞、四六，著有《林蕙堂集》。見《吳興詩話》卷一三、《槐廳載筆》卷五等。

**【伯通招讌寧遠堂觀劇】**

良夜開佳讌，紅燈照薜蘿。湖山詞客在，煙月酒人多。勝事應如此，清歌且奈何。寧須更投轄，山簡自婆娑。（《林蕙堂全集》卷十五亭皋詩集，清文淵閣四庫全書本）

**【入署拜椒山楊先生祠】**

（其一）排雲寧計九重賒，猶剩清風滿署衙。觸佞角應同獬豸，驅奸膽不借蚺虵。當年臣節何須補，異代君恩更有加。欲譜遺忠難握筆，先生原是古夔牙。時奉命譜《椒山傳奇》。

（其二）留將正氣與乾坤，俎豆千秋此地存。籌國不堪言已驗，捐軀益信舌難捫。誰誇龍比爲僚友，已見鸞嵩少子孫。蘋藻託交吾未敢，聖朝無事賦招魂。（《林蕙堂全集》卷十七亭皋詩集，清文淵閣四庫全書本）

**【花朝集殿聞秋水軒觀演邯鄲夢劇用長兒韻】**

（其一）雁齒橫橋帶曲籬，留髡頻挽畫船移。百花生向月晴夜，三徑過當風暖時。別後最思人卓犖，夢中寧免事參差。與君攜手共今夕，惟可拍浮同酒池。

（其二）幾年不見扶風客，今日相逢坐水軒。閒試繁絃招北里，醉燒高燭看西園。柳垂三尺燕初到，梅放一枝蜂已喧。偶憶舊遊彈指過，碧雲芳草自無言。（《林蕙堂全集》卷十八亭皋詩集，清文淵閣四庫全書本）

**【留村尚書招飲觀家劇即席紀事】**

碧幛紅蓮未易攀，鄭莊迎客夜初閒。席聯舊雨情偏洽，筵敞高雲禮盡刪。竟夕悲歡難自主，一時嚬笑若相關。浣花獨有龍鍾叟，扶拜何堪劍履間。（《林蕙堂全集》卷十九亭皋詩集，清文淵閣四庫全書本）

【俞錦泉招觀女劇漫賦】

十二樓中度曼聲，玉輕金豔影縱橫。主人但謂清觴慢，客子翻嫌絳蠟明。休喚奈何須爛醉，若爲看去莫多情。兩行紅粉重相笑，猶記顛狂是此生。（《林蕙堂全集》卷十九亭皋詩集，清文淵閣四庫全書本）

【夜讀昉思諸樂府題贈】

（其一）江城橘柚欲寒天，邸夜挑燈拂寶絃。信是讀騷能協律，豈知奉敕有屯田。詞堪洒血寧惟難，事到傷心定可傳。我是青衫舊司馬，爲君焚硯百花前。

（其二）菊部於今少輩行，高音麗節譜宮商。一時側目看才子，幾處低鬟拜粉郎。筆架珊瑚原有數，箏調玳瑁信非常。漢皇正想凌雲客，何事猶虛七寶床。（《林蕙堂全集》卷十九亭皋詩集，清文淵閣四庫全書本）

【冷松邀集記捫軒時有歌者茵姬在座】

程鄭門高不迓賓，桃花潭水遇汪倫。菰蘆江上傳佳話，櫻筍筵前有麗人。短燭三更聞急雨，清歌一曲舞輕塵。習池倒載尋常事，長笑同欹白鷺巾。（《林蕙堂全集》卷二十亭皋詩集，清文淵閣四庫全書本）

【過俞錦泉流香閣觀劇】

無限春風上襪羅，洛神曾見賦東阿。偶停殘歲青簾舫，來聽良宵白苧歌。座上狂夫多小鳳，屏前仙子盡長蛾。紫雲不識今誰是，但倒金尊喚奈何。（《林蕙堂全集》卷二十亭皋詩集，清文淵閣四庫全書本）

【快雪堂觀劇】

（其一）魚藻池邊秋夜清，玉船徐引燭花明。不知何處春風起，吹出雛鶯百囀聲。

（其二）西園清燕好留連，翠管紅絃不曙天。看到舞腰低轉處，不妨人喚柘枝顛。（《林蕙堂全集》卷二十二亭皋詩集，清文淵閣四庫全書本）

【俞錦泉招觀女樂席間得斷句十首】

（其一）明月曾傳醉二分，玉簫清響遏行雲。而今又買吳陵酒，顛倒樊川是舞裙。

（其二）流香小閣影參差，十樣蛾眉鬥一時。就裏搴簾能巧笑，不知誰合比紅兒。

（其三）綠珠長笛妙隆箏，不作人間第二聲。若使謝公曾入耳，肯拋心事爲蒼生。

（其四）嫋嫋驪珠淡淡粧，天然無復換鵝黃。人生只有情堪死，莫把傷心問麗娘。

（其五）絳蠟搖光酒氣春，小紅來去逞腰身。生憐薄倖元丞相，腸斷東風記《會眞》。

（其六）芙蓉雙靨向秋鮮，何粉輕沾分外妍。賺得紅樓人愛煞，不知原是小嬋娟。

（其七）珮玉釵金見未曾，領巾題字我猶能。當筵不用求凰操，才子由來在茂陵。

（其八）歡場何處有旄頭，一夜樽前鼓未休。猿臂只今無用處，溫柔鄉裏暫封侯。

（其九）紫雲一笑定如何，老去參軍興未磨。探取江南紅豆在，一宵惆悵爲情多。

（其十）公瑾知音一代稀，美人都唱縷金衣。牡丹會上能重到，壓帽狂花不忍飛。（《林蕙堂全集》卷二十二亭皋詩集，清文淵閣四庫全書本）

**【減字木蘭花・題尤悔菴清平調雜劇】**

仙才供奉，豈藉尋常科第重？失卻珊瑚，只笑唐家結網疎。

知君寄託，掃盡里兒容做作。爛醉沉香，此後誰堪七寶床？（《林蕙堂全集》卷二十三藝香詞，清文淵閣四庫全書本）

**【採桑子・題悔菴讀離騷雜劇】**

瀟湘千古傷心地，歌也誰聞？怨也誰聞？我亦江邊憔悴人！

青山剪紙歸來晚，幾度招魂？幾度銷魂？不及高唐一片雲！（《林蕙堂全集》卷二十三藝香詞，清文淵閣四庫全書本）

**【清平樂・題悔菴醉桃源雜劇】**

山空石古，遮斷桃花櫓。採菊東籬杯自舉，獨把義熙留取。

門生兒子籃輿，有時直上匡廬。人道賢哉隱者，不知禪也仙乎？（《林蕙堂全集》卷二十三藝香詞，清文淵閣四庫全書本）

【少年遊・醉後贈歌者】

春來燕市解金貂，取酒聽紅簫。銀燭殘時，玉山頹也，一曲轉無聊。　剛到銷魂魂已斷，人似柳條條。鮫袖裁香，鸞鏡臥月，休說鄭櫻桃。（《林蕙堂全集》卷二十三藝香詞，清文淵閣四庫全書本）

【水調歌頭・聽丁翁彈南曲舊事】

天寶當全盛，猶記舊宜春。繁華最稱南國，花柳鬥尖新。歌舞六朝門巷，金粉千家煙雨，楚潤好精神。我始欲愁矣，何事近黃昏。

秋風起，人世改，換朱門。後庭一曲，不應恰向我時聞。重見白頭遺老，細數新亭舊事，此際黯消魂。僕本恨人耳，掩淚對青樽。（《林蕙堂全集》卷二十五藝香詞，清文淵閣四庫全書本）

【桂枝香・飲李書雲黃門齋中觀劇】

重歸丁鶴，正雪霽蓬壺，臘舒梅萼。人向西園對酒，酒酣歌作。山香初試花奴舞，更催齊、念奴絃索。玉簫吹鳳，瑤箏排雁，串珠搖落。　羨顧曲、周郎如昨。料記拍紅紅，應自非錯。響徹涼州，一夜飛雲停閣。英雄兒女俱陳跡，算人生、惟須行樂。此時耳熱，烏烏擊缶，古今誰若。（《林蕙堂全集》卷二十五藝香詞，清文淵閣四庫全書本）

## 潘　江

潘江（1619～1702），字蜀藻，號木崖，桐城（今屬安徽）人。性敏慧，肆力詩古文，四方從遊甚眾。康熙己未（十八年，1679）以博學宏詞薦，母老不赴。隱居著述，卒年八十四。所著有《木崖詩集》、《六經蠡測》、《字學析疑》、《記事珠》、《詩韻尤雅》、《古年譜》等。所輯有《龍眠風雅》六十八卷、續二十八卷、《桐城鄉賢實錄》一卷，三百年桐詩人藉以不朽，厥功尤鉅。見《桐城耆舊傳》卷七、《（乾隆）江南通志》卷一六七、《（光緒）重修安徽通志》卷二二二等。

【春郊行】

桐城城外春風煖，椒觴傳罷花燈散。梨園子弟按霓裳，春郊處處聞絲管。城中士女好春遊，連袂踏青來陌頭。佳人結伴褰帷幕，香車絡繹如雲浮。可憐秋月窺人面，可憐秋水澄如練。翠袖風吹蘭麝飄，晶簾日射煙鬟現。侯家戚里多少年，冰紈寶帶臨風前。笑聲忽向簾中出，人人自喜遇嬋娟。高臺日午歌鐘起，嫋嫋流鶯遙入耳。妖童作笑復銜哀，悲則眞悲喜眞喜。雖然風俗等遊戲，其中勸戒非無意。誰教忽奏新翻曲，普天痛哭煤山事。君不見牧童樵豎皆酸辛，遊女欷歔亦愴神！河邊載酒閒觀者，翻是當年受爵人。（《木崖集》卷九「七言古二」，清康熙刻本）

**【元夜方蛟峰觀察招同吳素夫卬須方世五長參看燈市上歸飲署中觀劇步素夫韻】**

（其一）纔報春風上碧墀，時以十三日立春。恰逢元夜賞燈時。煙花夾市迎行馬，絃管催聲入酒卮。繞座盡疑雲母色，徵歌誰賦雪兒詞。醉來獨踏天街月，不信山公有接䍦。

（其二）槐廳火樹暮排衙，七寶玻瓈六幅紗。聞道金吾停漏鼓，移來錦障罩雲霞。風飄紫袖歌三疊，影入青藜動九華。客況最憐人靜後，橋頭月落聽悲笳。（《木崖集》卷二十「七言律五」，清康熙刻本）

**【次韻追和雲姬元夕見懷詩】**

記得燈宵鬧火城，君愁我亦覺愁生。懶聽官舍吹長笛，早向僧寮剔短檠。是夕方觀察招飲，署中張燈演劇，予策馬先歸僧舍。匹馬獨行衝露氣，孤鴻暗度送寒聲。步檐徙倚曾看月，似爲離人不肯明。（《木崖集》卷二十「七言律五」，清康熙刻本）

**【都門午日程源公邀集平樂園觀劇醉中口號】**

結客來乎酒，樽前讀楚騷。茫茫燕市裏，或恐有荊高。（《木崖集》卷二十四「五言絕句、六言絕句」，清康熙刻本）

**【元日贈歌妓雲輕】**

（其一）倦酌屠蘇獨愴神，紅顏忽報客中春。聽他一曲清歌罷，轉憶椒花作頌人。

（其二）鈿雀銀蟬玉蕊冠，粧成不出背人看。如何最是堪憐處，獨立空房小襪寒。

（其三）自說排行是押班，明朝東去領雲鬟。無端忽問君平卜，惹得雙蛾蹙遠山。

（其四）酒闌歌散太無聊，筭定花時訪翠翹。再若相逢說相憶，自從元日到今朝。（《木崖集》卷二十六「七言絕句二」，清康熙刻本）

**【贈素嫣歌妓】**

（其一）雙擎紅玉舞婆娑，暗送星眸媚獨多。賺卻滿場千百眼，一齊回首注秋波。

（其二）輕如春燕艷如霞，愛著緋青罩臂紗。一種淡妝人自遠，肯將脂粉涴菱花。

（其三）獨憑闌干斂翠蛾，傍觀偏欲助清歌。忽停檀板催銅鼓，似笑周郎誤處多。

（其四）尊前一笑櫻桃綻，舞罷雙扶楊柳低。誰道南池春色盡，黃鸝纔過畫樓西。（《木崖集》卷二十六「七言絕句二」，清康熙刻本）

**【贈蕊仙歌妓】**

（其一）環珮應從紫府還，妝臺鉛粉盡須刪。羅衣頻拭非關汗，要顯天然白玉顏。

（其二）幻出箜篌別樣彈，瑤池清絕蕊宮寒。前身合注蓬瀛籍，不是飛瓊即彩鸞。

（其三）輕紗一抹罩烏雲，換遍羅衫摺疊紋。生怕纖鉤人看殺，故拖六幅掃湘裙。

（其四）素黛遠山誰得似，蕊珠仙苑更須探。昭陽第一俱無價，莫說排行有二三。姬與姊素、嫣行居二三。（《木崖集》卷二十六「七言絕句二」，清康熙刻本）

**【早發濟寧諸子餞別酒樓觀劇】**

（其一）一曲清歌唱渭城，輕風拂袖馬蹄輕。黃鸝也解攀枝囀，訴盡諸君折柳情。

（其二）四明座上詩無敵，太白樓頭酒易醺。此地由來傳賀李，獨憐猶欠兩紅裙。素、蕊二歌妓佐觴。（《木崖集》卷二十六「七言絕句二」，清康熙刻本）

**【西江月·贈歌妓】**

葉底綿蠻報暖，隴頭嗚咽悲秋。輕籠幔撚總成愁，譜盡曲中紅豆。

春到櫻桃繡口，香生檀板歌喉。避人高唱對人羞，焉得朱顏如舊。

（《木崖集》卷二十七「詩餘」，清康熙刻本）

## 孫枝蔚

孫枝蔚（1620～1687），字豹人，號溉堂，三原（今屬陝西）人。幼爲諸生，遭流寇，與其鄉少年奮戈逐賊，落深塹，得不死，乃走江都，從賈人遊。三致，千金皆散去。既而閉户攻詩古文辭，名噪海内。康熙十八年（1679）以布衣舉博學鴻詞，自陳衰老，遂不應試，授内閣中書銜。詩詞多激壯之音。著有《溉堂集》。見《（乾隆）江南通志》卷一七二、《清史稿》卷四八四等。

### 【題梨園圖】

家住廣陵城，來往姑蘇與金陵。吳宮歌舞竟何在，陳主風流亦莫憑。商女猶傳《後庭曲》，詞客空將《白紵》續。亡國從來事略同，無如行樂光陰促。畫師日午來相呼，西鄰同看《梨園圖》。兼請長歌題卷後，對此感慨誰能無。揮毫任意語言麤，胸中先著陳與吳。月宮乃有人間路，徼倖明皇得上去。《霓裳》曲好記偏眞，急召諸伶天已曙。寒食纔過清明來，梨花如雪滿園開。弟子教成月娥笑，能得花前聽幾回。漁陽塵起晝昏黑，鳳輦西行諸將力。忍哉坐視美人死，千秋爲爾傷心極。東歸暮景更凄涼，雨打梧桐秋夜長。當時弟子頭全白，此身亦作太上皇。秋去春來愁似海，惟有梨花色不改。得見此花幸已多，樂極悲生君莫悔。君不見堯爲天子曾微行，鼕鼕乃是田鼓聲。口唱耕田鑿井歌，帝心聞之喜且驚。或言堯幽囚、舜野死，獨自愁苦胡爲爾？細思此言亦有理，君不見烈皇減膳撤樂萬，方傳享祚空悲十七年。（《溉堂集》前集卷三，清康熙刻本）

### 【秋日過查伊璜齋中留飲兼觀女劇】

堂前來往熟，林鳥總依依。菊屋桃花面，青山白苧衣。周郎原善顧，惠子不思歸。日日金樽裏，全忘客計非。（《溉堂集》前集卷四，清康熙刻本）

### 【初至揚州客有談南京事者感賦丙戌】

司馬何人譔曲忙，《燕子箋》傳奇曾進御覽。可憐天塹勢倉皇。南京歌舞驕南渡，四鎮功名誤四方。虛想廉頗爲將帥，爭傳□□□□□。我來暫喜烽煙定，猶自愁雲滿戰場。（《溉堂集》前集卷七，清康熙刻本）

【呈徐苹叟太史有序】潤州郭外有賣酒者設女劇誘客。時値五月，看場頗寬，列坐千人，庖廚器用亦復不惡，計一日内可收錢十萬，蓋酒家前此所未有也。陽羡陳太史招余同潘江如、陳延喜往觀之。方酒酣起席，而六安徐苹叟太史亦攜數客至，桐城方退谷在焉，皆與余素不相識。忽於隔席遙指余謂客曰：「此必秦中孫豹人也。」既問，知果是，則一坐皆鼓掌。余愧非孟嘉之賢，今苹叟乃類褚裒之奇矣。歸作此詩奉呈。

學士尋常愛酒樓，攜錢取醉大江頭。千人只看場中扇，五月誰詢路上裘。得我豈如袁彥道，識公忽似韓荊州。歷觀坐客將無是，遂使諸君笑不休。（《溉堂集》前集卷七，清康熙刻本）

【秋夜同天葉屺瞻諸子飲次斗宅觀劇】

風流日日喜開樽，更到秋天樂事繁。賓客自然盈梓澤，江山只合對梨園。歌聲宛轉雞初唱，燭色葳蕤鳥欲喧。可惜野人頭蚤白，相看詞賦易傷魂。（《溉堂集》前集卷七，清康熙刻本）

【瑞鷓鴣・查伊璜宅觀女劇】

終朝兒女伴英雄，元末廉夫事偶同。火鳳身邊青海駿，牡丹花裏白頭翁。臨歌誰怕周郎顧，欲臥除非杜甫聾。門口雖知明月好，客心惟愛燭花紅。（《溉堂集》詩餘卷一，清康熙刻本）

## 何　絜

何絜（1620～1696），字雍南，號晴江，江南丹徒（今屬江蘇）人。諸生。以詩古文辭名一時，與同郡程千一有《文概》、《詩概》諸選，其詩出入錢、劉、韋、柳之間。雍南嘯傲江滸，著書終老，禿髮霜髯，長齋學佛。與蔣大參總角筆研友也。遊西湖，適蔣秉節會城，自言此行本爲兩峰而來，若傴僂憲使之門，當爲西湖所笑，竟不見蔣而返。葉横山高其意，作長歌贈之，所謂「故人咫尺開憲府，半刺何嫌舊縞紵。只爲湖光善鑒人，趦趄此態爾何苦」也。著有《晴江閣集》。見《遺民詩》卷一〇、《晚晴簃詩匯》卷三三、《雪橋詩話餘集》卷一等。

【四憶詩（之二）】

健兒十萬半城屯，猙獰叱咤驚人魂。一年首重上元節，怪底於今早閉門。淮西秧歌擂花鼓，傀儡儯儯演雜舞。狹邪攘臂溷旗丁，閭巷逢迎受欺侮。二十年前號治平，逢人笑語偏多情。一到上元相慶賞，家家燈火樂春晴。高堂暖閣張華晏，光分紅燭生嬌艷。罘罳擁座繪珍奇，琉璃映徹尋常見。丹陽絲燈擅窮工，鏤脂刻羽何玲瓏。八寶裝成萬態變，九微透出千絲紅。三五親朋入燈市，夜遊無忌任行止。流星珠幌月如銀，捲霧雕棚人似綺。火山火樹更分明，絳紗冰縠晚風輕。竹葉酒傾簾幙底，六街歌吹賽流鶯。桃花笙和《金縷曲》，鵾雞絃撥簫吹玉。清風橋通綠水橋，火龍盤繞月華高。無那韶光同轉轂，極盛春燈看不足。牙旗分幟割軍營，辛苦民生多跼促。幕燕飄搖少定期，不堪回首淚沾衣。但願虎皮包甲冑，復見太平全盛時。上元燈火。（《晴江閣集》卷三「七言古詩」，清康熙刻增修本）

**【四憶詩（之四）】**

陽彭山上遊覽多，陽彭山下風日和。華堂傑閣矗空起，梨園選勝早徵歌。點染雙文王實父，玉茗堂空爍花主。吐納宮商誤後生，檀板低敲因按譜。南調流傳梁伯龍，紛紛相和許誰同。懷寧尚書荊州守，演出新聲李笠翁。種種傳奇翻不足，綠鬢子弟喉如玉。鳳羽裁成翡翠籹，驪珠轉出臙脂曲。二八歌姬勝小蠻，螺黛纖纖柳葉彎。蓮步蹁躚羨長袖，花枝婀娜舞輕鬟。絳唇鶯吐成黃絹，嬌羞閃映桃花扇。曲罷歌臺夜似霜，樓頭早下雙銅箭。自古繁華不相待，桑田尚爾變滄海。燕舞鶯歌能幾時，雕欄繡榭須臾改。回首華筵逐斷雲，歌場開府總千軍。十年習慣伊涼調，玉樹霓裳那處聞。西園歌舞。（《晴江閣集》卷三「七言古詩」，清康熙刻增修本）

**【題粵風四種後十首】**

（之一）《紫鳳》、《芝房》曲未終，《鈞天》遺響已淩空。繡衣年少歸何處？千載還思續粵風。

（之二）南山白石自堪誇，寶帶輕綃逐斷霞。莫抱琵琶歌別調，一生只唱朗陵花。

（之三）秋艸何能薦繡茵，春風應折柳條新。叮嚀此日將笄女，黽勉常思化石人。

（之四）英臺結綵發清音，一曲能堅金石心。傳說貞魂都化蝶，遺祠千古祀江潯。

（之五）南徐有女自磨笄，傳與詞人諷粵西。試取輿圖翻覆看，山名應好作詩題。

（之六）生平愛讀《相如傳》，怪不求凰未嫁前。何事一歌相訂後，野花還插滿頭鮮。

（之七）桃花片片逐垂楊，急調高聲寫怨長。莫愛江頭芳艸色，薰風吹遍荔枝香。

（之八）百粵花縈畫轂來，風流共羨出群才。一從褰幙聽歌後，應唱《桃夭》與《摽梅》。

（之九）循良舊日頌吳公，恰有名賢喜志同。一卷《風謠》刪訂後，紫泉飛出水瀰瀰。《志》載潯有紫泉，循良蒞仕則水出。

（之十）紛紛士女踏歌時，象管横吹《白紵辭》。尨吠雀穿歸聖化，應須珍重爲題詩。（《晴江閣集》卷八「七言絕句」，清康熙刻增修本）

**【吳娘歌】**

小小吳娘細馬馱，冰綃暗拭淚痕多。回頭忽見燕姬笑，也撥琵琶低唱歌。（《晴江閣集》卷八「七言絕句」，清康熙刻增修本）

**【拜海烈婦祠】**

（其一）花龕高坐素羅裳，密密針縫舊樣裝。欲把湘東銀管記，殷勤爲獻瑞麟香。

（其二）青青孤塚傍祠邊，來往爭傳節義仙。有《節義仙》傳奇。忽遇盈盈垂髻婦，琵琶擊斷錦絲絃。

（其三）新碑七尺豎河干，博得行人拭淚看。我獨雲霞深處望，貞魂應駕舊青鸞。（《晴江閣集》卷八「七言絕句」，清康熙刻增修本）

**【揚州】**

珠圍翠繞舊揚州，寂寂春歸鎖阿侯。學唱伊涼新樣曲，而今絃索勝箜篌。（《晴江閣集》卷八「七言絕句」，清康熙刻增修本）

**【揚州竹枝詞】**

（其一）東鄰少婦會西鄰，喁喁低商去踏春。瓊花觀裡無花看，梅花嶺下有遊人。

（其二）高堂大賈坐新氈，鮮衣小吏博金錢。豪華自是生來慣，何處相逢不管絃。

（其三）雲鬢燕尾競新粧，五色帷裙逶地長。飯罷漫調鸚鵡話，薰籠閒擁細添香。

（其四）小艇輕搖看藕花，花枝灼灼燦於霞。一過紅橋回首望，花枝可得勝兒家。

（其五）花露香油新樣冠，貂箍廣額好遮寒。紅鞋錦底皮金篏，敞袖招搖不怕看。

（其六）拜爵天家舊貴臣，愛將促織角金銀。錦袋玉鉤袍底繫，阿誰又喚鬥鵪鶉。

（其七）綸音右武幾多年，若个秋風早著鞭。我自飛揚能射策，賢書一樣讓誰先。

（其八）燈火沿門香氣濃，酒罏茶社喜相逢。手推習慣非神物，笑折花枝要比儂。

（其九）燕語鶯聲囀細喉，邊關新調雜吳謳。歡情卻似門前水，一去邗關不倒流。

（其十）花月園林近水多，華筵畫舫起笙歌。只今風雅維揚勝，酬倡詩箋喜客過。（《晴江閣集》卷八「七言絕句」，清康熙刻增修本）

【口號贈女伶花卿】

（其一）僊僊疑是柳含煙，十四年剛比麗娟。落魄詞人憎易老，輸卿花月一時憐。

（其二）肯把才華較牧之，紫雲猶是未笄時。嬌痴不解狂夫醉，閃暎紅燈進酒卮。

（其三）老大還傷薄倖名，生憎鶯燕逗離情。停杯欲作巫山夢，腸斷紅紅曲一聲。

（其四）明珠何處換傾城，賦出哀蟬別調輕。任說當筵人似玉，不知誰个掌中擎。

附詩：

【王天都邑侯詩】

（其一）淡月閒雲裊細煙，桃花溪畔小嬋娟。謫來塵世知何為，檀板逢時亦可憐。

（其二）渭城唱罷客何之，搖落天南泣路時。世上看人須白眼，慇勤紅袖酒盈巵。

【卞宜重詩】

（其一）弱蕙臨風不自持，含情無那倚罘罳。聽人話到《求凰曲》，嬌靨微紅有所思。

（其二）無限柔情宛轉中，鵶黄螺黛爲誰工。愁他荳蔻輕拋擲，一朵梨花受晚風。

【千一詩】

（其一）妙舞清歌勸羽觴，由他花月去堂堂。楊枝嬌小狂夫醉，莫遣哀絲怨夕陽。

（其二）荳蔻年華早解愁，暗將幽怨訴箜篌。何人小艇迎桃葉，藏去深深十二樓。

【相如叔詩】

（其一）綺席文茵雜羽觴，鯤絃低撥出紅粧。梨園若个知名甚，爭鬥花枝是窈娘。

（其二）繡帶輕搖緩舉杯，清歌一闋自徘徊。臨邛上客知多少，不數相如作賦才。

【孫玉從詩】

（其一）雕梁雛燕舞衣輕，歌罷還餘宛轉聲。卻憶錦城天上曲，兒家小字又花卿。

（其二）聽徹朱絲漏已闌，纖纖重進酒杯寬。春潮兩靨紅如許，婀娜偏宜醉裡看。（《晴江閣集》卷八「七言絕句」，清康熙刻增修本）

【同千一哭谷賓于丹陽（之五）】

紅豆新詞協羽商，聽來一字一迴腸。可憐陽羨歌姬散，誰哭風流柳七郎。谷賓曾爲陽羨貴客，作傳奇數種。（《晴江閣集》卷八「七言絕句」，清康熙刻增修本）

## 顧大申

顧大申（1620～？），本名鏞，字震雉，一字見山，江南華亭（今上海松江）人。順治壬辰（九年，1652）進士，授工部主事，分司夏鎮河道，節省公費築城以守，人服其廉幹。晉郎中，出爲陝西洮岷道僉事，卒於官。善丹青，尤工設色。爲詩精深華妙，兼有寄託。著有《堪齋詩存》八卷、《詩原》二十五卷、《河渠論》

十二則、《圖經》二十八篇。又嘗輯《毛詩》、《楚騷》及《文選》詩并唐人詩，著《詩原》五集。見《國朝詩人徵略》卷二、《帶經堂詩話》卷一一、《（乾隆）江南通志》卷一四一等。

**【戲作絕句寄別歌者】**

（其一）龍笛悠揚羯鼓悲，南風作雨北風吹。玉杯瀲灩無情甚，但向江頭送別離。

（其二）賈家舞袖郝家歌，盡日山城鬥綺羅。老去襟情偏浩蕩，將軍臺榭飽經過。

（其三）翠黛明眸撥四絲，應將雙璧比紅兒。曼聲鳳尾槽邊出，此曲流傳是段師。

（其四）醉吟室裏消長夜，冷月當筵入四更。猶記多情賢府主，笑題小字號連城。（清·徐釚：《本事詩》卷九，清光緒十四年徐氏刻本）

## 顧景星

顧景星（1621～1687），字赤方，一字黃公，湖廣蘄州（今湖北蘄春）人。母明懷十三月而生。生之夕，巨蛇亘屋上，光色熒異，父夢星降於庭，形如半月，占曰是謂景星，因以名焉。三歲尚不語，而六歲能賦詩，長而究心經世之略。明季兵亂陷蘄，流寓崑山，後往來吳楚間。當事交章薦辟，皆不就。康熙戊午（十七年，1678）舉博學鴻詞，以病乞還，顏其堂曰「白茅」。景星記誦淹博，與杜于皇齊名，才氣尤縱橫不羈。詩文雄贍，著述甚富，亦一時霸才。初有《讀史集論》九卷、《蜱池錄》一百十八卷、《南渡集》、《來耕集》共七十三卷，康熙丙午（五年，1666）燬於火，僅《南渡》、《來耕》二集存十之三四。今存《白茅堂集》、《野菜贊》等。見《（同治）蘇州府志》卷一一二、《文獻徵存錄》卷六等。

**【贈姬】**

繡幕鉤風入，韶光照眼明。蓺花珍重手，勸酒淺深情。雛鳳新交翼，春鶯第一聲。曲房歌舞罷，彤管與題名。（《白茅堂集》卷六，清康熙刻本）

編者案：本詩寫於順治五年（1648）戊子。

**【無錫舟中大風雨聽張燕筑歌】**金陵人，年八十三。

（其一）白髮黃冠老布衣，扁舟一曲淚如絲。坐中盡是江南客，莫唱秋娘舊日詞。《望江南》，唐李朱崖悼謝秋娘作。

（其二）琵琶破撥變新聲，痛哭當年雷海清。一曲遏雲天欲暮，無端風雨作河傾。

（其三）椒山封事論河套，樂府流傳萬曆初。昨日當場生意氣，停杯嘆絕老尚書。昨看燕筑演《椒山》。依本劇，尚書者，牧齋也。（《白茅堂集》卷六，清康熙刻本）

編者案：本詩寫於順治五年（1648）戊子。

## 【楚宮老妓行南京樂籍藍七娘善鞦韆蹴毬入楚宮亂後為尼】

白頭緇衲誰家嫗，身似虛舟眼如霧。自言十五學新聲，名在宜春內人部。初隨阿母長干里，轉入金沙湘裏住。門前車馬隘猛闐，席上纏頭不知數。章華驕貴世應稀，徵歌度曲諧音徽。龍樓讌月香成陣，鳳箑障風肉作圍。曾逐行宮同象輅，不嫌花底奪鸞箯。鴛央瓦暗流螢度，翡翠簾深絡緯啼。年年恩典官餔後，善和門外饒花柳。東肆郭郎西肆歌，社北廚娘社南酒。半仙小女鬥腰支，齊雲兒郎好身手。王舍空門乍改移，平臺戚里今何有？乍來豈識婆羅門，夢中只記君王后。初時夏臘尚紅顏，幾度春秋成老醜。君不見古來禕翟椒房尊，幾多失勢爲桑門。柔福當年死沙漠，妖尼詐作平王孫。家亡國破有如此？嫗乎嫗乎何足論！莫到玉鉤斜下路，天陰新鬼哭黃昏。（《白茅堂集》卷九，清康熙刻本）

編者案：本詩寫於順治十三年（1656）丙申。

## 【合肥公邀同錢牧翁看丁繼之演水滸赤髮鬼丁年已八十即席次牧翁壽丁六十詩韻】

左右看君正少年，翠鬢紅袖並花前。按歌傳遍青樓曲，作使當場白打錢。酒態慣撩監史罰，舞腰猶博善才憐。貞元朝士今無幾，卻有民間地上仙。（《白茅堂集》卷十，清康熙刻本）

編者案：本詩寫於順治十四年（1657）丁酉。

## 【徐黃岡籀招觀蘭姬雜劇即席】

星低漢回秋夜晴，絲悲管哀燭復明。酒清香斷客絕纓，可憐蘭生歌渭城。初調陽關曲，繼唱伊州聲。偃鼷驅煙入羅幕，邊風迢迢吹大漠。四領盤穿鐵鋞鍜，音鴉遐，亦音亞遐。一串琵琶金絡索。商聲變羽眾錯愕，濮陽下邳生魂魄。一金三鼓連九籥，赤壁山頭起烏鵲。公瑾即榮華，喬公已零落。車過腹痛知己恩，縱嫁曹瞞亦不惡。鳳蠟啼心光炭炭，普云，一作□□，音旱。蘭生一曲腸堪斷。斷腸一曲不爲君，江南不見孫將軍！（《白茅堂集》卷十一，清康熙刻本）

編者案：本詩寫於順治十七年（1660）庚子。

【虎媒篇題贈張子】

扆州司戶張尚書，蕭條郡廨山林居。尚書幼女十五餘，就中娣妹色最殊。誰家君子羅敷夫，藍田裴尉玉不如。摽梅欲賦愁踟躕，裴郎百兩憾路迂。尚書宴女張繡裯，荒園日暮噪老烏。瞥見花下黃氍毹，一虎躍出眾走呼。可憐阿女千金軀，裴郎錦纜已在途。路傍有女啼嗚嗚，雙環麗婢爭相扶。爪牙不傷花雪膚，蘭膏列照黃金爐。今夕何夕六合符，虎媒異事眞有無。至今黔峽紛女巫，當時安史屠東都。翟衣紅袖遭泥塗，乾元天子德政敷。三千怨女歸鄉閭，仳㒧兵革代不殊。人事錯迕良緣徂，張郎感激胡爲乎？燈前夜雨長欷歔，新翻樂府調吳歈。綵筆欲與雲霞紆，東家倭傀歌將雛。衛娘鬒髮秋已疏，嗚呼張郎亦丈夫，高才蹭蹬無懽娛。吾聞王母虎齒金天隅，有三青鳥爲之奴。爲君錦字通麻姑，代問下色何足汙。（《白茅堂集》卷十二，清康熙刻本）

編者案：本詩寫於康熙元年（1662）壬寅。顧景星《白茅堂集》卷三十五有《虎媒劇引》，亦可參看。文末署「庚戌牛女渡河夕虎頭公筆」，知是文作於康熙九年（1670）七月七日。

【觀錢家伎】

今年秋色太無賴，苦熱更在章江西。雲山窈窕雁遲到，橘柚菁葱鶯亂啼。四海風塵勞羽扇，三更歌舞濕羅衣。坐中有客傳鄉信，報道鄖西未解圍。（《白茅堂集》卷十二，清康熙刻本）

編者案：本詩寫於康熙元年（1662）壬寅。

【弔振海張公】濤字振海，□有學道濟世之志。師事先桂巖公，萬曆十四年成進士。初爲歙令，好奇喜士，福清布衣何壁投詩四章，延爲上客，立贈千金。歷官巡撫，遼東上《救邊五策》。晚年頗好釋氏，亦畜聲伎。《黃陂縣志》不詳焉。

儒臣開府在遼陽，烽火三隅一面當。五策救邊殊簡易，千金結士總尋常。幅巾歸去緇黃侶，釣艇時來苕芡鄉。此地山川原用武，百年

鐘梵出慈航。（《白茅堂集》卷十三，清康熙刻本）

編者案：本詩寫於康熙六年（1667）丁未。

【巴城湖大雪舟中醉歌】昨觀演李白劇。

昨夕何夕臨高堂，千燈萬燄羅笙簧。陽阿激楚爲樂方，美人緩起壽玉觴。洪波墊溺河無梁，黄河大決董家口。中坐北望涕沾裳。今日何日雪滿野，塞雁無聲向雲寫。扁舟搖過巴城湖，兩岸誰能辨牛馬？此時不飲當奈何，一尺銀瓶自堪把。陰晴回幹頃不同，世間萬事繇天公。淮陰自是把竿者，吕尚不恥慈泉翁。旨兒臾詬強解事，浪談年少乘長風。醉後回環手中鏡，鬢邊短髮疑飛蓬。岷山李白何如我，笑殺群優眞瑣瑣。殿前擲筆何足云，僚友萬乘無不可。君看飛雪回陽春，草生河畔天氣新。吳姬斫鱠懽未足，且向春江理釣綸。（《白茅堂集》卷十四，清康熙刻本）

編者案：本詩寫於康熙七年（1668）戊申。

【閱梅村王郎曲雜書十六絕句誌感】

（其一）崑山腔管三絃鼓，誰唱新翻《赤鳳兒》。說著蘇州王紫稼，句闌紅粉淚齊垂。王優爲江南御史杖殺。

（其二）廣柳紛紛厺盛京，一聲嗚咽倍傷情。行人怕聽《陽關曲》，先拍冰鞍上馬行。優送出塞諸君歌，甫發聲，眾不忍聽，爭上馬厺。

（其三）長眉秀頰好兒郎，尋夢登樓最擅場。攛掇到來旋不見，偷從房老索梳粧。

（其四）永豐坊內綠楊枝，曾弄春風上玉墀。舊日承恩成底事，江南幾度落花時。優嘗言，江南從太監韓贊周一曲供奉，未知其實。

（其五）日永吳趨囀乳鶯，翠釵嬌困不勝情。尋常賓客誰驚坐，不是王郎即柳生。敬亭柳老，義俠士也，善平話。

（其六）柳生凍餓王郎死，話到句闌亦愴情。好把琵琶付盲婦，嶺頭彈說舊西京。

（其七）西京舊日知名者，籍隸山中供奉臣。一自龜年零落後，岐王第宅屬何人。李小大善歌。

（其八）夢到江南勝返魂，紫駝人厺塞垣昏。金陵盛日猶堪訪，風雪初歸寇白門。白門名媚，北去得放歸。

（其九）玉笙正要松風奏，垂老關情到此曹。不爲管絃頭白後，秖難重聽《鬱輪袍》。

（其十）雜劇爭傳玉茗堂，揣摩仙鬼述黃粱。竟誰喚覺江南夢，搖落春風柳萬行。

（其十一）《十錯》新聲解得無，傳從皖水到留都。後來事事眞成錯，錯認當年阮佃夫。梅村集中稱佃夫，指阮尚書大鋮也。

（其十二）永和宮怨雒陽行，手語矜能下玉京。勸君莫羨元和妓，不是元和腸斷聲。高霞寓聘妓，妓曰：「我誦得白學士《長恨歌》，何薄我爲？」

（其十三）昌平陵墓等孱顏，玉柙珠襦併此間。誰擬馬嵬坡上事，行人揮淚翠華山。烈皇帝攢宮在翠華山。

（其十四）妖妃蠱后儗非倫，說到冬青更失眞。欲識永和宮內事，佗年問取塚中人。曹魏時，有人伐周王塚，得殉女子，郭太后養之十餘年。太后崩，此女哀思而死。宋都臨安時，宮中有一晉宮人，亦從塚出，能道晉宮事。

（其十五）擁髻曾聞通德悲，燈前舊淚向誰垂。兩宮遺事無人說，只有錢家小妹知。

（其十六）酒闌人散月當中，徙倚花陰喚小叢。莫譜琵琶對明月，月明曾照舊西宮。（《白茅堂集》卷十五，清康熙刻本）

編者案：本詩寫於康熙九年（1670）庚戌。

**【月湖答李漁】**

（其一）齒如編貝兩瞳青，朱鳥窗前老歲星。謫作人間廣長舌，滑稽莊語總堪聽。

（其二）月湖楊柳倚危樓，湖水銀河一色秋。唱到李漁新樂府，水仙山鬼盡含愁。

（其三）新圖十樣四雙眉，不惜尊前舞《柘枝》。未得捲簾通一顧，怪儂無句比紅兒。漁攜四姬，一姬適病。

（其四）抛下瓊簫繡毯紅，窺人掩映隔簾櫳。亦知宋玉多情甚，難共襄王入夢中。

（其五）神仙拔宅盡飛昇，泛宅浮家亦可人。怪殺向平渾未識，五湖原不是閒身。（《白茅堂集》卷十六，清康熙刻本）

編者案：本詩寫於康熙十一年（1672）壬子。

**【李益三梧桐樹下家僮度曲圖】**

碧梧如掌新連娟，兩僮侍立清且妍。花前檀板乍一拍，雙聲一氣淩紫煙。流泉娟娟下絕壁，玉戛丁東珠的皪。忽然聽作蘇門琴，有時裂破柯亭笛。遊絲落絮春茫茫，徵歌捻管心飛揚。詞中絕妙張三影，格外風流李十郎。可憐海內蒼生淚，謝公莫奏東岡伎。我老嘗貪春畫眠，桃花千樹中山醉。（《白茅堂集》卷二十一，清康熙刻本）

編者案：本詩寫於康熙十九年（1680）庚申。

**【觀妓】**

佳人出董嬌，歌舞竟良宵。撩得周郎顧，含嚬整翠翹。香從雲鬢細，酒向露華消。曲竟翬衣換，猶持鳳管調。（《白茅堂集》卷二十六，清康熙刻本）

編者案：本詩寫於康熙二十五年（1686）丙寅。

**【魯肅灣】**譌稱魯媳婦灣。舊有子敬廟，而甘興霸廟在西六十里富池口，祈祭獨盛。

河干謦欬甘興霸，風節當年子敬同。汗簡渺茫《三國志》，荒祠煙浪大江東。一灣回洑千檣避，兩地靈旗五夜通。香火只今偏寂莫，止餘優孟述英雄。雜劇中《單刀會》，是割湘界時事也。（《白茅堂集》卷二十六，清康熙刻本）

編者案：本詩寫於康熙二十五年（1686）丙寅。

**【成仲謙龔千谷二節使載酒過東山招同錢飲光方與三觀陳多演劇次飲光韻】**

鷲峰百尺即山臺，衝雪今年兩度來。豈意歲寒逢老友，郤緣節使得追陪。燈前細雪盈盈落，檐際殘梅緩緩□。坐有陳多歌一闋，不須羯鼓向花催。（《白茅堂集》卷二十六，清康熙刻本）

編者案：本詩寫於康熙二十五年（1686）丙寅。

**【約遊東田阻風雪是夜觀伎】**

上日東田卜曉晴，嚴城霰雪又三更。漫留籃筍尋春興，且取笙簫入夜聲。在野疏狂容二老，避人懷抱各孤清。當年崔李今誰是，江漢

風流萬古情。（《白茅堂集》卷二十六，清康熙刻本）

編者案：本詩寫於康熙二十六年（1687）丁卯。

## 梁清標

梁清標（1621～1691），字玉立，號蒼巖，又號棠村，直隸眞定（今河北正定）人。明兵部尚書夢龍曾孫。崇禎癸未（十六年，1643）進士，授翰林院庶吉士。順治元年（1644）補原官，累遷秘書院學士、禮部右侍郎、吏部侍郎、兵部尚書。有武林斥生誣首逆案，株連甚眾，清標訊得其情，置之法，餘皆得全。康熙九年（1670）補刑部尚書，調户部。時議撤諸藩。清標奉命之廣東，移尚可喜家口。兵眾洶湧，民皆竄匿，清標鎮靜以安人心，得無變。二十一年夏大旱，帝問弭災之方，清標以省刑爲對，上嘉納之。拜保和殿大學士兼兵部尚書，卒於官。著有《蕉林詩集》、《蕉林近稿》、《棠村詞》、《棠村隨筆》、《棠村樂府》等。見《（雍正）畿輔通志》卷七二、《（嘉慶）大清一統志》卷二九等。

**【劉莊即事次念東韻】** 是日演《黃粱夢》，追憶昔時同雪堂、淇瞻集此園觀《秋江》劇，不勝聚散存亡之感。

剪剪西風荇藻香，煙波一曲鳳城傍。酒壚客散河山邈，槐國人醒歲月長。便欲觀濤吟《七發》，渾疑落木下三湘。聞歌今昔同流水，莫負溪橋瀲灩光。（清・徐釚：《本事詩》卷八，清光緒十四年徐氏刻本）

**【再次念東韻】** 雪堂侍郎贈歌者陳郎，有「烏絲紅淚」之句。

銀塘瑟瑟杜蘅香，落日開樽野水旁。黃葉碧雲人既遠，烏絲紅淚恨偏長。空聞送客傷湓浦，無復招魂弔楚湘。秋色依然軒檻外，那堪重認舊湖光。（清・徐釚：《本事詩》卷八，清光緒十四年徐氏刻本）

**【揚州偶感】**

（其一）由來明月在揚州，子晉吹笙此地留。玉燕上釵三婦豔，金丸落鳥五陵遊。丹青錦軸充行笥，燈火春宵醉畫樓。一代豪華流水盡，衹今猶說富平侯。

（其二）前溪一曲舞腰輕，挾瑟佳人自石城。十里香凝絲步障，五侯餉合玉盤鯖。田文座上雞鳴客，虞氏樓中采擲瓊。燕去烏衣空甲第，邗溝花鳥若爲情。

（其三）日暖泥融走鈿車，江頭唱徹後庭花。櫪閒騕褭金羈絡，獸壓香爐玉辟邪。翡翠鉤垂弘靖宅，珊瑚樹出季倫家。竹西何事喧歌吹，不種東陵五色瓜。

（其四）隊隊紅妝細馬馱，鳳臺消息竟如何。千盤客饜銀絲膾，七寶花圍《白苧歌》。醒酒石欹秋蘚蝕，縷金裙疊暗塵多。蕭條衣桁毬場冷，無復春風入綺羅。（清・徐釚：《本事詩》卷八，清光緒十四年徐氏刻本）

【劉園觀陳伶演秋江劇次雪堂韻】

（其一）秦青一曲和人難，寫出秋江木葉寒。搖落渾疑江上立，不知酒醒是長安。

（其二）芙蓉秋影亂平波，折柳江頭哀怨多。未免有情還我輩，停杯搔首恨無那。

（其三）聽罷新聲送夕暉，行雲暫駐尚依稀。分司御史疎狂甚，誰復開籠放雪衣。

（其四）雛鶯百囀擬輕喉，似笑如顰怪底愁。他日重尋腸斷處，沈沈燭影水邊樓。

（其五）詞場玉茗古今師，繼起陽春更在斯。吏部文章司馬淚，秋塘蕭瑟柳絲絲。

（其六）閒心蕭颯斷諸緣，忽漫當歌體欲仙。秋水盈盈人宛在，西風零落芰荷天。（清・徐釚：《本事詩》卷八，清光緒十四年徐氏刻本）

【冬夜觀伎演牡丹亭】

優孟衣冠鬼亦靈，三生石上牡丹亭。臨川以後無知己，子夜聞歌眼倍青。（清・徐釚：《本事詩》卷八，清光緒十四年徐氏刻本）

【贈柳敬亭南歸白下】

（其一）三十年來說柳生，留髡此日絕冠纓。指揮舊事如圖畫，對汝堪移萬古情。

（其二）閱盡桑田一布衣，冶城深處有柴扉。春來數醉荊卿酒，風起楊花送客歸。

（其三）軍中軼事語如新，磊落寧南百戰身。爲問信陵當日客，侯門誰是報恩人。

（其四）《齊諧》志怪詎荒唐，抵掌風雲起座旁。天寶尚存遺老在，何戡白首說興亡。（清・徐釚：《本事詩》卷八，清光緒十四年徐氏刻本）

【宋荔裳觀察召飲寓園祭皋陶新劇】

（其一）春城忍見一花飛，勝侶長安此會稀。白舫柳塘簫鼓發，朱樓夾岸盡開扉。

（其二）對酒當歌水竹叢，人間何事謗書同。不須重讀三君傳，今古傷心一曲中。（清・徐釚：《本事詩》卷八，清光緒十四年徐氏刻本）

【春宵觀邢郎演劇】

小堂一載罷雲璈，此夕開尊絳燭高。人面衣香花解語，當筵重認鄭櫻桃。（清・徐釚：《本事詩》卷八，清光緒十四年徐氏刻本）

【滿庭芳・觀女伶演淮陰故事】

絳燭清宵，彩雲華館，蠻腰細舞迴風。嬋娟忽變，繡襖染猩紅。鎖甲艷分雪色，兜鍪小、雙頰芙蓉。氍毹映，將軍紅粉，錦繖黛眉同。

登壇，當日事，衣冠優孟，寫出偏工。嘆英雄佳麗，一樣飄蓬。飛絮落花舊恨，誰憐取、桃李春穠。乘月夜，衣香人面，莫放酒盃空。

（清・聶先、清・曾王孫編：《百名家詞鈔》「棠村詞」，清康熙綠蔭堂刻本）

## 毛奇齡

毛奇齡（1623～1716），原名甡，字大可，號秋晴，蕭山（今屬浙江）人。康熙十八年（1679）以諸生召試博學鴻詞，授翰林檢討，纂修《明史》。嘗以所輯《古今通韻》十二卷進御，稱淵洽。後以病乞歸，卒年九十四。奇齡博覽載藉，於學無所不窺，好議論，工詩古文辭，撰述之富，爲一時冠。門人編輯遺集，分經集文二部，凡五十種，二百三十四卷。《四庫全書》收奇齡所著書目多至四十餘部。戲曲方面，曾評點《西廂》，作《毛西河論定西廂記》，并爲《長生殿》等劇寫序。見《（嘉慶）大清一統志》卷二九五、《清史稿》卷四八一等。

【虞美人・廣陵李宗伯寓觀女劇作】

蕪城新曲勾欄淺，覆地氍毹軟。小蠻金管雪兒箏，二十四橋明月照人醒。　三朝不作銜書鳳，但舞江南弄。曉風散去彩雲愁，可是竹西歌吹舊揚州。（《西河集》卷一百三十三「塡詞」，清文淵閣四庫全書本）

【滿庭芳・為汝南張廣文題傳奇卷首】

夏里開基，清河啓郡，曾燃秘閣青藜。高齋寂靜，夜聽汝南雞。

仿佛神人告語，他年事、枕畔留題。長弓後、貂蟬奕葉，不數舊關西。

黃粱，炊未熟，翩翩蝴蝶，醒後多迷。託梨園象板，羽殿銖衣。千載鳳鸞佳配，華茵煖、共酌玻瓈。聽吹罷、一聲長笛，無數綵雲飛。（《西河集》卷一百三十六「塡詞」，清文淵閣四庫全書本）

【揚州看查孝廉所攜女伎七首】

（其一）內部新歌教欲成，幾年湖上聽分明。醉來忘卻揚州路，猶道西陵風雨聲。

（其二）新翻樂府最風流，簇拍新歌拂舞鳩。當日紫雲來錦席，今朝杜牧醉揚州。

（其三）金釵十二正相當，剛寫蛾眉十二雙。著就舞衣臨按鼓，一時塡滿碧油幢。

（其四）氍毹布地燭屏開，紫袖三絃兩善才。旦色末泥善彈。二十四橋明月夜，爭看歌舞竹西來。

（其五）新歌教就費千金，歌罷重教舞綠林。年小不禁提趕棒，花裙欲卸幾沉吟。

（其六）青臚細齒絳羅單，作伎千般任汝看。獨有柔些頻顧影，猜人不欲近闌干。旦色名柔些。

（其七）是處瓊花開滿枝，瓊臺歌舞正相宜。就中別有夭桃嫩，開向東風遲復遲。小旦色名遲些。（《西河集》卷一百三十九「七言絕句」，清文淵閣四庫全書本）

【王使君席同陳內翰贈歌者】

（其一）江城四月柳如絲，錦瑟彈成入破詞。太守筵前爭認得，大功坊底杜紅兒。

（其二）槐廳入夜燭屏深，試舞新衫是縷金。座上詩成誰最早，鄴宮倚馬舊陳琳。（《西河集》卷一百四十一「七言絕句」，清文淵閣四庫全書本）

【奉陪姜京兆赴李觀察席酒間命歌者韓希捧觴乞詩遂口占用觀察春雨韻兼邀同席姜九別駕為書詩於扇歷陽徐泰畫背以寵之】

宜春子弟奏昇平，御史筵前錦鏇生。唯有韓希花字舞，就中能作囀林鶯。花字，舞名。（《西河集》卷一百四十二「七言絕句」，清文淵閣四庫全書本）

【陪益都夫子長椿寺觀劇奉和原韻】

（其一）春色融融起化城，楝花風發坐來清。當軒一奏開元曲，滿院如聞上苑鶯。

（其二）香臺深處敞朱筵，梵唄時傳兜率天。花外莫驚歌吹發，謝公舊墅近東山。

（其三）沐日追遊古道場，宜春妙伎進多方。慈恩原有金錢會，錯認新聲奏太常。（《西河集》卷一百四十五「七言絕句」，清文淵閣四庫全書本）

【羅三行有敘】羅三百駢，杭州教歌頭，有稱名。甲午集紹興東昌坊，羅三率孌童十六人按歌。酒酣，執酒起爲壽，慷慨言曰：「羅三非優人，盍贈我長句歌，使人知羅三苦沉淪也！」甡唯唯。乙未復集紹興九曲里祁兵憲第，諸伎畢奏，羅三復引聲，乃悲懷激揚，顧笙笛絃索均失執。歌竟爲言：「寧得憶贈句乎？」甡時頗失意，聞其言感動，驟起援筆，丐兵憲展絹，憶唐元和白居易與元稹作《霓裳譜歌》，惟恐湮失，歌句中且藏譜數，猶可按切影響。今亦略溯緣，要便可尋按，故益多曼吟耳。

周秦以後古歌絕，漢代延年尚能說。逡巡魏晉中再亡，杜夔左騏徒倡狂。開元神武興法曲，高頭教坊譜相續。華原驃國褋甘涼，立部聲喧坐歌促。金元起創爨舞辭，因之變伎歌參差。九宮分譜限南北，一十九韻音調微。明興一代本無樂，鼓吹鐃歌苦交錯。優伶爨弄習轉深，南曲浸繁北浸落。相傳南曲始吳下，梧苑風流宛如乍。吳儂創調絜古歌，翻出新聲美無價。當年絕唱稱崑山，松常折嗓浙齒頑。張芸朱美魏亮父，至今嗣續猶艱難。杭州羅三重意氣，誓欲尋原奪高第。攝聰絕慧通鬼神，一雪從來品題異。依聲按律節奏奇，宮商相接復相離。涵融便捷鶯語澁，急決嗷嘹鶬鳴遲。聲沿板定寸爲拍，韻七字三前與後。新生故死黍粒分，迫度緩稽肌理輳。一聲將發坐客定，數變將終動神性。流離遷客涕淚傾，窈窕新娘怨思迸。搊箏擿阮徒自豪，吹師失管絃工逃。吳中譚如并張燕，到此不敢爭鳴號。東昌坊頭合歌板，首坐毛甡泣《河滿》。哀吟失職貧士情，那問終趨共前緩。羅三歌罷拉瑤瑟，手把金卮揖甡出。自言不是尋常人，恥作當年李協律。生平好酒名酒徒，結交滿座皆屠酤。上之不屈古王者，其下詎嫌今大夫。千金散盡獨長嘯，故作歌吟雜啼噪。孌童十萬蒲伏前，不足當予日調笑。毛公落筆能有神，悲能寫哭怒寫嗔。貌予令予使不朽，至今予作忘言人。昔年聽歌及寒食，桃花滿樹風前拆。歌來倏忽又一年，今夕聽歌是何夕。今歌既驩且復苦，坐者停聲立停舞。寒蟬數弄咽柳條，孤雁一聲墮江浦。洞庭秋風剛葉下，去春在晝今在夜。霜繁露白月欲明，竹斷絃弛鼓初罷。宛如花底摘生葉，少婦繅絲自成節。嚴鋼鍥處銀鍔涼，冰甕開時水晶裂。又如石齒決金薤，刓核吹蘆擘風籟。屏高燭短坐嘆愁，昔日梨園近何在？蹉跎相失淹歲月，非我能忘棄前說。我亦沉淪年又年，顛頷相看總離別。東昌坊裏九曲園，高車駟馬塡前軒。聽歌滿堂勿相問，此中惟見毛甡寃。毛甡沉淪本無極，那復羅三又失職。羅三當復歌此歌，莫道聲繁歌不得！（《西河集》卷一百六十「七言古詩」，清文淵閣四庫全書本）

# 汪　琬

汪琬（1624～1691），字苕文，號鈍翁，一號玉遮山樵，晚居堯峰，因以自號。江南長洲（今江蘇吳縣）人。少孤，自奮讀書，五行俱下。舉順治乙未（十二年，1655）進士，官至刑部郎中，左遷兵馬司指揮，再陞户部主事。康熙己未（十八年，1679）召試博學鴻詞，甲等，授翰林院編修。與修《明史》，在史館六十日，撰史稿百七十篇，即杜門稱疾，踰年仍告歸。歸十年而卒，年六十七。琬爲文根柢六經，浸淫史漢，取法唐宋元明諸大家，立言命意皆有所本，嘗自言吾文從盧陵入非從盧陵出，於《易》、《詩》、《春秋》等咸有發明。其敘事尤有法度，一時名公鉅卿，誌、銘、表、傳，必以琬爲歸。琬性伉直狂簡，不能容人過，好訶責，與人交多不能久，後輩亦罕從之遊。自知不容於流俗，故前後閑居二十餘年，泊然自樂也。著有《鈍翁前後類稿》一百十八卷、《堯峰文鈔》五十卷等。見《（同治）蘇州府志》卷八八、《國朝先正事略補編》卷一、《文獻徵存錄》卷一〇、《己未詞科錄》卷二等。

**【贈南員外家歌兒二首】**員外渭南人。

（其一）聞道秦箏最有名，秦兒玉雪可憐生。自從偷得江南曲，不愛伊涼隊裏聲

（其二）洞簫一曲共䃺情，白髮吳儂感慨生。記得虎丘明月夜，劍池側畔按歌聲。（《堯峰文鈔》堯峰詩鈔卷四，四部叢刊景林佶寫刻本）

# 徐　倬

徐倬（1624～1713），字方虎，號蘋村，德清（今屬浙江）人。年十七，遊會稽，受知於倪文正公。因謁劉蕺山，遂以正學爲依。康熙癸丑（十二年，1673）

進士，授編修。乙酉南巡，考試在籍諸臣，拔第一，授禮部侍郎，欽賜壽祺雅正匾額。年九十卒。所著詩文十餘種，合之爲《蘋村集》。見《國朝先正事略》卷四〇、《兩浙輶軒錄》卷五等。

【夏日集雪客寓齋聽侍史箏郎度曲】

（其一）秦川公子舊珠袍，漫向靈均學楚騷。江上青楓聽不得，當筵且索鄭櫻桃。

（其二）輕馱細馬致箏郎，樹裏聞歌客斷腸。不是東君親囑付，人間那得有清商。

（其三）瘦腰十五正盈盈，就裏清矑轉盻明。一曲山香花未落，客懷強半付銀箏。（清・徐釚：《本事詩》卷九，清光緒十四年徐氏刻本）

## 吴毓珍

吴毓珍，字伯英，新安人，奉天籍。漢軍正黄旗人。順治十二年（1655）乙未科進士，康熙十三年（1674）任武昌分守道，陞湖廣按察使。時吴三桂反叛，人心驚惶，毓珍多方安輯，出示撫慰，民心稍安。俄蘄州兵變，毓珍密訪報院，擒獲渠魁，安定餘卒。又大兵進攻岳州，毓珍督輸糧草，供應無缺。武昌奸棍多掠賣良家子女，毓珍密訪嚴拏，匪類潛踪。又民間向有苛派運夫之累，毓珍嚴飭各屬，永行禁革。捐俸修葺學宮，敦崇文教，楚人愛戴。二十一年（1682）丁憂回籍，服闋補山東按察使，卒於官。崇祀湖廣名宦祠。見《八旗通志》卷二三六。

【竹西讌集贈歌者】

（其一）隋堤秋柳影垂絲，殘照還同白下時。忽聽霓裳歌一曲，沈郎應減舊腰肢。

（其二）含情含笑總凝眸，猶憶侯家舊主謳。偏愛阿濃調笑巧，黄金不惜爲纏頭。（清・徐釚：《本事詩》卷九，清光緒十四年徐氏刻本）

## 陳維崧

陳維崧（1625～1682），字其年，江南宜興（今江蘇宜興）人。維崧天才絕豔，十歲代大父撰《楊忠烈像贊》，比長，侍父側，每名流讌集，援筆作序記，千言立就，瑰瑋無比，皆折行輩與交。補諸生，久之不遇，因出遊，所在爭客之。嘗由汴入都，與朱彝尊合刻一稿，名《朱陳村詞》，流傳至禁中，蒙賜問，時以爲榮。康熙己未（十八年，1679）以諸生召試博學鴻辭，授翰林院檢討，修《明史》，在館四年，病卒。著有《兩晉南北集珍》六卷、《湖海樓詩集》十二卷、《文集》十八卷、《篋衍集》十二卷、《四六金鍼》一卷等。見《清史稿》卷四八四。

## 【過崇川訪家善百善百作長歌枉贈賦此奉酬】

與君共醉城南壚，狂鄒訏士憨董文友同歡呼。澹娘女伎澹生老大頗善佽，三徐女伎江東無。史家園上開芍藥，陳郎風調亦不惡。踏歌聯臂號酒徒，十日平原大笑樂。別來潦倒心可憐，詩賦何曾值一錢。東皋作客五六載，阿徐謂雲郎也日日相流連。聞君近日亦失勢，十年罷官不得志。李廣偏遭醉尉呵，范雎正被穰侯忌。石頭城下江水流，直上蘭陵之酒樓。彈箏使酒且六博，那顧世上龍頷侯。君歸病向故園臥，軍山山下北風大。長鬚忽報客非常，小弟翩然卻相過。開門喜極喜欲狂，脫巾大叫驚兩旁。擄案酌酒頭盡沒，海天一夜成青蒼。城西白生紅錦靴，邀來爲我彈琵琶。絃聲拉雜似人語，別來萬事吾語汝。鄒董於今盡老夫，史家園子竄狐鼠。澹娘蹤跡更茫茫，聞嫁江頭駔儈郎。金郎已入侯門去，花想還歸內教坊。金郎、花想，俱徐家女伎名。世間聚散眞可傷，阿兄憔悴眠匡床。小弟明年亦四十，轉盼不得誇身強。兄時紿我阿徐至，強我引滿黃金觴。我知此語徒虛耳，翻然百感塡中腸。言罷琵琶正終曲，參橫斗轉殘燈綠。（《湖海樓詩集》卷一，清刊本）

## 【畢刺史招同諸子讌集韓園歌以紀事】

廣陵城頭花正飛，廣陵郭外春欲歸。山東太守大置酒，遍召城南諸布衣。旦日會從賓客飲，夜闌雨打珊瑚枕。春泥滑滑幾時乾，鼓聲紞紞那便寢。曉來鶯燕坐東風，忽報畫梁朝日紅。披衣驚起看天色，急買雙槳搖晴空。玉鉤斜畔金絲柳，人家半住紅橋口。夾岸綃衣捲處輕，隔船水調聽來久。園門斑竹粉離離，正是蘭舟初到時。朝霞小著櫻桃樹，春水亂拍垂楊陂。迴廊複閣參差見，主人揖客開芳讌。彈碁格五各縱横，賭酒題詩互遊衍。須臾眾賓坐滿堂，梨園法曲調宮商。青春有恨唱淥水，白晝不語凝紅粧。誰家冶遊白面郎，三三兩兩誇身強。鞦韆旗下看春去，翻身捷下南山岡。此時歡樂不可當，爲君立飲黃金觴。君不見坐中彩筆健如虎，太守風流映千古。天意剛留一日晴，江聲又作三更雨。（《湖海樓詩集》卷一，清刊本）

【同諸子夜坐巢民先生宅觀劇各得四絕句】

（其一）欲翻新句詠迴波，搦管沉吟喚柰何。淡月輕煙猶易寫，最難摹擬是清歌。

（其二）南華天問眞奇絕，接武除非肉與絲。卻笑康王矜老手，強將北曲傲吳兒。康對山海、王渼陂九思俱以北曲擅名。

（其三）少日魂銷湯義仍，而今老去意如冰。聽歌忽憶當年事，月照中門第幾層。

（其四）人當臨別歌偏妙，曲爲言愁韻轉和。正是客心淒斷處，漫天絲雨不須多。（《湖海樓詩集》卷一，清刊本）

【左寧南與柳敬亭軍中說劍圖歌】

寧南嚄唶大出師，軍中百戲無不爲。潯陽戰艦排千里，夜闌說劍孤軍裏。虎頭瞋目盤當中，其意自命爲奸雄。說時帳前捲秋月，說罷耳後生悲風。軍中語秘聽者死，寂不聞聲夜如水。左坐一將軍，右坐一辯士。辯士者誰老無齒，黧顏摺脅醜且鄙。得非齊蒯通，乃是柳麻子。此翁滑稽眞有神，少年趫捷矜絕倫。青春亡命盱眙市，白髮埋名說事人。寧南置酒軍中暇，愛翁說劍眞無價。橫刀詎趣提湯烹，洗足寧來踞床罵。飄零大樹蔓寒煙，翁也追思一惘然。西風設祭悲彭越，夜雨傳神倩鄭虔。感恩戀舊纏胸臆，故國無家歸不得。惡少侯王盡可憐，三更燈火披圖泣。（《湖海樓詩集》卷二，清刊本）

【芝麓夫子席上贈歌者陸生】

（其一）車騎營前月似霜，珠簾犀押夜堂堂。兩行子弟工盤馬，能跨斑騅只陸郎。

（其二）軍鼓三軍夜色高，新翻樂府壓韓刀。燕丹已去漸離死，心折長安獨爾曹。

（其三）裙幄球場曲調圓，清歌妙舞萬人傳。卿家大陸原堪笑，入洛空攜論兩篇。

（其四）明月烏啼曲未終，看場腰鼓玉瓏璁。帝城才藝誇年少，腸斷延秋老樂工。（《湖海樓詩集》卷三，清刊本）

【感舊絕句（之四）】

《徐太守映薇》：風流太守識宮商，城北迎賓燭萬行。今日歌姬都入道，聽歌人況客他鄉。

太守諱懋曙，崇禎辛未進士，官至江西吉安府知府。性曉音律，喜賓客。家居蓄女伎一部，姿首明麗。正末湘月，旦泥凝香、花想，色藝尤爲動人。數邀余焚香顧曲，歌絲鬢影，輒縈人心臆間。無何，太守既亡，歌姬亦散，聞湘月已黄帔入道矣。（《湖海樓詩集》卷四，清刊本）

【首春于吉人招同潘子遜孟升過飲飲罷即出城汎舟遊梵川歸復於鶴和堂觀吳兒演劇作詩紀事（之七）】

曛黑入城闉，市火生青煙。君家正夜賽，雜坐鳴春絃。吳兒更雅靚，裙屐爭喧闐。我生硬腰腳，半醉呼王前。獨是歌絲來，便令心志偏。聞言不待召，闌入升華筵。倒屣盡老蒼，袨服多少年。當其夜氣肅，益覺歌場圓。月曉出門別，銅槃半明滅。（《湖海樓詩集》卷四，清刊本）

【徐郎曲】徐郎名紫雲，廣陵人，冒巢民家青童。儇巧善歌，與其年狎。嘗畫雲郎小像，遍索題句。新城王阮亭云：「黄金屈膝玉交盃，坐燼銀荷葉上灰。法曲自從天上得，人閒那識《紫雲迴》。」武進陳賡明云：「憶脫春衫花底眠，新聲愛殺李延年。只今展卷人猶在，何處相看不可憐。」長洲尤悔菴云：「西園公子綺筵開，璧月瓊枝夜夜來。小部音聲誰第一，玉簫先奏《紫雲迴》。」又云：「陽羨書生驚坐時，誦君佳句紫雲知。何當乞汝紅牙板，唱取髯公赤壁詞。」揚州宗定九云：「一曲新歌水繪閒，冒家阿紫似雙鬟。因思昔日彭陽事，錦瑟曾令侍義山。」吳江吳弘人云：「挑燈愛讀徐郎曲，彷彿高歌繞華屋。初展生綃識玉人，迢迢千里春波綠。」好事者多傳之。

江淮國工亦何限，徐郎十五天下奇。一聲兩聲秋鴈叫，千縷萬縷春蠶絲。滌除胸臆忽然妙，檢點腰身無不爲。高才刌曲驚莫敵，細心入破眞我師。徐郎醉汝一杯酒，汝醉還能作歌否？請爲《江南曲》，一唱江南春。江南可憐復可憶，就中僕是江南人。憶昔江南夜三五，謝家兒郎健如虎。結髮平翻烏角鹽，當窗濫作善才舞。此日當歌便瘦生，此時善舞便相迎。知音自是緣門第，識曲由來擅姓名。十里倡樓留更住，三更街鼓得人情。霍王小玉家家瑟，楊氏諸姨部部箏。二十年來事沾臆，南園北館生荊棘。崔九堂前只獨憐，奉誠園內無相識。琵琶斜抱恰當胸，細說關山恨幾重。南曲不傳張伯起，北宮誰數沈君庸。霜天禿髮那堪摘，寒夜單衫只自縫。暗裏漫尋前度曲，人前不認舊時容。誰知老人不自得，卻向徐郎敘疇昔。疇昔煙花不可親，徐郎一曲好橫陳。干卿何事馮延巳，錯認悲涼感路人。歌罷誰人擊鼉鼓，十萬銀燈落如雨。前輩徐郎慎勿輕，君不見陳九白頭渾脫舞。

按：陳九，徐郎教師也。其年有《滿江紅》一闋云：「鐵笛鈿箏，還記得、白頭陳九。曾消受、妓堂絲竹，毬場化酒。籍福無雙丞相客，善才第一琵琶手。嘆今朝、寒食草青青，人何有？　弱息在，佳兒又。玉山皎，瓊枝秀。喜門風不墜，家聲依舊。生子何須李亞子，少年當學王曇首。對君家、兩世濕青衫，吾衰醜。」蓋爲陳九兒題扇也。又爲雲郎合巹賦《賀新郎》一闋云：「小酌酴醿釀。喜今朝、釵光簟影，燈前滉漾。隔著屏風喧笑語，報道雀翹初上。又悄把、檀奴偷相。撲朔雌雄渾不辨，但臨風、私取春弓量。送爾去，揭鴛帳。　六年孤館相依傍。最難忘、紅蕤枕畔，淚花輕颺。了爾一生花燭事，宛轉婦隨夫唱。努力做、藁砧模樣。只我羅衾渾似鐵，擁桃笙、難得紗窗亮。休爲我，再惆悵。」（清·徐釚：《本事詩》卷十二，清光緒十四年徐氏刻本）

## 【贈琵琶教師陸君揚】

先皇全盛十七年，江東琵琶誰第一。瞯城陸生最有名，高手能傳教坊術。是時閭巷正繁華，柘館紅牆十萬家。玉鈴小閣春相逐，絳袖單衫夜自誇。斗帳輕紅花簟碧，明星小落嗚珂宅。酒酣漫撚鵾雞絃，綠鬢弟子坐憐惜。紫衣明燭映屏風，入破橫吹曲曲工。粉項暗窺朱戶底，芳心半在玉笙中。此聲田妃稱絕妙，曲終屢得天顏笑。戚里爭翻朔客辭，金吾頗愛涼州調。五侯七貴不須論，生也聲華滿國門。交成輦路貂蟬盛，唱徹簾櫳花柳昏。邇年淪落無不有，猶抱琵琶不離手。君不見中原夙推周憲王，橋頭明月照金梁。二八宮娥習絃索，三千賓客諳宮商。又不見關中康海金閨彥，飄零卻傍桃花扇。按拍能添倡女悲，摻撾欲唾中涓面。我今欲說心慨慷，眼前世事都蒼茫。陸生老大更嗚咽，酒閒笑著黃皮褶。鴛鴦湖上彈一聲，紅袖青衫盡沾濕。

明孝宗時，關中康海德涵落職家居，侍郎楊廷儀過之，留飲甚歡。康自起彈琵琶勸酒。楊言：「家兄在內閣，何不以尺書通？」康怒，擲琵琶撞之，追走曰：「吾豈效王維作伶人，借琵琶討官做耶？」正其年所云「摻撾欲唾中涓面」也。（清·徐釚：《本事詩》卷十二，清光緒十四年徐氏刻本）

【贈歌者袁郎】

袁郎十五餘，生小愛絃索。作人未入侯王門，相逢便傾金罍落。憶昔當筵一再彈，鵾絃鐵撥掃秋籜。側身橫坐紅氍毹，夜闌月轉飛烏鵲。袁郎袁郎我具陳，古來一物皆有神。郎遊聲伎非末藝，況遇興亡必寫眞。琵琶音派出王府，調雜金元頗淒苦。嘉隆之閒張野塘，名屬中原第一部。是時玉峰魏良輔，紅顏嬌好持門戶。一從張老來婁東，兩人相得說歌舞。邇來萬事不足道，何獨梨園嘆潦倒。練川雅宗不復傳，姑蘇子弟自言好。袁郎玉貌世所佳，何愁絃索聲不諧。檀槽豈是尋常物，要令豪傑開胸懷。君不見穎川陳生嬾無匹，老大青樓聽音律。黃昏騎馬城北門，萬騎千營吹觱栗。（清・徐釚：《本事詩》卷十二，清光緒十四年徐氏刻本）

【崇川署中觀小史演劇】

（其一）焚香瀹茗小簾櫳，樺燭氍毹相對紅。半醉呂郎催羯鼓，宮妝已出繡屏中。

（其二）王郎年小好腰身，吳子風姿儼洛神。寒夜如年情似水，相看眞是畫中人。時演《畫中人》。

（其三）銀虬聲永夜香遲，惱亂樊川杜牧之。欲倚文簫吹一曲，不知人意已迷離。

（其四）玉人橋上憶清歌，刺史筵前喚奈何。他日揚州應有夢，三生惆悵為情多。

楓江漁父曰：往歲僕客皖江程司馬署中，寒夜觀劇，亦賦絕句云：「銀箭銅壺夜漏傳，微添鳳腦撥鵾絃。玉山人意迷離甚，可是樊川被酒年。」「迴眸斂笑太憨生，罷舞氍毹紅燭明。休把檀槽齊拍按，江州司馬不勝情。」「感慨淒涼調不同，銀箏鐵板唱江東。舊人縱有何戡在，此地曾無南九宮。」「繚亂閒愁易斷腸，年來瘦盡沈東陽。那堪此夜情如水，卻忘飄零是異鄉。」淒涼掩抑，自覺辛苦纏綿。今讀陽羨諸作，惝怳情移，如置我於成連海上矣。（清・徐釚：《本事詩》卷十二，清光緒十四年徐氏刻本）

【贈歌者陳郎】

天涯蹤跡半旗亭，譜遍龜茲不忍聽。憐爾少年非失意，逢人也唱雨霖鈴。（清・沈德潛輯評：《國朝詩別裁集》卷十一，清乾隆二十五年教忠堂刻本）

【聽白生彈琵琶】

（其一）落拓司勳有鬢華，飄零瘦沈客天涯。那堪水碧山青日，坐聽當筵穆護沙。

（其二）玉熙宮外繚垣平，盧女門前野草生。一曲紅顏數行淚，江南祭酒不勝情。梅村《琵琶行》蓋爲生作也。

（其三）賀老琵琶識者稀，開元樂部事全非。虢姨已去寧王死，流落江東一布衣。

（其四）十載傷心夢不成，五更回首路分明。依稀寒食鞦韆院，簾幙重重聽此聲。

（其五）感慨淒涼復窈濛，細如春夢疾如風。少年漫把紅牙拍，此是檀槽太史公。

（其六）縱酒狂歌總絕倫，曾將薄藝傲平津。江南江北千餘里，能說興亡是此人。

（其七）醉抱琵琶訴舊遊，禿衿矯帽脫帩頭。莫言此調關兒女，十載夷門解報仇。

（其八）淼淼潯陽秋復春，琵琶亭下事成陳。因君今夜淒涼曲，重憶元和白舍人。

按：其年又有《摸魚兒》一闋，賦白生彈琵琶，其自序云：「家善百自崇川來，小飲冒巢民先生堂中，聞白生璧雙亦在河下，喜甚，數使趣之。須臾白生抱琵琶至，撥絃按拍，宛轉作陳隋數弄，頓爾至致。余也悲從中來，並不自知其何以故也。別後寒燈孤館，雨聲瀟槭，漫賦長短句，時漏下已四鼓矣。」詞曰：「是誰家、本師絕藝，檀槽掐得如許？半灣邐迤無情物，惹我傷今弔古，君何苦！君不見、青衫已是人遲暮。江東煙樹。縱不聽琵琶，也應難覓，珠淚曾乾處。　　淒然也，恰是秋宵掩泣，燈前一對兒女。忽然涼瓦颯然飛，千歲老狐人語。渾無據。君不見、澄心結綺皆塵土，兩家後主。爲一兩三聲，也曾聽得，撇卻家山去。」詞載《烏絲集》中。（清・徐釚：《本事詩》卷十二，清光緒十四年徐氏刻本）

【蝶戀花・魏里錢爾斐先生向有四月蝶戀花戲字韻詞病中偶次其韻并索蘧庵珍百竹逸雲臣和（之五）】

四月荊南多賽會。隔浦叢祠，日日村巫醉。午後楝花風乍起，打門社首分鵝鵡。　　一飽欣然無箇事。走趁楊花，飄蕩東村裡。腰鼓盲詞隨處是，分棚又看梨園戲。（《迦陵詞全集》卷六，清康熙二十八年陳宗石患立堂刻本）

**【定風波・贈牧仲歌兒阿陸】**

蝴蝶成團榆筴飛，輕狂恰稱五銖衣。若問年華剛幾許，數數，晚峰十二正愁時。　　莫道梁園非故土，且住！得人怜處不須歸。閒控郎君堂後馬，偷跨，陸郎從古愛斑騅。斑騅，陸郎，係樂府中語。（《迦陵詞全集》卷七，清康熙二十八年陳宗石患立堂刻本）

**【定風波・又贈歌兒阿增】**

持底尊前贈阿增，濃纖一幅繚紅綾。上寫蠅頭無數字，須記，千絲萬縷意層層。　　好向歌樓并舞院，常見，細腰束罷怕難勝。莫到春街閒賭戲，輕棄，他年知否憶來曾。（《迦陵詞全集》卷七，清康熙二十八年陳宗石患立堂刻本）

**【西施・廣陵某宅歌姬有旦色演西施者色藝雙絕比再過其主人已逝此姬亦適人矣悵惋久之為賦此闋】**

偶然小駐卓金車，聽曲傍簾紗。司空筵上，十隊拍紅牙。就裡雙鬟，不肯施鉛粉，一縷髩堆鴉。　　三年重到蕪城路，空流落，可憐花。銀墻綠柳，愁煞那人家。他日江船，倘遇啼衫客，休輕撥琵琶。（《迦陵詞全集》卷八，清康熙二十八年陳宗石患立堂刻本）

**【師師令・席上同雲臣詠雛姬】**

匀紅剔翠，擲星眸斜賣。春嬌尚未忒玲瓏，卻已會、三分無賴。笑匿花叢衫影在，怨風吹羅帶。　　銀箏砑緊雞鳴快，做殢人情態。玉船頻到只推辭，道酒病、昨宵曾害。挼碎紅梅庭下灑，罵粉郎心壞。（《迦陵詞全集》卷八，清康熙二十八年陳宗石患立堂刻本）

**【小鎮西・臬署夜坐聽前庭演劇似是邯鄲巡河一齣追憶東皋舊事感賦此詞】**

小颸夜笛風，碎珠十斛。歌絲裊、檻花輕簌。此何曲。翠陰陰、尋去如塵，想處疑煙，一庭幽瀑，滿場哀玉。　　逗紗曲。漸循聲細認，是《邯鄲曲》。年時景、暗中潛觸。瘦蛾蹙。悵零簫剩管，耳邊又續。算來人世，偏有黃粱難熟。(《迦陵詞全集》卷九，清康熙二十八年陳宗石患立堂刻本)

**【拂霓裳·冬夜觀劇】**

釀寒天，六街皓月盪成煙。腰鼓鬧，騰騰雨點打來圓。銀燈籠暮靄，鐵撥迸秋泉。映嬋娟。想後堂、笑語總群仙。　　教坊絕藝，一隊懷智龜年。君不醉，風光辜負十分妍。醉餘偏惹恨，歸去不成眠。忽凄然。悵桐花、一樹翠簾前。(《迦陵詞全集》卷九，清康熙二十八年陳宗石患立堂刻本)

**【洞仙歌·澹心園次梁汾問波靈本偶集寄暢園聽小奚度曲坐有話水榭姬人近事者因并及】**

嫩晴天氣，坐水明樓畔。三疊泉聲訴幽怨。霎然間、山半冷翠飛來，君莫去，且棹銀船消遣。　　玉鱗微動處，紅綬雙銜，隱隱歌絲逗簾幔。半闋小秦王，入破方纔，珠千顆、撒來成串。又誰話、當年杜秋娘，覺雁柱添愁，聲聲都換。(《迦陵詞全集》卷十，清康熙二十八年陳宗石患立堂刻本)

**【洞仙歌·從楞伽上方塔後覓徑下坡過前村觀劇】**

晴峰亂矗，似叢叢春筍。貼向吳天翠無盡。映澄湖、幾幅純綠柔藍，紛織處，煙際漁榔隱隱。　　斷崖橫塔後，捫葛攀蘿，私路縈紆細如蚓。村鼓正喧闐，賽火成圍，雛伶唱、消魂院本。訝驀地、風飄綠楊絲，乍小露墻頭，一群紅粉。(《迦陵詞全集》卷十，清康熙二十八年陳宗石患立堂刻本)

**【鵲踏花翻·春夜聽客彈琵琶作隋唐平話】**

雨滴梅梢，雪消蕙葉，入春難得今宵暇。倩他銀甲淒清，鐵撥縱橫，聲聲迸碎鴛鴦瓦。依稀長樂夜烏啼，分明湓浦鄰船話。　　腕下多少，孤城戰馬。一時都作哀湍瀉。今日黑闥營空，尉遲杯冷，落葉浮清灞。百年青史不勝愁，兩行銀燭空如畫。(《迦陵詞全集》卷十一，清康熙二十八年陳宗石患立堂刻本)

**【滿江紅・題尤悔庵小影次韻】**

（其一）快馬健兒，記當日、先生自許。誰信道、驊騮一蹶，長鳴憶主。淒切新詞楊柳月，悲涼雜劇《梧桐雨》。悔庵工樂府。《梧桐雨》，元白仁甫所撰。更北平、回首暮雲低，呼鷹處。悔庵司李北平。　朝共市，難容與。山共水，聊延佇。且岑牟單絞，搔頭箕踞。千石硬弓千日酒，三條樺燭三撾鼓。正男兒，失路述生平，踦閭語。踦閭而語，見《公羊》。

（其二）天語琳瑯，曾比汝、殿前之柳。今老矣、漫云才子，居然聱叟。三弄笛吹桓子野，雙丸髻挽王曇首。盡數來、作達昔人多，如君否？　腳有鬼，還叉手。舌尚在，終開口。肯車中閉置，學他新婦！曲道士爲盤內舞，銅將軍侑花前酒，對董龍、半醉語喃喃，何雞狗？「董龍，爾是何雞狗？」見《南北史》。（《迦陵詞全集》卷十一，清康熙二十八年陳宗石患立堂刻本）

**【滿江紅・過邯鄲道上呂仙祠示曼殊】**曼殊工演《邯鄲夢》劇。

絲竹揚州，曾聽汝、臨川數種。明月夜、黃粱一曲，綠醅千甕。枕裡功名雞鹿塞，刀頭富貴麒麟塚。只機房、唱罷酒都寒，梁塵動。

久已判，緣難共。經幾度，愁相送。幸燕南趙北，金鞭雙控。萬事關河人欲老，一生花月情偏重。算兩人，今日到邯鄲，寧非夢？（《迦陵詞全集》卷十一，清康熙二十八年陳宗石患立堂刻本）

**【滿庭芳・清明前一日同雲臣溪干觀劇】**

近水人家，弄晴天氣，清明恰是來朝。曉鶯無賴，喚我驛邊橋。多少歸寧溪女，花枝颭、香粉輕飄。疎籬畔，蘭芽杏蕊，開到十分嬌。

垂髫剛十五，新聲解唱，淥水紅么。憶少年同學，半插華貂。我向江村潦倒，新年恨、比舊還饒。鞦韆社，東風攪碎，戲鼓賽神簫。（《迦陵詞全集》卷十三，清康熙二十八年陳宗石患立堂刻本）

**【漢宮春・春夜聽盲女彈琵琶詞】**

滿院梅風，攪一鉤纖月，糝上簾鬚。檀槽有人慢撚，盤瀉珍珠。鼕鼕畫鼓，似開元、妙手花奴。奇哉技，飛揚感激，勝於讀史遷書。

太息東籬實甫。有無窮磈壘，墨染煙驅。一聲通仙鐵笛，碧海雲孤。青衫濕透，問伊憐、旁有人無？還相調，輕雲蔽月，今宵眇眇愁

余。(《迦陵詞全集》卷十五，清康熙二十八年陳宗石患立堂刻本)

編者案：末句據《瑤華集》卷十一補。(《瑤華集》，清蔣景祁輯，清康熙二十五年刻本)

【黃鸝遶碧樹・冬夜觀劇感舊】

燠館風簾軟，紅槽榨酒，冬宵溫煦。箏琶狎讌，是延秋雜爨，華清全部，一聲入破，乍催醒、庭花無數。驀提起、年少疎狂蹤跡，許多情緒。　　記得江南燕乳，杏花村、綠楊纔絮。恁時節、慣量珠買笑，醵錦酬舞。落拓半生好夢，風和雨、都吹去。可憐白髮重經，酒旗戲鼓。(《迦陵詞全集》卷十五，清康熙二十八年陳宗石患立堂刻本)

【金菊對芙蓉・南歸前一日侯氏堂中觀演西廂記七年前余初至梁園仲衡為我張筵合樂即此地也撫今追昔不禁人琴之感詞以寄懷兼呈叔岱仍用前韻】

繡轂鈿車，酒旗戲鼓，月明初浸延秋。喚教坊全部，雜爨高頭。一聲南內消魂曲，風乍定、燈裊紅毬，幾層簾幙，一群鶯燕，妙舞嬌謳。　　可惜四節如流。背畫檻低吟，華屋山丘。悵朱門舊宅，紅粉前遊，光陰負我堂堂去，空遺下、庭砌清幽。闌干醉拍，鴻飛雪爪，往事難留。(《迦陵詞全集》卷十六，清康熙二十八年陳宗石患立堂刻本)

【念奴嬌・次夜韓樓燈火甚盛仍聽諸君絃管復填一闋】

紅燭如山，請四筵滿座，聽儂撾鼓。此日天涯謀作達，事更難於縛虎。僕本恨人，公皆健卒，不醉卿何苦？金元院本，月明今夜重作。　　總是狎客南朝，佳人北里，占斷蕪城路。好景也知容易散，一別沉鱗羈羽。狂受人憎，醉供人罵，老任雛姬侮。揚州燈火，明朝人定傳語。(《迦陵詞全集》卷十七，清康熙二十八年陳宗石患立堂刻本)

【念奴嬌・季滄葦宅夜看歌姬演劇即席成詞并示張天任因亓五丹九儀戴弘度季孚公希韓咸季李三友朱石鐘諸子】

吾生詎料，也曾經親聽，諸姨法曲。非月非煙非霧雨，非肉非絲非竹。不易描摹，最難忘記，耿耿縈心目。依稀渠畔，暗塵飛墮千斛。　　昨者我渡江來，正沙深月冷，浪花堆簇。飢蜃饞蛟渾不怕，我有聽歌奇福。拍到殘時，人將散處，樂往傷幽獨。重逢難必，岸巾且吸

船玉。（《迦陵詞全集》卷十七，清康熙二十八年陳宗石患立堂刻本）

【夜合花・廿二夜原白堂中觀劇即事劇演精忠】

青漆門邊，碧油坊底，一庭霜月初濃。鄰家夜賽，春燈社火攢空。儌越覡舞巴童。颭靈旗、不滿微風。正無聊賴，聽歌簾罅，衝酒闌東。　神絃一曲纔終。更有梨園雜爨，院本絲桐。岳家遺恨，夜堂一片刀弓。悲曼衍，嘯魚龍。惹當場、淚灑鵑紅。須行樂耳，何知底事，且釂金鐘。（《迦陵詞全集》卷二十，清康熙二十八年陳宗石患立堂刻本）

【翠樓吟・席上贈伎時伎三日後即落樂籍】

銀甲捱箏，珠絛絡鼓，清歌屈柘如縷。人到離筵裡，盡眉黛，愁將碧聚，縱橫玉筯。似綠柳縈煙，紅蘭著露。欹鴈柱。一場春夢，沒些情緒。　他日縱過侯門，只光延坊畔，櫻桃一樹。奈銅輿催上，更糝遍、一街絲雨。橫波重注。看斜側帽簷，銷魂無語。紅氍底，新官舊主，一般胡覷。（《迦陵詞全集》卷二十，清康熙二十八年陳宗石患立堂刻本）

【還京樂・萬紅友養疴僧舍暇日戲取南北曲牌名為香匳詩三十首用填此闋寄跋卷尾】

碧苔紙，更用，成都粉水桃浪砑。鬥松綾纖膩，韭花字格，閒吟閒寫。恰翠承朱亞，澄心紙鎮銅臺瓦。孝穆管，爭願化作，珊瑚爲架。　想僧廬暇。竹籬邊，行散閒招，仁甫、酸齋。白仁甫、貫酸齋，金元院本中高手也。水際月下。共取趁拍牌名，與三唐，較量聲價。似繽紛，簇蕃錦成紈，侯鯖製鮓。歷亂紅么點，江村蠻豆盈把。紅友自署卍豆村山人。（《迦陵詞全集》卷二十二，清康熙二十八年陳宗石患立堂刻本）

【喜遷鶯・華漢章招飲聽蘇崑生度曲】

風簾霜院。有一派晴秋，暗縈窗練。酒辣侵唇，菊香撲鼻，黃雀紫蟹初薦。正值客心悽處，那禁夜烏啼斷。絳氍底，恰白頭賀老，江潭重見。　離怨。言不盡水市燈昏，試取檀槽按。宛雒家鄉，武昌樓櫓，往事暮雲分散。蘇中州人，又常客左寧南幕。愁似長空颺絮，淚比真珠脫線。君休唱，惹青衫濕了，再無人管！（《迦陵詞全集》卷二十二，清康熙二十八年陳宗石患立堂刻本）

【綺羅香・初夏連夜於許茹庸仲修席上看諸郎演牡丹亭有作】

許掾多情，清和佳節，連夕嬌歌妙舞。料得眉峰，碧到愁時都聚。記昨宵、銀瑟初停，又此夜、紅牙再補。看一群、燈下諸郎，依稀盡解此情苦。　獨有江東詞客，爲家山路遠，倍增凄楚。回首朱門，略記蟲娘庭戶。好院本、全部笙簫，沒心情、半生羈旅。比年時、攜手聽歌，多了黃昏雨。(《迦陵詞全集》卷二十二，清康熙二十八年陳宗石患立堂刻本)

【尉遲杯・遙和雲臣秋夜觀演雜劇之作】

飄紅穗，正夜靜、蠟影昏如醉。想曾秋院聞箏，也向春城拾翠。如今惘惘，樓外雨、和愁小門閉。向空王禮淨名經，懺卻脂香粉膩。

聞說今夜誰家，有年少群群，舞衫花似。咫尺銀墻天樣遠，情緒懶懵騰思睡，正夢著、鬱金堂後，那年夜橫波珍重意。又風吹、隔巷嬌歌，夢遊驚醒難記。(《迦陵詞全集》卷二十二，清康熙二十八年陳宗石患立堂刻本)

【沁園春・桐川楊竹如刺史招飲劇演黨人碑即席有作】竹如係忠烈公家孫。《黨人碑》，宋元祐紹聖事。

屈指愍孫，惟我與君。今日相逢，歎家世膺滂，破巢剩壘，丹青褒鄂，硬箭強弓。忠烈公遺像存余家三十年矣，今始奉還。磊磈誰澆，飛揚不禁，願學當年曹景宗。銀燈底，恰清歌宛轉，妙侵玲瓏。　燭花墳起如龍。又聞樂中山淚滿胸。任刺史筵前，嬌絲脆竹，黨人碑上，怪雨盲風。我已冥鴻，人方談虎，愁殺長安老石工。歌且止，思兩家舊事，此曲難終。(《迦陵詞全集》卷二十四，清康熙二十八年陳宗石患立堂刻本)

【沁園春・郝元公先生生日同杜于皇蘇崑生黃稚曾家集生署中觀劇詞以紀事】

兩地人師，十載問奇。相依講堂。正郝隆長者，居官磊落，陳琳下士，閱世清狂。昨到梁溪，重披絳帳，恰遇生申燕喜觴。華筵上，看雕輪徐動，玉佩成行。　圜橋觀者如墻。有末座酬知一寸腸。歎烏衣誰認，王家舊巷，青衫難換，陸氏荒庄。畫鼓頻撾，銀箏細撥，簾外梨花一夜霜。東風曉，被此情如酒，膩住歸航。(《迦陵詞全集》卷二十五，清康熙二十八年陳宗石患立堂刻本)

**【沁園春・為雪持題像即次原韻】**像作大雪中數燕姬箏琶夾侍。

屈指生平，衣葛知寒，食梅苦酸。倩冰綃數尺，圖成行樂，梨園一曲，譜出邯鄲。富貴何常，男兒自有，除卻昇天作底難。掀髯處，怪六花一夜，白盡江山。　長空舞絮漫漫。縱漢苑吳宮夢裡看。喚燕支小婦，霓裳夜譜，迴波別隊，毳幙春寒。滿院紅肌，一簾香雪，老放英雄此內閒。吾狂甚，向畫中笑乞，最後雙鬟。（《迦陵詞全集》卷二十五，清康熙二十八年陳宗石患立堂刻本）

**【賀新郎・贈蘇崑生】**蘇固始人，南曲爲當今第一。曾與説書叟柳敬亭同客左寧南幕下，梅村先生爲賦《楚兩生行》。

吳苑春如繡。笑野老、花顛酒惱，百無不有。淪落半生知己少，除卻吹簫屠狗。筭此外，誰歟吾友！忽聽一聲河滿子，也非關、雨濕青衫透。是鵑血、凝羅袖。　武昌萬疊戈船吼。記當日、征帆一片，亂遮樊口。隱隱柁樓歌吹響，月下六軍搔首，正烏鵲、南飛時候。今日華清風景換，剩凄涼、鶴髮開元叟。我亦是，中年後。（《迦陵詞全集》卷二十六，清康熙二十八年陳宗石患立堂刻本）

**【賀新郎・伯成先生席上贈韓脩齡】**韓關中人，聖秋舍人小阮。流浪東吳，善説平話。

月上梨花午。恰重逢、江潭舊識，喁喁爾汝。絳燭兩行渾不夜，添上三通畫鼓。說不盡、殘唐西楚。話到英雄兒女恨，綠牙屏、驚醒紅鸚鵡。雕籠內，淚如雨。　一般懷抱君尤苦。家本在、扶風盩厔，五陵佳處。漢闕唐陵回首望，渭水無情東去。剩短蠵、聲聲訴與。繡嶺宮前花似血，正秦川、公子迷歸路。重酌酒，盡君語。（《迦陵詞全集》卷二十六，清康熙二十八年陳宗石患立堂刻本）

**【賀新郎・茶村寺寓逢庭栢上人有贈上人善吳歈為蘇叟高弟兼工撾鼓】**

急雨銅街沒。喜瞥過、一僧不俗，有愁都豁。半世不曾持梵唄，只唱曉風殘月。讓袞袞、群兒成佛。音節柔和兼妙好，鬘陀花、簌簌翻林樾。遺恨事，無毫髮。　鼕鼕畫鼓春雷發。似臨潁、十三娘舞，劍光奔突。贏得闍黎爭匿笑，詎是靈山衣鉢。長嘯也、岑牟難脫。萬事誰眞誰筭假，拍紅牙、那便閒生活。持此意，問迦葉。（《迦陵詞全集》卷二十七，清康熙二十八年陳宗石患立堂刻本）

【賀新郎・春夜聽鼓師撾鼓】

月黑燈搖霧。看鼓史、岑牟單絞，當筵箕踞。苦竹哀絲爭欲鬧、靜聽八音之主。讓老革、憑陵今古。紞地一聲千籟響，掣紅旗、突陣將軍怒。荷珠迸，碎如雨。　　有聲詎比無聲苦。又垂手、畫槌小歇，凝情無語。忍俊不禁停又滾，隱隱春雷慢吐。十三段、花攢錦聚。十番鼓，共有十三段。打到五更心已碎，正疑愁、似夢無尋處。方趁拍，猛然住。（《迦陵詞全集》卷二十七，清康熙二十八年陳宗石患立堂刻本）

【賀新郎・自嘲用贈蘇崑生韻同杜于皇賦】有小序。

于皇曰：「朋輩中，惟僕與其年最拙，他不具論。一日，旅舍風雨中，與其年杯酒閒談。余因及首席決不可坐，要點戲是一苦事。余常坐壽筵首席，見新戲有《壽春圖》，名甚吉利，亟點之。不知其斬殺到底，終坐不安。其年云：『亦常坐壽筵首席，見新戲有《壽榮華》，以爲吉利，亟點之。不知其哭泣到底，滿堂不樂。』相與抵几大笑，何兩拙兩地兩筵兩劇不謀而同也！故和此詞。」余因是亦有此作。

高館燈如繡。屈指箏、攝衣登座，放顛時有。慣罵孟嘗門下客，無過鳴雞盜狗。吾寧與、灌夫爲友。曾被兩行官伎哂，玳筵前、一片喧聲透。香醪潑，污紅袖。　　歡場百戲魚龍吼。卻何來、敗人意興，開人笑口。自顧無聊惟直視，奪得鸞篦搔首。叱若輩、何堪祗候。事後極知余謬誤，恰流傳、更有黃岡叟。疎狂態，誰甘後！（《迦陵詞全集》卷二十七，清康熙二十八年陳宗石患立堂刻本）

【賀新郎】余與于皇作《自嘲詞》竟，于皇復謂余曰：「忽憶一事，大資噱噱。昔甲申闖賊之變，迎降者，大司馬某亦與焉。其人後官兩浙，開讌西湖，召梨園侑酒，即命演闖賊破都城故事。數齣後，闖賊入城，一人執手板，蒲伏道旁，自唱『臣兵部尚書某迎接聖駕。』蓋某即坐上某也。某悵然不懌，良久曰：『嘻！亦太甚矣！某何至是？』遂罷酒去。」余與于皇撫掌之次，同賦是詞，仍用原韻。

嶺對離宮繡。聽鼙鼓、漁陽遺恨，乾坤罕有。記得黃巾初入洛，朝士馬都如狗。還自許、師臣賓賓友。誰把侍中貂細插，錦河山、忍被軍聲透。八風舞，郎當袖。　　梨園白髮潸悲吼。誰信道、千秋南董，繫諸伶口。馬上彎弧爭欲射，客有道旁泥首。捧降表、夕陽亭候。今日堂堂紅燭裡，正當年、肉袒牽羊叟。頭暗觸，屏風後。（《迦陵詞全集》卷二十七，清康熙二十八年陳宗石患立堂刻本）

**【賀新郎・初夏城南觀劇并看小兒作傀師幻人諸雜戲】**

一夜紅都瘦。恰清和、街南百戲，分棚錯繡。爭占晴坡施幔幄，似水畫簾痕皺。鶯語剪，綠蕪濃晝。老大逢場聊逐隊，也婆娑、錦瑟鈿車後。向酒媼，且賒酒。　　曲終雜爨喧豗奏，有侲童、交竿緣橦，巧將身漏。據地帖腰連瑣袴，蹋堉弄丸都有。銀海眩、銅峰欲覆。萬事總然兒戲耳，棗梨爭、也算蛟龍鬥。姑一笑，華陰叟。（《迦陵詞全集》卷二十七，清康熙二十八年陳宗石患立堂刻本）

**【夜半樂・春夜觀小伶演葛衣劇】**任西華故事也。

當時江左才調，樂安任昉，風麗推無偶。記驃騎陪軒，秘書把袖。青宮好士，朱門結客，更聞出入宮輦，翱翔苑囿。奈玉樹、人世偏難久。　　諸郎憔悴至此，西華東里，南容北叟。漫細數、平生密親懿友。葛帔誰嗟，練裙疇惜。可憐野鮮動輪，門稀漬酒。想此事，將毋古今有。　　閱此不覺，滿瀉瓊舟，狂斟玉斗。我論絕交君信否？倘然疑、君再聽當筵紅豆。算蘭簿、何必籌身後。清歌且喜簾垂綉。（《迦陵詞全集》卷三十，清康熙二十八年陳宗石患立堂刻本）

**【豐樂樓・辛酉元夜】**

上元許多往事，摺蠻牋倦寫。對皎皎、一片冰輪，背人鉛淚偷瀉。記年少、心情百種，拋來都付傳柑夜。月將圓、狂到收燈，那宵剛罷。　　要識狂奴蹤跡，除是問、寶釵羅帕。喜人月、一色相看，盈盈堆滿簾罅。粉墻西、火蛾低旋，軟幔左、飛蟬頻卸。也曾招、花朵般人，倚風輕罵。　　誰差詞客，去作官人，舊情仍亂惹。況今歲鳳城中，煙柳外、添了萬盞晶籠，水邊斜挂。獅蠻假面，參軍雜爨，繡帷飄得天街滿，更夾路、香謎憑人打。鸞韉獸襖，幾群牙帳毬門，彈壓紫陌坊瓦。　　昇平士女，京國樓臺，荷九重放假。囑閶闔、雞人漫唱，月總西沉，人忍空孤，舞場歌榭。緩扶薄醉，御溝斜轉，前門小立偏妒煞，綴犀釘鈿粟橑垣下。往來月裡摩挲，多被春纖，絮伊情話。燕京風俗，元夜婦女競往前門摸釘爲戲，相傳讖宜男也。（《迦陵詞全集》卷三十，清康熙二十八年陳宗石患立堂刻本）

## 蔡方炳

蔡方炳（1626～1709），字九霞，一字九寰，號息關，江南崑山（今江蘇崑山）人。明山西巡撫懋德次子。補長洲學生，性嗜學，博涉群書，於理學、政治、典故，考訂該洽。能詩，兼工篆、草。初懋德殉難，藁葬太原城外東岡。值世亂，道梗不得通，至順治五年（1648）方炳始往山西扶父柩歸葬。撰行狀，上之史館。康熙戊午（十七年，1678）舉博學鴻詞，報罷歸，益潛心理學，體究良知之指。睢州湯斌撫吳，延與講論，深相契合。于成龍總制兩江，重其學行，辟修《一統志》。著有《恥存齋集》二十卷、《增訂廣輿記》二十四卷、《憤助編》二卷、《歷代茶榷志》一卷、《歷代馬政志》一卷、《銓政論》一卷等。見《（同治）蘇州府志》卷九六、《（乾隆）江南通志》卷一六五、《己未詞科錄》卷五、《清文獻通考》卷二二二等。

**【旗亭觀劇】**

（其一）翠管清笙出鳳城，霓裳一曲已教成。而今不數黃幡綽，祗許旗亭唱太平。

（其二）梨園新譜《浣溪沙》，才子乘春翫物華。不用周郎筵上顧，延平端是舊名家。

（其三）頃刻分身判樂憂，聞歌宜笑復宜愁。從來離合多成幻，大地何人不是優。（清・徐釚：《本事詩》卷十一，清光緒十四年徐氏刻本）

## 王士祿

王士祿（1626～1673），字子底，號西樵，濟南新城人（今山東桓臺）。少工文章，清介有守。性恬曠，不招權，不請謁，惟與四方文學之士倡酬往還，一時名譽大盛。弟士祜、士禎從之學詩，士禎遂爲詩家大宗。士祿順治九年（1652）進士，投牒改官，選萊州府教授，遷國子監助教，擢吏部主事。康熙二年（1663）以員外郎典試河南，旋以磨勘，罣吏議下獄，久之得雪。歸居數年，起原官。學士張貞生、御史李棠先後建言獲咎，力直之。人以爲難尋，又免。居母喪，杖不能起，竟以哭母死，年四十八卒。其學無不窺，尤精於經史，爲文深醇博奧，似劉向、曾鞏，詩兼杜、韓、蘇、陸，閒澹幽肆，卓然自成一家。有《西樵》、《十笏》、《山房》諸集。生平無隱微之過，獎拔後進，不可勝數。見《揚州畫舫錄》卷一〇、《（道光）濟南府志》卷五五、《清史稿》卷四八四等。

**【贈韓生】**

（其一）政平如水先皇日，行樂時時觝戲傳。江上逢君道遺事，斷腸如遇李龜年。

（其二）諢語縱橫許入詩，舍人侍讌柏梁時。武皇沒後天無笑，說著宮車只淚垂。（清・王士禛輯：《感舊集》卷八，清乾隆十七年刻本）

編者案：清徐釚《本事詩》卷九亦收有此詩，詩題下注曰：「生善平話，常供奉世祖皇帝。」

**【聽白璧雙琵琶】**白生璧雙，名珏，通州人，琵琶第一手，吳梅村曾作《琵琶行》，陳其年詩所謂「一曲紅鹽數行淚，江南祭酒不勝情」者也。

四絃誰破夕煙昏，恰是香山老裔孫。國手那推賀懷智，妙音直壓康崑崙。移時寂歷鳴沙雁，一摘崩騰斷峽猿。不是狂奴能作達，此中應有淚千痕。（清・徐釚：《本事詩》卷九，清光緒十四年徐氏刻本）

## 嚴　熊

嚴熊（1626～1691），字武伯，號白雲，自號楓江釣叟，江南常熟（今江蘇常熟）人，明諸生，入清以高隱終。有《嚴白雲詩集》。爲人負氣落拓，縱情詩酒，身長八尺，眉宇軒軒，驟見之或以爲燕趙間俠客壯士。與錢謙益、王士禎等有交。錢謙益下世，其族人夙受卵翼者妄意室中之藏，糾合亡賴少年，闐於其愛妾所謂河東君者之室，詬厲萬端，河東君遂自殺。武伯不勝其憤，鳴鼓草檄，以聲厥罪，謙益之家始安。嚴熊爲詩宗陸遊，近擬徐渭，詞氣樸直，自抒胸臆。見《遺民詩》卷五、《感舊集》卷一二、《郎潛紀聞》卷八等。

**【丙午秋謁大司寇龔公於合肥里第公賦詩五章辱贈即席倚和奉酬（之三）】**

美人歌舞月光流，紅豆新詞競唱酬。籍湜汗流齊下拜，元龍元臥最高樓。宴稻香樓，校書若西演劇。（《嚴白雲詩集》卷二「雪鴻集中」，清乾隆十九年嚴有禧刻本）

**【迎春竹枝詞八首（之六）】**

臺角花亭逐隊驅，達官邀住在通衢。梨園小部檠毬唱，齊唱春風舞鷓鴣。（《嚴白雲詩集》卷五，清乾隆十九年嚴有禧刻本）

**【贈韓生修齡】**

昔年柳敬亭，說書妙無比。當其登場時，公卿咸色喜。寧南尤賞愛，錢公贈詩史。今日韓修齡，更有出藍技。休誇海內名，豉頰動天子。於赫章皇帝，神武天下理。闢門而開窗，羅梗楠杞梓。三德六德賢，百職各稱使。旁逮琴奕流，不以一藝鄙。韓生躡屩來，薦奏無片紙。掉臂登瓊墀，猶如步閈閭。章皇顧之笑，優孟豈是爾？韓生承玉音，拜舞啓牙齒。或說秦漢朝，或說唐宋紀；或說金元事，南北界彼此；或說啓禎時，定哀寓微旨。治亂判堯桀，忠佞區胥嚭。一部十七史，歷歷在掌指。有時小窗中，兒女語婍妮；有時赴敵場，千軍盡披靡；有時聚伯伍，爭攘鬧鄽市；有時遇漁樵，湖山愬行止。乘時冬迴春，失意羽變痏。叱咤風雷生，愁吁松竹萎。剛柔老幼態，斮羅眉頰裏。市謎五方言，部居唇齶底。呱呱兒啼呼，哀哀翁病痕。啁哳儼禽鳴，吠突肖犬豕。罔分絲竹肉，一派宮商徵。音聲與情形，描畫入骨髓。寧甘伶倫儔，差以偃師擬。章皇每擊節，特賜與朱紫。辭榮恣遨遊，聲價自倍蓰。平時本韓生，鬚眉匪傀儡。一旦張齒牙，値物賦形似。人倐忘韓生，韓生自忘已。羹墻如其人，千載接案几。惟餘一欠缺，卻顧情未已。敬亭得錢詩，人死名不死。生無錢公詩，曷以垂百祀。負鼓趙家莊，清淚迸如水。好似李龜年，流落湘江沚。予笑語韓生，勿羨敬亭氏。武伯爲贈詩，子亦可傳矣。（《嚴白雲詩集》卷九，清乾隆十九年嚴有禧刻本）

**【彝陵督府觀劇雜詠十二首】**

（其一）金堂絲竹出嬋娟，一一臨風似列仙。不是前身瑤島客，可能容易到花筵。

（其二）歌聲珠貫舞驚鴻，歌舞人稱絕世工。骨節解歌聲解舞，扇於意外顯神通。

（其三）盤中能舞掌中趨，買日曾量十斛珠。應是謫凡緣未滿，風來不用倩持裾。

（其四）移山架閣在須臾，曼衍魚龍百戲俱。周代偃師空被怒，幻人得似美人無。

（其五）燭月光搖鼓似雷，滿堂賓客共喧豗。煞時慘淡悲風起，點點青燐作夜臺。

（其六）留髡不覺漏遲遲，一石香醪百首詩。畫壁旗亭齊下拜，雙鬟準許誦吾詞。

（其七）珠樹屏風翡翠帷，千金文罽共光輝。吳綾蜀錦輿臺服，不稱歌姬作地衣。

（其八）蠟釜無煙錦帳寬，香塵步步肯教殘。珊瑚擊碎渾閒事，十尺還他也不難。

（其九）全楚烽銷甲騎肥，公餘尋樂惜春歸。歌殘酒罷棲禽動，闌外刀光候打圍。

（其十）蓋代勳名蓋代才，開誠寧遣物疑猜。盈盈小妹粧初就，大將親擎盥水來。

（其十一）松圓一曲典型存，猶是崑山魏耳孫。程孟陽先生善歌，自云得自崑山魏良輔。今日沈公親粉墨，郭郎鮑老盡聲吞。湖州沈雒青登場演劇。

（其十二）雪池失定爲聽歌，嚼蠟横陳不染魔。總被燒庵婆子笑，何妨隨境與摩羅。（《嚴白雲詩集》卷二十，清乾隆十九年嚴有禧刻本）

## 顧景文

顧景文（1629～1691），字景行，號匏園，無錫（今江蘇無錫）人。顧憲成曾孫。明諸生，入清棄去。著有《顧景行詩集》。見《國朝詞綜》卷一九、《雪橋詩話》續集卷二等。

### 【泛舟觀劇】

欲駕松舟誰與共，賸有輕帆肯相送。回風已覺滿湖秋，荇藻牽連雜菱葑。浦漵棹謳相背發，曬網漁人時一哄。煙樹無窮東復西，到處相呼來者眾。岸頭插竿不盈尺，彷髴聞歌聽絃弄。負鼓村翁竟作場，粧成范蠡兼文種。西子公然來浣紗，霸越亡吳成一夢。夕陽催歸羅葛涼，醉客扣舷覺船重。老夫作劇此亦奇，暮年吾德眞衰鳳。（《顧景行詩集》卷下，清康熙三十一年美閒堂刻本）

## 朱彝尊

朱彝尊（1629～1709），字錫鬯，號竹垞，秀水（今浙江嘉興）人，明大學士國祚曾孫。少穎悟，書過目輒成誦。肆力古學，客遊南北，必橐載經史百家以自隨。所至叢祠荒冢、破爐殘碣之文，莫不搜剔考證，與史傳參校同異。歸里，約李良年輩爲詩課，文名益噪。康熙十八年（1679）召試博學宏詞，授檢討，入直内廷。未幾罷歸。彝尊博極群書，尤長於考据。爲詩清新贍麗，與新城王士正齊名。著有《經義考》、《日下舊聞》、《曝書亭集》、《靜志居詩話》等。又嘗選《明詩綜》，或因人錄詩，或因詩存人，銓次爲最當。卒，年八十一。見《(嘉慶)大清一統志》卷二八八、《(同治)蘇州府志》卷一一二、《清史稿》卷四八四等。

**【雄州歌四首（之三）】**

滇江西下墨江流，來鴈孤亭春復秋。十部梨園歌吹盡，行人虛說小揚州。（《曝書亭集》卷四「古今詩」，四部叢刊景清康熙本）

**【鴛鴦湖櫂歌一百首有序（之五十七）】**

漏澤寺西估客多，樓前官道後官河。正値喧闐日中市，楊花小伎抱箏過。吳船女郎入市唱曲，號唱楊花。（《曝書亭集》卷九「古今詩」，四部叢刊景清康熙本）

**【鴛鴦湖櫂歌一百首有序（之七十四）】**

曲律崑山最後時，海鹽高調教坊知。至今十棒元宵鼓，絕倒梨園弟子師。（《曝書亭集》卷九「古今詩」，四部叢刊景清康熙本）

**【酬洪昇】**

金臺酒坐擘紅箋，雲散星離又十年。海內詩家洪玉父，禁中樂府柳屯田。梧桐夜雨詞淒絕，薏苡明珠謗偶然。白髮相逢豈容易，津頭且纜下河船。（《曝書亭集》卷二十「古今詩」，四部叢刊景清康熙本）

**【題洪上舍傳奇】**

十日黃梅雨未消，破窗殘燭影芭蕉。還君曲譜難終讀，莫付尊前沈阿翹。（《曝書亭集》卷二十「古今詩」，四部叢刊景清康熙本）

**【觀劇四首】**

（其一）四照亭開桂樹叢，夜涼風細蠟燈紅。人間亦有《霓裳曲》，絕倒吳趨老樂工。

（其二）三徑秋花裛露新，重攜酒伴過城闉。只應夜夜西江月，留照筵前舊舞人。

（其三）燭下清歌楊叛兒，手中團扇謝芳姿。勝他幅幅纏頭錦，賺得張郎拜月詞。謂孝廉大受也。

（其四）歷歷羊燈樹杪樓，忩修簫譜散觥籌。龍鍾莫怪尊前客，弟子梨園也白頭。（《曝書亭集》卷二十「古今詩」，四部叢刊景清康熙本）

【醉太平・題姜開先贈歌者李郎秦樓月詞】

支郎眼黃，何郎粉香。尊前一曲迴腸，愛秦樓月涼。　　公羊穀梁，鄭清之送新薑詩，公羊、穀梁並出一人之手，其姓則姜，蓋四字反切皆姜字。鄱易括蒼。詞人試數諸姜，算堯章擅場。梅山姜特立，括蒼人。

附原作：

【秦樓月詞】〔會稽姜啓〕

天下李，一般柯葉分仙李。分仙李，東西南祖，故家苗裔。　　漢時有个延年李，唐時有个龜年李。龜年李，雀九堂前，岐王宅裏。（《曝書亭集》卷二十四「詞」，四部叢刊景清康熙本）

【清平樂・贈歌者陳郎】

偷聲減字，且洗衰翁耳。惱亂多情人欲死，只有臨川曲子。

陳郎巧囀歌喉，尊前倍覺風流。一霎塗妝綰髻，十三十四丫頭。

（《曝書亭集》卷二十六「詞」，四部叢刊景清康熙本）

## 董以寧

董以寧（1629～1669），字文友，號宛齋，江南武進（今江蘇武進）人。邑諸生，天資明敏，少與鄒訏士祗謨齊名。善詩文，於曆象、樂律、方輿之指，多所發明。晚年專事窮經，尤深於《周易》、《春秋》。著書滿家，有《正誼堂集》、《蓉渡詞》等。見《（乾隆）江南通志》卷一六三、《國朝先正事略》卷三八、《疇人傳四編》卷七等。

【襄陽元宵行】

漢皋玉珮煙波冷，冰輪一片遙相映。似出驚秋班女紈，疑懸照膽秦皇鏡。春宵瀲灩不知寒，火耀千門雪裏看。還停銀箭金壺響，乍聽鵾絃象板喧。一時三市明如練，蚖燈龍燭高燒遍。冠蓋城中火鳳飛，銅鞮坊外銀花焰。九華燁燁五枝多，臺榭登臨望若何。十萬鮫珠明綺戶，三千犀炬照銀河。大堤女唱襄樊樂，大堤兒唱習池歌。聯臂堤頭絲和竹，大堤兒女人如玉。霽透紅裙染石榴，風吹綠幘驅金犢。綠幘紅裙處處遊，相逢燈下不含羞。同看寶燧珊瑚樹，半入雕楹玳瑁樓。樓上酒傾青玉案，樓前人脫紫貂裘。氍毹歌舞翻回鶻，絲管清觴醉莫愁。鳳脛光融金半臂，蘭脂彩映錦纏頭。玉虬春水初聞瀉，屏風更出吹簫者。燈影遙通翡翠簾，月華欲溼鴛鴦瓦。此時都督大將軍，緩帶閒遊從若雲。桃花之馬七萌車，往來百隊何紛紜。紛紜來往行人羡，紅顏麗服分明見。夾道材官柳葉衣，戎裝舞女蓮花劍。香風吹起遍銅街，紫絲步障不教遮。夫人城外天如水，娘子軍中陣似霞。吹殘楊柳金笳緩，彈到琵琶玉勒斜。正逢鼉鼓喧都市，舞燈少年齊袒臂。九龍夜戰六鰲來，眾裏爭看角觝戲。蕭梁舊院再徘徊，又值中丞公讌開。使者鳳凰池上客，貴寮鸚鵡座中才。相逢今夕正歡娛，北路魚弘南路徐。秦女青箏趙女瑟，劉家碧玉石家珠。四照花開嬌映面，何須滅燭解羅襦。聞歌爭勸索郎酒，換席重燃嬾婦魚。桓公北府猶寂寞，庾亮南樓總不如。須臾漏下銅龍急，車馬行人歸去疾。素蟾影落獸樽空，白鳳膏銷鸞板歇。劉琦臺畔曉煙青，王粲樓前春草碧。（《正誼堂詩文集》詩集「七言古」，清康熙書林蘭蓀堂刻本）

【席上看弄丸歌】

臨淄即墨天下聞，鬥雞走狗紛如雲。我來作客多交遊，脣舌不減樓君卿。銀花之脯八帶魚，主人邀我飲半醺。當筵少年擊鼉鼓，更一少年袒臂舞。足下紅錦韡，腰間五色組。手持一丸摩雲端，一丸未落復一丸。雙丸將落承以頂，須臾重入雲中看。更出七丸在肘後，兩手承蜩左復右。旁有少年拍手嗤，大言此伎安足奇。摩頂至地身倒懸，以足弄丸目不施。七丸上下聲相擊，擊聲一依鼓爲節。是時我醉不欲眠，紛紛羅袖屏前列。（《正誼堂詩文集》詩集「七言古」，清康熙書林蘭蓀堂刻本）

【贈張都督歌妓】

楚王宮館在，猶自望行雲。夜月茱萸帳，春風蛺蝶裙。心雖憐客子，身已屬將軍。莫度雙聲曲，悲笳處處聞。（《正誼堂詩文集》詩集「五言律」，清康熙書林蘭蓀堂刻本）

【席上贈妓同林茂之陳善伯鄒訏士陳其年限韻】

約腕金環約指銀，殷勤留取寄東鄰。閒看綠黛遙分蜀，細聽青箏本出秦。柳曲乍逢情放誕，藥欄小雨話酸辛。春衫莫怪頻沾酒，羅袖時時欲拂人。（《正誼堂詩文集》詩集「七言律」，清康熙書林蘭蓀堂刻本）

【觀徐氏伎樂後贈史筠函儲友三】

相逢猶是舊羊何，握手方期製薜蘿。有約漫尋金谷飲，無心偶傍玉臺過。詩經失意頹唐久，人到中年感慨多。卻憶當初丸髻小，月明常對謝樓歌。（《正誼堂詩文集》詩集「七言律」，清康熙書林蘭蓀堂刻本）

【觀荊溪徐氏女樂】

玉臺何必更裝書，綺麗人稱南路徐。舞動柘枝隨月墮，歌翻蓮葉繞梁虛。憐才獨許胡床近，顧誤因看蜀黛舒。聞道青陵今已築，可能不共鳳凰居。（《正誼堂詩文集》詩集「七言律」，清康熙書林蘭蓀堂刻本）

【過江陰韓氏園適查東山攜女樂寓居同和原韻】

（其一）臺榭參差一畫圖，古梅千榦綠雲扶。賓朋共賦梁園雪，兄弟雙誇秦氏珠。旨三爾鉉。觸目庭蹐新玉樹，苞九聖符。感懷詩憶舊金吾。旨三尊人原韻。朝來添得東山屐，絲竹淹留興未孤。

（其二）青山排闥總堪圖，與客登樓醉欲扶。地是江皋應解珮，園名金谷好藏珠。風流猶自推遺老，放誕旋憐失故吾。一曲高歌渾欲和，肯教白雪調偏孤。

（其三）舞倦誰猶繡蝶圖，遊時常倩藥欄扶。音傳密樹還停鳥，髩壓卑枝恐墜珠。東關佳人張靜婉，南朝才子庾肩吾。相看漫有狂言發，立盡斜陽影自孤。

（其四）夢後難成蛺蝶圖，花花葉葉自交扶。酒情爛熳隨春絮，詩興留連待夜珠。捉鼻漫傾天下士，掀髯卻憶鏡中吾。紅泉碧樹歌聲歇，風雨江城一棹孤。（《正誼堂詩文集》詩集「七言律」，清康熙書林蘭蓀堂刻本）

【奉祝孫公兼呈風山太史】

開國殊勳舊，華宗世德長。侯封班魏鄂，臣節媲方黃。明初孫氏以戰功封侯者二，因留守常州，遂家焉。其襲都指揮名太者，殉建文難。繼武名卿盛，傳經奕葉芳。地猶稱舊府，人自守遺箱。此日賢誰最，先生行更方。青萍鋒不試，白璧價難償。孝友成模楷，風裁有激揚。多時推祭酒，當代仰靈光。南國周弘讓，東都許子將。清標寧有媿，樂事總難量。愛酒閒攜杖，看花老擅場。筍輿常過從，蓮社足行藏。況有良媛匹，能將內職襄。齊眉堪共對，和膽亦同嘗。爲子求鄰切，留賓剉薦忙。珠田原有種，玉樹併成行。笑酌雙鸜鵒，忻看五鳳凰。風流揮麈柄，文采吐龍章。豈特如陶令，應知比謝、莊。翁有五子。長公尤卓絕，弱冠早騰驤。投履雲霞上，乘舟日月旁。萬言傳秘閣，幾載直春坊。抗疏精忱見，求賢直道彰。俱因庭訓在，不到宦遊忘。慈母初封縣，嚴君早拜郎。錦袍翻舞袖，露掌當流觴。榴火乘時發，蒲風入座涼。諸兒隨太史，兩度祝高堂。會見花聯萼，還教笏滿床。含飴方並美，匣劍可輕裝。客至芙蓉第，歌餘玳瑁梁。調絲兼挾瑟，爲樂未渠央。家有梨園小部。(《正誼堂詩文集》詩集「五言排律」，清康熙書林蘭蓀堂刻本)

【同郡舊遊畢集同雲孫訏士邀觀查東山及徐太守女樂連宵讌集共念少遊臨別和白香山江南逢蕭九話舊遊戲贈五十韻呈諸公】

每因多病日，卻憶少年場。詞賦梁天監，風流晉永康。同過司馬第，競逐鬥雞坊。選伎徵前部，邀歡到後堂。葳蕤藏少艾，欵段繫垂楊。仙引劉晨路，鄰窺宋玉牆。醉教纓盡絕，溷促翠重粧。慣把風前扇，時鳴月下榔。籌分雙陸局，賦寫十三行。冠挂搔頭薄，香留繫肘囊。玉臺曾嗣詠，金谷舊飛觴。世事蒲猶綠，年華柳向黃。相逢還鮑庾，過從復金張。座擊珊瑚樹，泥承玳瑁梁。冶遊停下澤，歌舞聚平陽。共作當關客，開呼記曲娘。綺筵方合奏，銀箭未渠央。新月鉤連襪，微風露茜裳。身輕隨燕羽，腰細出蜂房。寵擅荀家鶩，聲傳梁氏鴦。細聽俱按拍，近睨各移床。荊玉尤無玷，秦珠獨有光。芙蓉明小衩，芍藥艷華襠。侶覺眉頻語，遙知體自香。火齊吳姁見，琥珀麗娟藏。入破櫻丸小，吹彈筍甲長。悲歡親閱歷，出落倍尋常。欲壓龜茲隊，羞翻回紇裝。支持蓮瓣上，宛轉柘枝旁。送睐渾無賴，停蹤若有望。唧簪隨太喜，持履喚無方。掩袖工調笑，嫌籠柰悚惶。氍毹巾紵亂，袙袜麝蘭芳。倦恨銅龍水，寒防玉兔霜。蚖膏偏晰晰，蝶夢總茫茫。雜組愁零落，哀絲具抑揚。爲雲思楚岫，解佩憶江鄉。桂闕殊難到，藍橋詎可航。束綾三致意，十刻九迴腸。抱璧終歸趙，搴蘭合渡湘。曲闌成懊惱，坐久人微涼。待喜宵光瞑，俄聞曉色蒼。犀簾看皎皎，雞唱已荒荒。野岸橫青雀，迴波漾綠漿。群公詩各就，三婦艷難忘。興會東山好，豪華南路強。桃根何處覓，竹葉漫同嘗。莫以今時感，仍餘舊日狂。情懷拚竟擲，少壯已堪傷。縱有蓬萊信，重遊笑阮郎。(《正誼堂詩文集》詩集「五言排律」，清康熙書林蘭蓀堂刻本)

【吳兹受先生席上聽小史度曲賦示漢槎】

（其一）一聲河滿出屏前，幾度横眸向綺筵。憶遍舊人都不似，銷魂莫說李延年。

（其二）東山太傅舊風流，絲竹清風坐上頭。聽罷伊涼傷往事，蒼梧一望不勝愁。時先生話巡撫楚湘舊事。（《正誼堂詩文集》詩集「七言絕句」，清康熙書林蘭蓀堂刻本）

【聖郎曲】

（其一）梨園子弟不知愁，北厺燕山作浪遊。知道花檀重按拍，學來新調半伊州。

（其二）三載新聲動帝都，都城春色滿平蕪。琵琶樂府由來熟，也入岐王宅裏無。（《正誼堂詩文集》詩集「七言絕句」，清康熙書林蘭蓀堂刻本）

【為李雲田題楚江狂客圖（之三）】圖中寫夫人與妾寶燈共席題詩，侍兒掃鏡在側，諸姬各執樂器，雲田拍手聽歌。

後堂還卷夏侯衣，伎樂明粧見亦希。趙瑟秦箏吳苑曲，歌彈應駐楚雲飛。（《正誼堂詩文集》詩集「七言絕句」，清康熙書林蘭蓀堂刻本）

【遇莊氏歌人戍郎】

曾見張郎最小時，當筵學唱踏春詞。如今自領梨園隊，已是三年作教師。（《正誼堂詩文集》詩集「七言絕句」，清康熙書林蘭蓀堂刻本）

## 胡　榮

胡榮，字志仁，號容安，浙江錢塘（今浙江杭州）人。工詩。朱彝尊曰：「五排在諸體中別有氣韻，最難擅場，今讀容安所作，工麗流逸，老眼爲之一明。」七言如「輕風幽韻敲青竹，落月殘光點碧苔」，「千村樹影當窗出，一鏡湖光到檻浮」，「爲愛孤山不辭冷，忽來疏雨未嫌狂」，「堤沈水底煙初障，寺隱湖南山欲屏」，亦皆可採也。著有《容安詩草》。見《兩浙輶軒續錄》卷二。

【舞媚娘】音歌者梅賽、梅文，作二喬歌，楊妃舞。

欲舞不舞香風生，如醒如醉多含情。艷冶欺人正妙齡，桃腮瑩潤水一泓。迎風弱柳嫋亭亭，纖鬏羅襪步輕盈。洛川豈獨遜湘靈，巫山楚峽夢身經。雅歌雲遏繞梁清，香喉鶯囀弄新聲。玉笛琵琶情不勝，頓教憐惜等傾城。吳謳楚袖正相應，席上嬌紅價倍增。唧杯不覺身纏纓，非關酲醉傾銀瓶。可人絕勝心儚儚，坐看月落星斗横。相親相近晦復明，逢場歡笑及時行。(《容安詩草》古樂府歌行卷二，清康熙刻三色套印本)

【閱女伶演劇】

聲色推盡美，歌姬艷莫比。態度有餘妍，摹倣傳奇旨。香喉圓似鶯，絃管按商徵。玉臉映烏巾，繡衣不勝體。步搖壓錦裙，妙舞逞絕技。得以縱目觀，輝煌耀雲裡。(《容安詩草》五言古卷三，清康熙刻三色套印本)

【月夜友人翁子吹簫歌姬度曲客復強余撥阮和之】

清謳雅稱宫商，起撥冰絃數行。白雪一聲含玉，梅花幾瓣飄香。纏頭怯怯罷舞，露指纖纖舉觴。不惜高眠共賞，晶光任滿匡床。(《容安詩草》五言律卷五，清康熙刻三色套印本)

【集七寶庄山】時翁子吹簫，張姬度曲。

（其一）秋林漏日照山隈，踏破閑花一逕開。足下吳峰飛欲去，望中西渚逼將來。不辭良友題紅葉，已許佳人印碧苔。極暮開尊天氣爽，數聲笛韻落崖梅。

（其二）不寒不暑趣清涼，尋勝登高覽大荒。野菊小開成冷艷，木樨殘落帶餘香。金樽美醞都無量，檀板輕謳獨擅場。此際襟懷誰得共，敢辭薄劣和新章。

（其三）一望湖光入畫屏，高天雲破露青青。石成鷹羽渾如鷙，草號牛唇别有腥。座上龜年能按拍，燈前蘇小愛翻經。閒園護得春光好，不放花香出繡扃。

（其四）絲竹東山選勝遊，喜逢林麓最清幽。逃情無過詩兼酒，行樂何妨春復秋。嚦嚦雁聲驚峽雨，霏霏雲影遏江流。徘徊幾失歸途晚，月送前蹊只一鉤。(《容安詩草》七言律詩卷六，清康熙刻三色套印本)

【殢人嬌・席間贈王伶歌舞】

檀口香謳，細比遊絲一縷。嬴得妖嬈聲幾許。行雲欲墜，吐珠旋玉舞。丰韻處、惹得多情無主。　　眉遠春山，目凝晚浦。翩躚似、館娃宫女。魚沉雁落，總輕盈難語。嬌欲住，愛煞梨花經雨。姑蘇人，别名賽花魁者。(《容安詩草》詩餘卷十，清康熙刻三色套印本)

## 屈大均

屈大均（1630～1696），初名紹隆，字介子，番禺（今廣東番禺）諸生。鼎革後去爲僧，名今種，字一靈。返儒服更名大均，字翁山，有《翁山詩集》八卷。嘗出遊吴越，又遊秦、隴，與秦中名士李因篤輩爲友，作華嶽百韻。固原守將某見而慕其才，以甥妻之。其詩尤工，五言詠古詩突兀奇崛，多不經人道語；七律雄宕豪邁；五律雋妙圓轉，一氣相生，有明珠走盤之妙。詩尤工於山林、邊塞，一代才也。與陳恭尹、梁佩蘭并稱「嶺南三家」。見《明詩紀事》辛籤卷一一、《清史稿》卷四八四等。

### 【琵琶行贈蒲衣子】

王郎好音能琵琶，千愁萬恨歸邊沙。明妃紫臺作胡語，公主烏孫思漢家。慷慨惟憑馬上樂，凄涼豈必軍中笳。新聲鼓出好詞曲，三日一調勞紅牙。古詞元人百雜劇，新曲《牡丹》兼《浣紗》。伯龍紅友供繁弄，酒酣一唱三咨嗟。改調高彈颯風雨，攢點忽似更蝦蟆。手撥口歌聲若一，絲肉紛飄如飛花。小聲吹裂漆篳篥，大聲摻亂漁陽撾。自矜琵琶與琴應，眩精駭耳非淫哇。一一暉音合清濁，上腔下柱同整斜。十指絕光若驚電，雙袖奮影爭流霞。亂擊空中白翎雀，橫奔塞上拳毛騧。毛血淋漓盡揮灑，又如胡漢相紛拏。大雷小雷響四迸，天驚石破愁女媧。兒女呢呢不得語，恩怨爾汝濳相加。緩調平絃有時倦，掩抑奇態嫌窐㛹。聯綿斷續轉嗚咽，又如緪瑟悲匏巴。一激一昂眞當泣，哀歌銷盡情萌芽。鵾絃石槽兼鐵撥，翻嫌古法多喧譁。逢君但乞飛龍引，發揚蹈厲除姦邪。鎮西更作大道曲，羅襦胡床臨闉闍。阮咸凄鏘竹林下，風流豈似君瑯琊。我今煩寃神越散，大招須君爲景差。不然節奏盡傳我，十調五調成豪奢。一枚昨致惠文婦，槽用香楠連木瓜。得曹左手裴右手，亦可持慰吾秦嘉。琵琶弟子君多少，中有幾人顏如荼。楓香定移西樓女，鞋帶可記楊家娃。得君琵琶諸楔子，鞾婆舊譜寧足誇。梳山音律此一種，教坊買斷傾金車。王郎王郎爾莫苦，埋憂國腹如丹砂。天際眞人既有此，北窗跂腳殊風華。窐㛹女作姿態也。（《翁山詩外》卷四「七言古」，清康熙刻凌鳳翔補修本）

### 【代州曲中作】

琵琶爭唱玉娥郎，艷曲傳來自武皇。一代文章餘樂府，孤臣淚洒鴈門霜。（《翁山詩外》卷十三「七言絕句」，清康熙刻凌鳳翔補修本）

【梅旅度曲以秋宵聞歌為韻】

（其一）一聲風雨客初愁，不唱啼烏淚已流。今夕樽前須盡醉，黃花猶爲故人秋。

（其二）明月高高廿四橋，南絃北管坐相邀。誰能即策花驄去？不向揚州度此宵。

（其三）萬里天河淡欲分，玉杯飛處濕行雲。多情最是齊梁曲，恨爾江南夜夜聞。

（其四）神仙富貴未蹉跎，自古英雄白首多。請語梅花樓外月，清光長照玉人歌。（《翁山詩外》卷十三「七言絕句」，清康熙刻凌鳳翔補修本）

【贈金陵歌者】

箏琶近得教坊師，盡學金元雜劇詞。小唱最嫌時曲賤，此音惟有頓仁知。（《翁山詩外》卷十三「七言絕句」，清康熙刻凌鳳翔補修本）

## 徐乾學

徐乾學（1631～1694），字原一，號健庵，江南崑山（今江蘇昆山）人。幼慧，八歲能文。康熙九年（1670）一甲三名進士，授編修。十一年（1672），副蔡啓傳主順天鄉試。乾學嘗病士子治經義，不務實學，專趨時好，人材日壞。於是，以古學倡，苦心搜閱，拔韓菼於遺卷中，明年魁天下，文體一變。坐副榜未取漢軍卷，與啓傳并鐫秩調用。尋復故官，遷左贊善，充日講起居注官。丁母憂歸。乾學父先卒，哀毁三年，喪葬一以禮；及母卒，如之。爲《讀禮通考》百二十卷，博采眾説，剖析其義。服闋，起故官。充《明史》總裁官，累遷侍講學士。家富藏書，一時學者若閻若璩、萬斯同之流，咸與討論。并著有《憺園文集》三十六卷、《憺園文錄》二卷，編刻有《通志堂經解》等。見《（同治）蘇州府志》卷九五、《清史稿》卷二七一等。

【與歌者胡生兼示龔公子伯通四首】

（其一）急管繁絃白玉堂，燈前巧作可憐妝。生來南國桃花面，卻住并州近十霜。

（其二）鴛鴦新製合歡襦，公子風流絕代無。昨日玉釵輕棄擲，伯通雲中遇一麗人，許至晉陽，往迎得，胡生遂與絕。已教密約負當壚。

（其三）阿侯催喚已斜曛，結束還憐惱使君。病起佳人添意態，懶將新曲遏行雲。

（其四）詞客當筵擊鉢時，凝眸隔座酒行遲。不知多少纏頭贈，抵得徐郎四首詩。（《憺園文集》卷四，清康熙刻冠山堂印本）

**【同吳玉隨觀妓劇飲山園和玉隨韻】**

春深楊柳動晴絲，急管繁絃促賦詩。鄴下獨推吳季重，樓頭誰比杜紅兒。雲生遠岫迷遊屐，日落飛花到酒卮。倒著接䍦郊外去，吹簫擊筑任吾之。（《憺園文集》卷四，清康熙刻冠山堂印本）

**【贈歌者】**

柘枝舞罷憶家山，落日長楸走馬還。絲管春風急相待，莫因霜色損紅顏。（《憺園文集》卷五，清康熙刻冠山堂印本）

**【奉和大司農棠邨先生韻贈歌者邢郎四首】**

（其一）中宵鑰靜聽笙璈，三五佳辰素魄高。好似華林饒眾卉，一枝綽約是穠桃。

（其二）窄袖羅衣穩稱身，雛鶯細語恰初春。尚書好句新題就，明日都亭看璧人。

（其三）曲房清夜奏仙璈，羯鼓聲停樺燭高。雪面紅兒鸜鵒舞，一簾初日射夭桃。

（其四）騎羊年紀簸錢身，小小芳姿壓眾春。鸚鵡前頭休道姓，還應妒殺尹夫人。（《憺園文集》卷七，清康熙刻冠山堂印本）

## 杜首昌

杜首昌（1632～1698後），字湘草，江南山陽（今江蘇淮安）人，書法文詞卓絕一時。過武林，冒雪遊西湖，樂甚。次日適王丹麓使至，遂以相聞，據案作書。忽傳方伯、監司聯車到門，並謝不見，士論高之。著有《綰秀園詩選》一卷、《詞選》一卷，另有《杜稿編年》、《杜陵選詩》等。見《國朝書人輯略》卷一。

**【陪張拙存少參宴君子池觀荷】**

西郭紆三里，南山擁一亭。藕花紅墜粉，荷葉碧含馨。絲竹依魚沼，旌旗遠鶴汀。醉翁眞醉也，童叟總忘形。少參戒吏，勿阻童叟觀劇。

（《綰秀園詩選》，清乾隆刻本）

【觀冒巢民家伶演劇】

（其一）鄉在溫柔處處情，半開花裏聽新鶯。手拈紅豆何從記，留住行雲第幾聲。

（其二）臺上仙人引玉簫，碧天飛下鳳凰遙。微波蘸柳香風細，不及氍毹貼舞腰。

（其三）綻花紅燭照新粧，璹瑁筵開錦繡場。醉裏不知身是客，一團軟玉攬溫香。

（其四）主人到老更風流，只解爲歡不解愁。慣把珍珠亂抛撒，等閒那惜錦纏頭。（《綰秀園詩選》，清乾隆刻本）

【謝君章郡丞署齋觀劇】

東山一出沛蒼生，絲竹娛賓慣寄情。跨鶴看來眞快活，是夕演《快活三》新劇。啼鶯聽得最分明。笙歌只向華燈沸，尊酒偏宜翠袖行。小伶捧觴進酒。賢主淹留長夜飲，天涯不怕有愁城。（《綰秀園詩選》，清乾隆刻本）

【海陵觀俞水文女伶同曹秋岳侍郎】

（其一）細動梁塵一縷輕，管絃嫋嫋不勝情。百花深處垂楊裏，聽到黃鸝第幾聲。

（其二）自愛新妝百葉裙，盤空貼地舞紛紜。攜來掌上心逾顫，直恐風吹化彩雲。

（其三）浪遊南北閱繁華，要讓吳陵內史家。翻笑周郎惟顧曲，可能親手撥琵琶。主人撥四絃和曲，精妙入神。

（其四）妙舞清歌排日新，祗緣遊戲認爲眞。桃花扇底堪招隱，碧玉簫中好避人。歌臺前聯句：「採隱於桃花扇底，避人在碧玉簫中。」（《綰秀園詩選》，清乾隆刻本）

【贈歌者王篍亭】

細遏行雲罨畫溪，簫聲只在板橋西。隨風諷入羈人耳，三峽哀猿半夜啼。（《綰秀園詩選》，清乾隆刻本）

【春從天上來（之三）】燈節後四日同施愚山學使、陳其年檢討過吳，馨聞嘉禾閣觀劇。

淮海維揚，算倜儻風流，要讓吳郎。珊瑚支筆，玳瑁飛觴。牋分五色鸞凰。問春來幾許，錦屏上、細駐韶光。燦奇燈、忽魚從鏡出，鳥向空翔。　　驚看行雲不動，是宛轉歌喉，過板停腔。活佛眞仙，跳獅擲虎，幻出百樣荒唐。到目迷心醉，竟不知、身在他鄉。也何妨、向繁華隊裏，作戲逢場。（《綰秀園詞選》，清乾隆刻本）

## 潘問奇

潘問奇（1632～1695），字雲程，一字雲客，號雪帆，錢塘（今浙江杭州）人。幼性耿介，數歲即岸然自異，不與群兒同跬步。年十五即以詩鳴，有囊括兩晉、席捲三唐之志。於是越之人嫉者蜂起，皆欲殺之矣。問奇聞而歎曰：「大丈夫不能脱然出袖裏青蛇，光耀一世，使庸人豎子膝行匍伏、不敢仰視，便當飄然遠引，作物外遊，惡可與鄉里小兒爭伎倆耶？」遂出遊。後流寓江都，年六十四而卒。雪帆一生孤寂，年六十外出家天壽山，歿於揚州天寧寺。其人尚氣節，不肯俯仰，往往忤於世故。詩格清雄，亦多憤激之辭，五七律尤多警句。有《拜鵑堂集》。見《留溪外傳》卷五、《兩浙輶軒錄》卷九、《明詩紀事》辛籤卷三四等。

【青藤歌】藤爲山陰徐文長先生故居物也。先生歿後，書屋雖數易姓，而主人多好事者，闌楯殷勤，今益繁茂。里人高子爲余言之，因作歌。

青藤主人去已久，青藤開花花不朽。草木無情亦傍人，世閒文采能長有。客云此物已多年，不獨松杉氣質堅。載酒雲亭雖易主，霜根雪蔓仍蜿蜒。疎籟時時發檐際，虛堂寂歷籠蒼煙。屈伸或作蛟龍怒，或舞群鸞紛翠羽。劫火罡風不敢侵，森寒疑有神靈護。有時客屐破蒼苔，對此摩娑一舉杯。月下涼颸聲瑟瑟，猶似先生攜笻躡屐夜歸來。嗚呼！我聞先生俯仰嘉隆際，去今一百二十有餘歲。長安已報市朝遷，獨有青藤仍遶砌。縱使根株有盡藏，才人軼事名難敝。嗚呼！君不見平泉石、泰畤松，百千年後俱無蹤。天子宰相擅威福，獨於造物難爲功。何似山陰布衣之手植，至今常與江聲嶽色無終窮。（《拜鵑堂詩集》卷四，清康熙刻本）

【贈歌者】

（其一）金縷歌殘欲贈綾，草堂人醉尙燒鐙。因看長慶春風面，愁殺開元老杜陵。

（其二）藍田有玉正生煙，忽憶當時便惘然。自別華清人面改，至今腸斷李龜年。明末有張姓者以主謳供奉御前，今耄矣。（《拜鵑堂詩集》卷四，清康熙刻本）

【瘦槐軒聽小史度曲應夢岩教】

（其一）畫角無聲夜欲闌，琵琶頰頷柘枝寒。漁陽尚有開元客，一著青衫恐不乾。

（其二）裘馬風塵似子荊，醉題羅帊作新聲。佳人冩畫旗亭壁，知在金釵第幾名。（《拜鵑堂詩集》卷四，清康熙刻本）

## 曹貞吉

曹貞吉（1634～1698），字迪清，一字升六，別號實菴，安邱（今山東安丘）人。幼具夙惠，初學爲文章，即有神解。甫髫，與弟澹餘同負雋聲。辛卯，澹餘膺鄉薦，而貞吉獨不利於有司，益自奮厲，博極群書，篝鐙雒誦，深夜不休。年三十，中康熙癸卯（二年，1663）鄉試第一，甲辰（三年，1664）成進士。庚戌（九年，1670）以推擇爲中書舍人。出爲徽州同知，内召禮部儀制司郎中，調湖廣學政，以疾辭歸。貞吉詩格遒鍊，其《黃山》諸作極爲宋犖所推。與户部侍郎田綸霞雯、巡撫都御史宋牧仲犖、刑部郎中謝千仞重暉、國子祭酒曹頌嘉禾、給事中王幼華又旦、刑部主事汪季角懋麟等更唱迭和，都人有「十子」之目。詞芊眠清麗，寄託遙深，不模周範柳，自成雅製。王士禎、彭孫遹、張潮、李良年、曹勳、陳維崧等，皆所推挹。著有《珂雪詞》二卷、《朝天集》一卷、《鴻爪集》一卷、《黃山記遊詩》一卷、《珂雪集》一卷等。見《文獻徵存錄》卷一〇、《感舊集》卷一二等、《杞田集》卷七等。

【邯鄲行】

九月寒飈吹鴈字，驌裘貰酒新豐市。梨園小部號擅場，分明演得《邯鄲》事。邯鄲盧生策蹇回，重裀列鼎思悠哉。逆旅老翁授以枕，枕中兀突朱門開。明眸皓齒世鮮匹，十五盈盈解佩來。西上長安見天子，黃金□擲穪奇才。高第由來出儕伍，張、趙聲名安足數。河功奏罷復邊功，兆鋆巍然持繡斧。悲歡一瞬幻煙雲，蒲類捷書成禍府。雲陽市上列修羅，盈場觀者色如土。雞竿詔下許投荒，銅柱珠崖道路長。月黑箐深魑魅走，風生海湧蛟螭狂。祇謂南天留賈傅，誰知北闕問馮唐。九重忽落明光紙，黃閣仍開綬加紫。文軒窈窕富蛾眉，歌鍾日夕集孫子。樓上金蓮寶炬迎，殿前鐵鎖奸人死。清宵抵掌聲砰訇，丈夫得志當如此。原邊蕉鹿醒徐徐，百季將相眞蘧廬。一悟丈人贈黍米，乘風擬傍崑崙居。鯨呿鳳舞不知數，交梨火棗爭紛挐。須臾金止眾樂寂，盧生盧生竟子虛。神仙富貴皆渺茫，廣筵人散西風涼。蹀躞青駒歸路杳，虎坊橋畔月如霜。（《珂雪集》，清康熙刻本）

**【觀樂行】**

己酉歲暮月嘉平，南宮閱技來咸英。魚龍百戲須臾集，鈞天之響繁中庭。霓旌雲罕輝清晝，九功七德紛前後。高歌不復辨宮商，似爲艱難王業奏。壯夫綽板立當筵，崑崙琵琶龜茲絃。冰車鐵馬應無數，一彈再鼓聲凄然。長弓大矢忽馳驟，正如豐草從原獸。蒼兕黃熊皆飲羽，稱觴卻獻南山壽。梨園小兒清且妍，珠襦繡裍白中單。急管催成鸜鵒舞，反腰貼地凌飛仙。渤海吹殘蘆葉碎，教坊又喚高麗隊。依稀弄丸復承蜩，翻覺翠盤無意態。我聞此樂自鎬豐，年年待詔未央宮。至尊寧爲耳目玩，聊同稼穡陳豳風。惟願普天恆熙攘，干羽兩階如指掌。野人無事常擊壤，回首金門成快想。（《珂雪集》，清康熙刻本）

**【蝶戀花・看演祭皋陶劇仍用前韻】**

水面綾紋堆亂纈。一曲清商，寫出清流節。枉矢離離光未歇，若盧閉處飛霜雪。　呵壁左徒聲乍闋。南北甘陵，鴻影冥冥絕。尺霧消來天問徹，一鞭好弄山間月。（《珂雪詞》卷上，清文淵閣四庫全書本）

## 毛師柱

毛師柱（1634～1711），字亦史，號端峰，澄從孫，江南太倉（今屬江蘇）人。清初諸生。少穎悟能文章，順治十八年（1661）因「奏銷案」牽連而被革除功名，遂棄舉子業，客遊四方，益精於詩。如皋冒襄闢水繪園，招致四方名士，師柱與焉。時王士正爲揚州推官，來修禊，觴詠酬和，相得恨晚。晚歲倦遊杜門，吟詠益富。詩清潔雅秀，簡古澹遠，粹然唐音，有錢考功、劉隨州之風。其爲人介而能通，文而不炫，故詩似之。著有《端峰詩選》、《續選》等。見《（嘉慶）直隸太倉州志》卷三六、卷五三，《婁東詩派》卷一九等。

【舟中上巳有懷燕臺故人】己未上巳，余從都門將之濟南，爲同里黃庭表士安、曹倬雲九咸、吳上遊、周翼微、顧商尹、王弘導憲尹餞飲觀劇。

令節他鄉路，征橈傍淺沙。難逢燕市酒，愁對白門花。舊雨人如昨，孤吟日易斜。遙憐裘馬客，曾否亦思家。（《端峰詩選》，清康熙三十三年王吉武刻本）

【商南雨夜性存招集城樓酣飲達旦】

巾舄如雲聚一樓，亂山蒼翠入雙眸。天低忽歛千峰色，雨急平添萬壑流。蘆酒嘗來乘客興，苧歌聽罷動鄉愁。酒間適有吳伶度曲。寒侵曉袂拚沉醉，戶小居然大白浮。（《端峰詩選》，清康熙三十三年王吉武刻本）

【虞山陸次公別駕舊任撫州曾為湯義仍先生修復玉茗堂隨設木主演牡丹亭傳奇祀之妍倡流傳率成賡和】

（其一）江山故宅總茫茫，誰識臨川翰墨場。早解簪纓餘志節，閒消魂礌寄宮商。棠梨墓冷金谿路，薺麥花殘玉茗堂。賴有端寮能好事，百年生面喜重光。

（其二）文心如錦氣如虹，留得才名樂府中。故里尋花惟夜月，舊堂爲位又春風。歌聲縹緲前塵在，柳影依稀昔夢空。知是官閒聊遣興，早傳佳話遍江東。（《端峰詩續選》卷三，清康熙刻本）

【七月下澣南湖招集觀劇即事有賦】是日演《邯鄲夢》。

名高置驛鄭莊同，每集賓徒後閤中。洛社衣冠還舊雨，清宵絃管又秋風。交情綠酒千杯釃，世事黃粱一夢空。憶我邯鄲曾作客，廿年轉瞬已成翁。（《端峰詩續選》卷四，清康熙刻本）

## 王士禛

王士禛（1634～1711），原名士禛，字子眞，一字貽上，號阮亭，別號漁洋山人，新城（今山東桓臺）人。卒後，以避世宗諱，追改士正。生有異稟，六歲入鄉塾，誦《毛詩》至《綠衣》諸什，輒棖觸欲涕。十五歲有詩一卷，曰《落箋集》。十六補諸生。年十八，舉於鄉。順治十二年（1655）成進士，授江南揚州推官。康熙三年（1664）擢禮部主事，歷官户部郎中、國子監祭酒、兵部督捕侍郎、左都御史、刑部尚書等。士禛姿稟既高，學問極博，與兄士祿等并致力於詩，獨以神韻爲宗。取司空圖所謂「味在酸鹹外」、嚴羽所謂「羚羊掛角，無跡可尋」，標示旨趣。主持風雅數十年。同時趙執信始與立異，言詩中當有人在。既沒，或詆其才弱，然終不失爲正宗也。著有《帶經堂集》、《帶經堂詩話》、《池北偶談》、《香祖筆記》、《居易錄》等。見《(道光) 濟南府志》卷五五、《清史稿》卷二六六等。

【秦淮雜詩二十首（之十）】

新歌細字寫冰紈，小部君王帶笑看。千載秦淮嗚咽水，不應仍恨孔都官。弘光時阮司馬常以吳綾作朱絲闌，書《燕子箋》諸劇進宮中。（《帶經堂集》卷十漁洋詩十，清康熙五十年程哲七略書堂刻本）

【秦淮雜詩二十首（之十一）】

舊院風流數頓楊，梨園往事淚霑裳。樽前白髮談天寶，零落人間脫十娘。（《帶經堂集》卷十漁洋詩十，清康熙五十年程哲七略書堂刻本）

【秦淮雜詩二十首（之十二）】

傅壽清歌沙嫩簫，紅牙紫玉夜相邀。而今明月空如水，不見青溪長板橋。（《帶經堂集》卷十漁洋詩十，清康熙五十年程哲七略書堂刻本）

【秦淮雜詩二十首（之十三）】

新月高高夜漏分，棗花簾子水沉薰。石橋巷口諸年少，解唱當年《白練裙》。（《帶經堂集》卷十漁洋詩十，清康熙五十年程哲七略書堂刻本）

【歲暮懷人絕句三十二首（之二十）】

籍籍蘭陵四才子，陳、黄、鄒、董各名家。難忘雪夜吳兒曲，簷角寒梅正作花。陳秀才維崧、黄比部永、鄒進士祇謨、董秀才以寧，昔夜雪同飲許士宅觀劇也。（《帶經堂集》卷十二漁洋詩十二，清康熙五十年程哲七略書堂刻本）

【將往金陵辟疆攜歌兒見過同坦菴先生于皇邵村不雕文在小集作】

天涯倦客此宵同，銀燭湘簾五夜風。殘月空堂弦拉雜，早潮江岸唱玲瓏。鶯花上日連秋社，絲竹中年感謝公。明發白沙洲上櫂，橘林楓葉雨濛濛。（《帶經堂集》卷十六漁洋詩十六，清康熙五十年程哲七略書堂刻本）

【題尤展成新樂府四首】

（其一）南苑西風御水流，殿前無復按梁州。飄零法曲人間遍，誰付當年菊部頭。展成《樂府》，順治中曾進御覽。

（其二）猿臂丁年出塞行，灞陵醉尉莫相輕。旗亭被酒何人識，射虎將軍右北平。

（其三）五柳歸來對遠公，虎溪三笑語相同。今朝識得廬山面，蓮社花源一徑通。題《桃花源》傳奇。

（其四）千金匕首土花斑，兒女恩仇事等閒。他日與君論劍術，要離冢畔買青山。題《黑白衛》傳奇。（《帶經堂集》卷二十二漁洋詩二十二，清康熙五十年程哲七略書堂刻本）

**【驪山懷古八首（之四）】**

內殿傳呼菊部頭，梨園弟子按梁州。善才零落龜年老，渭水猶明羯鼓樓。（《帶經堂集》卷二十五漁洋續詩三，清康熙五十年程哲七略書堂刻本）

**【觀演瓊花夢傳奇柬龍石樓宮允八首】**

（其一）歌舞并州暫許窺，心如牆壁阿誰知？尊前唱徹銷魂曲，不奈橫陳嚼蠟時。

（其二）歌似遊絲裊碧空，舞如洛浦見驚鴻。三鄉陌上聞風水，偷入《霓裳》曲調中。

（其三）臨川遺跡草蕭蕭，絕調荊溪謂吳石渠又寂寥。自掐檀痕親顧曲，江東惟有阿龍超。

（其四）貰酒旗亭風雪顏，涼州一曲唱雙鬟。舊傳龍袞江南錄，新譜江郎夢筆山。劇譜江某事。

（其五）隻手雙提將相權，晚昇碧落珥貂蟬。眞靈位業都如此，那許孤寒到日邊。

（其六）漏盡何辭倒玉壺，清歌十斛走明珠。金荃曲妙無人解，合付柔奴與態奴。

（其七）三年書記揚州夢，一夢揚州三十年。誰識蕃釐舊遊侶，白頭猶剩杜樊川。予去揚州三十有一年矣。

（其八）香山翠色玉泉流，小別俄驚二十秋。不負殘年好風景，千峰霽雪一登樓。昔與荔裳、西樵雪後遊西山，亦二十四年。（《帶經堂集》卷五十九蠶尾續詩五，清康熙五十年程哲七略書堂刻本）

**【門人陸次公輅通判撫州半載挂冠重建玉茗堂於故址落成大宴郡僚出吳兒演牡丹亭劇二日解纜去自賦四詩紀事和寄】**

落花如夢草如茵，弔古臨川正暮春。玉茗又開風景地，丹青長憶綺羅人。瞿塘迴棹三生石，迦葉聞箏累劫身。酒罷江亭帆已遠，歌聲猶遶

畫梁塵。（《帶經堂集》卷五十九蠶尾續詩五，清康熙五十年程哲七略書堂刻本）

**【樊棱郿城人明侍郎敬尚書繼祖之裔孫善琴尤以琵琶擅名所彈率與時異戊寅在京師大宗伯涓來兄攜以過予云棱欲得一詩久今且往閩中特來取別為坐彈出塞等數曲後八年舍弟幔亭遇之蓬萊閣復申前請為賦五絕句】**

（其一）尚書門第道人裝，未遣曹剛遠擅場。記得長安秋日午，坐中雲水似瀟湘。

（其二）梨園弟子各矜能，賀老琵琶獨擅稱。但說段師無敵手，那知絕調有樊棱。

（其三）扶蘇城上月如鉤，彈作征人出塞愁。忽聽涼蛩和哀雁，一時心折《漢宮秋》。

（其四）苦竹黃蘆滿目愁，嘈嘈切切似江州。茫茫九派多風雪，憶泊潯陽舊酒樓。

（其五）萬古希聲託杳冥，水仙遺操感湘靈。刺船一去無消息，又向蓬萊閣上聽。（《帶經堂集》卷六十一蠶尾續詩七，清康熙五十年程哲七略書堂刻本）

**【輓洪昉思】**

送爾前溪去，栖遲歲月多。菟裘終未卜，魚腹恨如何？采隱懷苕霅，招魂弔汨羅。新詞傳樂部，猶聽雪兒歌。昉思工詞曲，所製《長生殿》傳奇刻初成。（《帶經堂集》卷六十一蠶尾續詩七，清康熙五十年程哲七略書堂刻本）

**【雜題近人諸傳奇後五首】**

（其一）漳南百戰畏重瞳，玉玦三提失沛公。千載楚江秋色裏，寒山如嘯哭英雄。《霸亭秋》，杜默弔項王事。

（其二）鄴中餘子一醯雞，薦禰高風孰與齊。快意漁陽三弄罷，墓門無魄詈征西。《漁陽三弄》，禰衡事。

（其三）巾幗兜鍪事亦奇，纖兒那許辨雄雌。買絲繡作荀崧女，同配高涼錦繖祠。《雌木蘭》，從軍事。繖，去聲。

（其四）牛羊日曆濼陽秋，不洗平泉草木愁。曾向籌邊樓上望，維州不見見崖州。《籌邊樓》，李衛公事。

（其五）虛聞劍術可通神，河北淮西僭亂頻。雲棧茫茫斷消息，

欲將匕首向何人。《黑白衛》，聶隱娘事。(《帶經堂集》卷六十一蠶尾續詩七，清康熙五十年程哲七略書堂刻本)

## 宋　犖

宋犖（1634～1713），字牧仲，號漫堂，亦號綿津山人，河南商邱（今河南商邱）人。權子。順治四年（1647），犖年十四，應詔以大臣子列侍衛。逾歲，試授通判。歷官湖廣黃州通判、理藩院院判、刑部員外郎、山東按察使、江蘇布政使、江西巡撫、江蘇巡撫、吏部尚書等。康熙四十七年（1708），以老乞罷。五十三年，詣京師祝聖壽，加太子少師，復賜以詩，還里。卒，年八十，賜祭葬。嗜古，精鑒收藏，以富稱。見名畫家悉延至於家，耳濡目染，遂得畫法。水墨蘭竹，疎逸絕倫。博學，工詩詞古文。獎激後進，尤多造就。著《西陂類稿》、《綿津詩鈔》、《楓香詞》等。見《(道光)濟南府志》卷三七、《歷代畫史彙傳》卷五一、《清史稿》卷二七四。

### 【初冬過滄浪亭寄尤悔菴】

滄浪亭畔刈稻了，倚杖看山又此迴。野水鴈飛荷葉爛，故鄉花送牡丹來。經營是處宦情別，歌板古人生面開。時有《滄浪亭》傳奇。寄語西堂八十叟，石欄點筆待追陪。(《西陂類稿》卷十四滄浪亭詩，清文淵閣四庫全書本)

### 【桃花扇題辭】

(其一)中原公子說侯生，文筆曾高復社名。今日梁園譜遺事，何妨兒女有深情？

(其二)南渡真成傀儡場，一時黨禍劇披猖。翩翩高致堪摹寫，僥倖千秋是李香。

(其三)氣壓甯南唯倜儻，書投光祿雜詼諧。憑空撰出《桃花扇》，一段風流也自佳。

(其四)血作桃花寄怨孤，天涯把扇幾長吁。不知壯悔高堂下，入骨相識悔也無？

(其五)陳定生吳次尾名士鎮周旋，狎客追歡向酒邊。柳敬亭、蘇崑生。何憶塵揚東海口，江南留得李龜年。丁繼之。

(其六)新詞不讓《長生殿》，幽韻全分玉茗堂。泉下故人呼欲出，旗亭樽酒一霑裳。(《桃花扇傳奇》卷首，清康熙刻本)

## 唐孫華

唐孫華（1634～1723），字實君，號東江，江南太倉（今屬江蘇）人。幼有神童之目。遊京師，名公卿爭延禮之。康熙二十七年（1688）成進士，選陜西朝邑知縣。會上問博古之士，閣臣舉以對。召試詩賦，稱旨，遷禮部主事，調吏部考功司。三十五年（1696）充浙江主考官，嗣以詿誤歸。孫華體貌清癯，博聞強記，言論風采傾一時。尤熟於史事，人有叩，輒口竟原委數十行如注。爲詩古文，引筆灑灑，千言不竭。年既耄，窮經，日有課程。居鄉遇事輒昌言得失。嘗謂蘇松民力宜恤，官司虧空宜寬，州縣城隍宜修浚，欲寓書於大學士朱軾，會疾作，不果。卒年九十。見《（嘉慶）直隸太倉州志》卷三六、《國朝詩人徵略》卷一五等。

### 【送惠研谿之官密雲】

玉堂作手今可數，君才自合班、揚伍。如何百里屈高賢，又值衝塗近三輔。白檀漢邑本雄區，自昔漁陽劇鼙鼓。當年魏武討烏桓，此地曾經列屯塢。有明扼險議邊防，玉帳牙旗駐開府。只今什九是官田，莊客盧兒猛於虎。廟算方聞出六師，馬走車馳日旁午。玉帛牲牷須早儲，屝屨餱糧費支補。君以書生蝨其間，毋乃非文又非武。搜索深愁比室空，遲回恐犯將軍怒。人皆動色爲咨嗟，君有長材勇可賈。過師衽席未淹時，還把窮黎自摩撫。暫麾白羽跨鞍歸，更有紅妝踏筵舞。邑有女優。況聞鑾駕且經過，供辦應知長吏苦。熟識金閨舊姓名，或有軍書煩阮瑀。好飛尺檄案丁零，便備長繩縛贊普。丈夫事業在盤根，往取通侯封萬戶。（《東江詩鈔》卷三，清康熙刻本）

### 【閏三月十八日同忍菴宮贊錢瞿亭舍人王憲尹太守曹九咸明府邀韓州牧集忍菴堂中觀伎】

落花風雨方瀟瀟，綠陰夏淺客可招。吳歈雅曲嫌耳熟，別打羯鼓停笙簫。金陵少年賭絕藝，拍張跳擲誇雄豪。鷹瞵鶚視氣鬱怒，裲襠縛袴爭騰驍。雪練光明殳丈二，雙手搏弄如承蜩。迴旋撇捩鬥輕疾，金蛇霍霍俄纏腰。兩夫植立肩白棒，翻身倒桂同飛猱。都盧尋橦渾容易，險竿直上何飄飆。有時拳足似宿鷺，倏忽脫架橫秋鵰。將擒復縱快鳥過，蹲踑踞地成虎跳。壯觀蔚跂公孫劍，盛氣衝突周郎刀。鸊鵜初淬芙蓉鍔，當軒拔鞘風飀飀。別布氍毹開院本，樅金伐鼓聲嘈嘈。西涼假面逞變態，遼東妖婦狀嬌嬈。鬼笑靈談各暘睒，沐猴冠狗憑輕趫。吾曾觀樂到燕薊，北客所尚多喧呶。此輩健兒好身手，侯門幕府爭相邀。勑勒歌終旋舞罷，纏頭一曲堆紅綃。吾儕寄興聊復爾，如厭粱肉持車螯。耳目逢新亦可喜，佳處往往時一遭。世上賞音盡如此，飲罷月影樓頭高。（《東江詩鈔》卷四，清康熙刻本）

## 【八月十三日學山園玩月用韓八月十五夜贈張功曹韻】

西園公子舊清河，紅欄翠閣臨澄波。良朋勝賞乘月夜，風吹鄰院聞笙歌。時鄰廟方演劇。堦前唧唧蛩聲苦，落葉渾疑打窗雨。雄談四坐詞峰高，有耳誰聽寒蟲號。黑雲俄作壞山裂，明月脫漏如奔逃。盃槃草草飣梨栗，屏卻羊羶與犬臊。出《禮記・內則》。昔共學山昆弟四，咿唔響徹聞林皋。只今驥足誰千里，白日黃壚隔生死。覲文星苦早逝。我從郎署左官還，十年浪走車班班。叔子棲遲一經老，彤友。季子卑宦投南蠻。允文。試看月亦異圓缺，升沉何獨悲人間。惟有峰巒尚如舊，已覺衰病難躋攀。夜深鄰院亦停歌，糾罰未已仍嚴科。清歡已極感舊多，眼前兄弟俱非他，《毛詩》：「兄弟匪他。」月照華顛奈老何。（《東江詩鈔》卷五，清康熙刻本）

## 【常熟陸次公曾為撫州別駕重葺臨川玉茗堂設湯義仍先生木主演牡丹亭傳奇祀之詩紀其事屬和二首】

（其一）臨川逸藻許誰群，筆挾仙靈氣吐芬。才子文章機上錦，美人形影夢中雲。金荃集在傳新句，玉茗堂空冷舊芸。髣髴吟魂來月夜，落霞餘唱或時聞。

（其二）使君才筆繼清河，佐郡無心嘯詠多。詞客風流悲逝水，箏人舞曲按迴波。張融宅畔劉璡音津訪，劉璡至吳曰：聞張融與陸慧曉並宅，其間有水，必有異味。遂往，酌而飲之。宋玉庭前庾信過。往哲有靈應一笑，檀痕重掐斷腸歌。臨川句云：「自掐檀痕教小伶。」（《東江詩鈔》卷五，清康熙刻本）

## 【王潞亭同年招飲觀劇】

砥室疏窗洒埽新，落花如雪草如茵。性豪自喜窮珍味，量淺遍貪看醉人。痛飲千巡沉井轄，清歌百疊墜梁塵。東華左掖多忙客，爭及園林自在身。（《東江詩鈔》卷十二，清康熙刻本）

# 劉 榛

劉榛（1635～1690），字山蔚，號董園，河南商邱（今河南商邱）人。諸生。有《虛直堂文詩》等。見《晚晴簃詩匯》卷三四、《國朝耆獻類徵》卷四二七。

**【哭侯甥方至八首（之八）】**

依舊山樓敞，春明但可憐。杯殘賢聖酒，花墮杏桃天。散靄虛巒壑，累石爲山方成。回風怪管絃。聞家伶猶有試歌者。平生豪舉處，都逗淚潺潺。（《虛直堂文集》卷二十一陶斯編，清康熙刻補修本）

# 李良年

李良年（1635～1694），字武曾，號秋錦，小字阿京，秀水（今浙江嘉興）人。初襲虞姓，名兆潢，後易今名。人呼之「李十九」。少時見侯朝宗、王于一所爲文，乃學之，遂善爲古文。與尚書龔鼎孳、侍郎孫承澤爲忘年友。與竹垞太史齊譽禾中，人稱「朱李」。立品尤嶄然峻絕。應召入都，諸公貴人多折節下交，徵士獨高矚雅步，不肯爲翕翕熱。先是御試未有期，寶應喬舍人萊語之曰：「高陽論海内詩家，首推子矣。他日有謂，宜造謝者。」徵士曰：「詩小技也，窮達命也。相公知吾詩，孰與相公知吾守乎？」堅不往。聞者以爲誑，及見放始信。著有《秋錦山房集》。見《壬癸藏札記》卷五、《文獻徵存錄》卷一〇、《清史稿》卷四八四等。

**【塞上嚴都尉署中觀女樂歌】**時演石季倫事。

南艓何迢遙，湯池復深阻。涼颸旦暮吹，五月凝殘暑。我在長安正苦炎，狂來策蹇覓村帘。不知物候天涯改，翻喜殊方勝事兼。上谷將軍雅愛客，堂中珠履尋常入。百年黃閣數家風，六載戎符試邊邑。衙齋絲竹駐年華，不列旌麾列絳紗。神女先歸荊楚夢，春風偏到洛陽家。春風，郭冠軍家婢。痛飲連朝看不足，紅牙按遍江南曲。妙本新翻石季倫，獨將佳麗傳金谷。憶昔明珠換綠珠，徵歌買笑古來無。曾向紫絲夸錦障，還提如意擊珊瑚。一自佳人愁墮地，狼籍璣琲與簪珥。吹笛曾無宋禕存，乘輿祇有山松醉。梨園此日竝流傳，掠削雲鬟更可憐。玳瑁筵中鶯乍囀，琉璃屏外柳三眠。風起羅幃日亭午，窈窕文窗亂香雨。且看西子擲金錢，何事東家邀翠羽。此地由來苦戰爭，北門鎖鑰重論兵。簫笳久作從軍轉，鐃吹唯聞出塞聲。二十年閒人事改，連營不用披金鎧。越豔吳歈散夕烽，紅泉碧草常相待。俯仰承平此一

時，爲歡莫遣鬢成絲。從知地主風流極，更與尊前賦柳枝。（清・徐釚：《本事詩》卷十二，清光緒十四年徐氏刻本）

【吳郡丞采臣署齋出家姬歌舞留宴因成四韻】

吏人初散鴈聲邊，司馬閒題樂部篇。愛寫練裙王內史，慣驚紅粉杜樊川。榆關三伏風摧葉，柳堠千屯月帶煙。莫聽圓蘆捲悽調，花鬟挾瑟勸觥船。（清・徐釚：《本事詩》卷十二，清光緒十四年徐氏刻本）

【丁老行】

吾生不見南中全盛日，秦淮丁老三歎述。達官戚里多歡娛，碧油錦纜凌晨出。三十六曲青溪邊，教坊名部分甲乙。沙嫩清簫絕世工，頓老琵琶更無匹。脫十孃家盛歌舞，碧紗如煙香滿室。寫生麥紙鬱青縹，定情紅箋擅詩筆。解貂秉燭千纏頭，瑣鞨銖衣金作相。是時法曲選梨園，丁老排場推第一。建業春風懊惱歌，開元舊譜龜茲律。當筵聽者不敢喧，明星未抵華鐙密。席門趙李盛經過，醉歸不逢當路叱。爲歡只道絲滿絇，買笑休矜髮如漆。笛床一旦煙塵生，再見南都傳警蹕。大尹朝潛朱雀航，破車夜照京口驛。降幡盤盤穿雉迎，柳市花樓眼中失。莫愁湖上飛鴛鴦，小姑祠前吹觱篥。自此紅顏同逝水，啼巾淚損燃脂帙。勾欄月黑聞乳烏，井水秋乾斷長繘。閒殺秦淮渡口人，風冷檀槽霜折瑟。嗚呼亂離那可悉，由來物理渾難必。典衣買醉君莫笑，丁老明年八十七。（清・李稻塍輯：《梅會詩選》一集卷八，清乾隆三十二年寸碧山堂刻本）

## 田　雯

田雯（1635～1704），字紫綸，號山薑，緒宗子，山東德州人。康熙甲辰（三年，1664）進士，授中書舍人。歷户、工二部司員，分校順天鄉試，稱得人。督學江南，力崇古學，釐教條十五則訓士。改湖廣督糧道，捕漕蠹，置之法。晉光祿寺卿，洊巡撫江南，儉以自奉，籌庾政，減課稅。改撫貴州，有十二州縣未設學，請立之。又歷户、刑二部侍郎，告歸，年七十卒，賜祭葬。著述甚富，詩文博覽，與阮亭並稱。著有《古歡堂詩》、《山薑文集》、《長河志籍考》等。見《（道光）濟南府志》卷五六、《國朝先正事略》卷三七、《清史稿》卷四八四等。

【生兒（之二）】

小伶撥檀槽，殷勤擎玉巵。梟梟鴨蹠花，瓶中三兩枝。堂上客莫喧，聽余前致詞。老蚌山薑男，雲藍小袖兒。計年十四五，是翁七十時。那見成名日，遶膝聊娛嬉。我友送書來，兼惠弄麞詩。囅笑搔白頭，紛紛落髩絲。（《古歡堂集》卷四「五言古詩」，清文淵閣四庫全書本）

【度曲】

東坡不如人，其一曰度曲。從來顧曲者，千載周郎獨。聲音之道微，微詫別雅俗。今日梨園部，狂吠堪捧腹。思洗箏笛耳，悠曠聽琴筑。此事有源流，歷遡飛虎僕。權輿三百篇，繼騷清且淑。砰訇古樂府，節奏傷刺促。六朝格再變，艷詞鄰桑濮。截句唱小鬟，叶以絲竹肉。寒天醉旗亭，畫壁同蠻觸。盛唐擅名場，餘子皆碌碌。元人競相尚，百種曾一讀。文固造平淡，俚語亦粥粥。玉茗負逸才，筆健比黃犢。天池《四聲猿》，藻采過潘、陸。百子山樵作，風流自馳逐。粲花主人編，力追大雅躅。籜菴最後出，南北調嫺熟。合拍《九宮譜》，譬車行有輻。玉貌繡衣兒，引吭苦伸縮。手持銅綽板，鹵莽尤禿速。聊城一趙生，其人如淡菊。興餘曼歌發，消我愁萬斛。季札昔觀樂，古音猶可復。山薑作此詩，偶爾蛇畫足。（《古歡堂集》卷四「五言古詩」，清文淵閣四庫全書本）

【浣紗行觀劇】

柳花冪冪春風柔，法曲妙舞揚清謳。梨園小部錦纏頭，紅牙按板彈箜篌。浣紗女兒年十六，君王之側顏如玉。朝隨錦帆涇上行，暮入館娃宮裏宿。鐵甲水犀徒紛紛，夫椒臣妾屬何人。會稽遺幣有太宰，東門抉眼無將軍。鞭楚伐齊不歸老，鞅鞅少主江干道。空嗟伯嚭是佞臣，浪託鮑君盟舊好。倒行逆施多欷歔，白首英雄悲遠途。西施亦悔傾城色，不隱蘿村嫁入吳。《吳越春秋》事如此，曲終酒散悲何已。秦庭痛哭申包胥，五湖高蹈鴟夷子。（《古歡堂集》卷五「七言古詩」，清文淵閣四庫全書本）

【百丈旗觀劇】

宜春小部教坊兒，撾箏撾鼓雙髻垂。白氎裲襠花覆眉，登場撇捩蹲且馳。尻頂撐地足則踦，背如箜篌腰如箕。青熒棖几燒琉璃，傴僂撲朔舞僛僛。累黍妙契爭毫釐，身輕一鳥何瀏灕。手搖花罕口吹篪，遊龍蜿蜒綽板隨。靈妃笑電群相追，紅練雜沓連馮夷。弄珠神女來遊嬉，雲旓下駕斑文貍。舉座色動喜復疑，有客感激歎神奇。此非人巧天授之，公孫大娘乃若茲。西河劍氣光離離，我觀此舞生嗟咨。一技成名徒爾為，削鐻承蜩世莫窺。簷花亂落酒百鴟，空堦雨過飄涼颸。黑甜軟飽夜何其，張燈高歌百丈旗。（《古歡堂集》卷五「七言古詩」，清文淵閣四庫全書本）

【冬夜陪漁洋飲卞令之少司寇齋中聽小伶度曲令之出吳道子畫維摩像索題】

絳帕蒙首皮肉肥，蹁躚西行何所歸。名藍精舍麥光紙，道場不見天花飛。云是延陵道子筆，弟子翟琰為布色。病骨枯龜絕不似，維摩變相人豈識？欸冬樹下欲雪天，來上米家書畫船。清歌妙舞一小鬟，新詞鬥向旗亭邊。逃禪端不受禪誤，毘耶長者與我語。坐圍紅袖寫烏絲，便是優曇香散處。（《古歡堂集》卷七「七言古詩」，清文淵閣四庫全書本）

【鬲津草堂觀劇放歌】

七十老翁何所求，日拚枕曲眠糟丘。不則玉貌繡衣兒，氍毹鋪地舞且謳。兩旁絲竹聒兩耳，琵琶簫管箏箜篌。鬲津草堂夏五月，菿藪豨首草樹幽。忽爾袒衣瀉盃斝，忍冬花釀如黛髹。姑射仙人自何處，驚鴻迴雪駕赤虬。雙鳳口銜紅綬帶，蛾眉長袖天風遊。段師之絃花奴鼓，眞珠一串歌不休。小秦王曲翻水調，黑鴉三五斜陽收。昔人作倆旗亭夜，汗頰畫壁心㞎猶。是時小鬟不更唱，詩名甲乙良堪羞。我但飲酒驅百憂，吁嗟白到十分頭。今日之樂有如此，世間萬事風馬牛，七十老翁何所求。（《古歡堂集》卷七「七言古詩」，清文淵閣四庫全書本）

【選詩竟置酒自勞命小伶度曲率成四章更擬春日選元明詩故篇末及之】

（其一）忽從雅頌問源流，萬首千篇自較讎。高下可容分甲乙，抑揚未敢置薰蕕。裝成面用鴉青紙，把玩手防寒具油。莫怪襲藏常護惜，功夫兩月費雕搜。

（其二）自憐衰病仗參苓，彊勉編摩腕欠靈。匡氏解頤風自媚，毛精舊壘草還青。歸時重可馱牛背，傳去名須避馬庭。狡獪不將付梨棗，只留繕本伴茶經。

（其三）趨事清齋可張去聲軍，聽鈔全仗小胥勤。雞毛作筆三錢直，松液燒燈午漏分。半白半紅拈牘帖，一魚一魯辨訛文。彘肩麥餅官囊酒，餉爾今朝策異勳。

（其四）山薑牢落有心情，一部宮商夜沸聲。紅袖小鬟新樂府，白髭老子舊詞名。樽前好事傳佳語，世上浮雲任浪評。待到梅開雪消日，再排三十卷詩成。（《古歡堂集》卷十二「七言律詩」，清文淵閣四庫全書本）

【春夜觀元龍子益對奕（之一）】

小伶低唱柘枝新，一串歌喉妙入神。酒過十巡夜三鼓，不妨我作爛柯人。（《古歡堂集》卷十三「五言絕句、七言絕句」，清文淵閣四庫全書本）

【送馬乾菴將軍移鎮四明辛未三月（之四）】

胭脂井上佛桑開，黑猓城邊打獵回。大食刀橫初歇馬，梨園子弟請詞來。結用唐句。（《古歡堂集》卷十四「七言絕句」，清文淵閣四庫全書本）

【題四夢傳奇後】

天風綺藻散餘霞，前輩臨川著作家。自是詞人風味別，堂前一樹白茶花。（《古歡堂集》卷十四「七言絕句」，清文淵閣四庫全書本）

【冬夜招揆哉石樓魯玉彥來文子小飲五首（之四）】

一串珠成夜若何，欵冬花放傍簷阿。小伶按板無新曲，未譜蕃釐觀裏歌。石樓著《瓊花夢》傳奇，都下梨園爭演之。（《古歡堂集》卷十四「七言絕句」，清文淵閣四庫全書本）

【乙亥除夕前四日偕諸子陪漁洋先生宴集陸揆哉郎中寓齋即事漫題四絕句先是殷子彥來以石花魚見餉故篇首及之（之三）】

樂府風流竟絕倫，譜來宮徵亦清新。蕃釐觀裏遊仙夢，羨爾嶔崎磊落人。演《瓊花夢》傳奇。（《古歡堂集》卷十四「七言絕句」，清文淵閣四庫全書本）

【聽鄆城樊生花坡彈琵琶時秋八月】

（其一）淫哇凡響滿城傳，洛下聲名總可憐。何似樊生才伎絕，風流揭調四條絃。

（其二）五嶽塡胸意不平，逢場遊戲譜新聲。琵琶直作漁陽鼓，知爾前身是禰衡。

（其三）秋風逐隊撥檀槽，樂府流傳索價高。畢竟教坊誰第一，大家齊演《鬱輪袍》。

（其四）老來懶慢詩篇少，病後心情酒量差。一事腐儒眞得意，垂簾煮茗聽琵琶。（《古歡堂集》卷十五「七言絕句」，清文淵閣四庫全書本）

**【題桃花扇傳奇絕句】**

（其一）一例降旗出石頭，烏啼楓落秣陵秋。南朝賸有傷心淚，更向胭脂井畔流。

（其二）白馬青絲動地哀，教坊初賜柳圈迴。《春燈》、《燕子》桃花笑，餞奏新詞狎客來。

（其三）江潮無賴弄潺湲，一載春風化杜鵑。卻怪齊梁癡帝子，莫愁湖上住年年。

（其四）商丘公子多情甚，水調詞頭弔六朝。眼底忽成千古恨，酒鉤歌扇總無聊。

（其五）零落桃花咽水流，垂楊顦顇暮蟬愁。香娥不比圓圓妓，門閉秦淮古渡頭。

（其六）錦瑟銷沉怨夕陽，低回舊院斷人腸。寇家姊妹知何處，更惜風流鄭妥娘。（《古歡堂集》卷十五「七言絕句」，清文淵閣四庫全書本）

**【新秋雨夕卞司寇齋中觀劇】** 尤展成《李白登科》傳奇。

四條絃動第三廳，一闋霓裳酒未停。偶爾清歌天便妒，秋鐙寒雁《雨淋鈴》。（《古歡堂集》卷十五「七言絕句」，清文淵閣四庫全書本）

## 高一麟

高一麟（1635～1706後），字玉書，號矩庵，登封（今河南登封）人。康熙中歲貢。不遇且窮，連不得於有司，吟詠以老其身。其詩觸景興懷，窮而後工。著有《矩庵詩質》十二卷、《矩庵文匯》八卷、《閩遊紀事》四卷及《嵩山集》等。

**【重陽後十日賞菊梨園佐酒】**

重九重逢九，東籬始放黃。雖遲連日雨，不礙晚秋香。冷艷存孤性，清姿殿眾芳。吳歈新曲好，再此一傳觴。（《矩庵詩質》卷四「五言律詩」，清乾隆高莫及刻本）

【傀儡戲】

世事多機械，登場可借觀。芻靈施粉黛，桃梗冒衣冠。歌哭惟緘口，往來若跳丸。沐猴人所誚，當與此同看。（《矩庵詩質》卷五「五言律詩」，清乾隆高莫及刻本）

【與樂者論樂】

新聲人所好，古樂爾當崇。調叶郢中雪，韻分爨下桐。黜淫須奏雅，立異莫求同。悟得無絃理，何嫌曲未工。（《矩庵詩質》卷五「五言律詩」，清乾隆高莫及刻本）

【館外梨園度曲諸弟子不無見獵心喜作此示戒】

劇演蕭齋左，耳邊花鼓鳴。聞歌須定志，著相即移情。圖史尊三到，簫韶任九成。莫教鴻鵠至，撩亂讀書聲。（《矩庵詩質》卷五「五言律詩」，清乾隆高莫及刻本）

【春日張韋庵夫子召飲內署傀儡侑觴即席賦謝】

春風習習遶琴堂，爲借華筵一覲光。琥珀樽前傀儡戲，玻璃瓶內壽陽粧。喜當久旱逢甘雨，何惜酣歸帶曉霜。小子欣霑投轄愛，獨慚立雪遜遊楊。（《矩庵詩質》卷七「七言律詩」，清乾隆高莫及刻本）

【絚伎】

紅顏少婦絳羅裙，妙舞凌空伎不群。躧踏金蓮輕轉轂，梯攀玉腕倒穿雲。弓腰月偃峨嵋影，彩袖風翻翡翠紋。疑是唐家天寶日，公孫劍術此平分。（《矩庵詩質》卷七「七言律詩」，清乾隆高莫及刻本）

【影戲】

有相終無相，無情若有情。寸心能自矢，不在暗中行。（《矩庵詩質》卷十「五言絕句」，清乾隆高莫及刻本）

【慨俗五首（之三）】

可笑三家村，醵金亦演戲。博來一日歡，耗卻終年費。（《矩庵詩質》卷十「五言絕句」，清乾隆高莫及刻本）

【少婦觀劇】

誰家紅粉女，來看古傳奇。場上與場下，不知誰看誰。（《矩庵詩質》

卷十「五言絕句」，清乾隆高莫及刻本）

【傅公後雨中召飲梨園度曲即席賦謝二首】

（其一）瀟瀟疎雨透窗紗，醁酒紅燈興倍賒。醉後不知更漏永，猶聽簾外撥琵琶。

（其二）琵琶簫鼓響頻頻，調轉歌喉別樣新。夏日漸過秋漸到，忽從曲裏見陽春。（《矩庵詩質》卷十一「七言絕句」，清乾隆高莫及刻本）

【覽輝亭度曲】

金管玉簫兩部分，清歌一曲妙穿雲。眼前多少啼饑者，但恐此聲不忍聞。（《矩庵詩質》卷十一「七言絕句」，清乾隆高莫及刻本）

【觀劇】

婉轉歌喉別調新，憑將花面說前因。勸君莫作登場戲，場下依然場上人。（《矩庵詩質》卷十一「七言絕句」，清乾隆高莫及刻本）

【贈歌者黃荊石】

（其一）樂府輕翻別調新，嬌軀萬轉不勝春。元來歌者黃荊石，燈下錯疑楊太眞。

（其二）黛眉雲鬢內家粧，笑倚春風舞袖長。月裏姮娥不拘管，偷來人世度霓裳。（《矩庵詩質》卷十一「七言絕句」，清乾隆高莫及刻本）

【砭俗四首（之三）】

風流名士近何如，不愛讀書愛看書。雜劇稗官堆滿眼，逢人猶自說三餘。（《矩庵詩質》卷十一「七言絕句」，清乾隆高莫及刻本）

# 徐　釚

徐釚（1636～1708），字電發，號虹亭，又號鞠莊，江南吳江（今江蘇吳江）人。康熙己未（十八年，1679）薦舉鴻博，授檢討，纂修《明史》。會有翰林外轉事，釚忤權貴意，亦在遣中。湯斌力爲調護，不能已，遂歸。性好遠遊，東入浙、閩，歷江右，三至兩粵，一至中州。後起原官，不就。卒，年七十三。年十三賦詩，有驚人句，長益工詩古文詞，聲譽日起。山水另具孤高之致，兼畫蟹。著有《南州草堂集》、《本事詩》。又嘗刻《菊莊樂府》，昆山葉方靄稱其綿麗幽深，耐人尋繹，朝鮮貢使以兼金購之，并貽詩曰：「中朝攜得《菊莊詞》，讀罷煙霞照海湄。北宋風流何處是，一聲鐵笛起相思。」其爲遠人傾慕如此。釚既工倚聲，因輯《詞苑叢談》，具有裁鑒。見《（同治）蘇州府志》卷一〇六、《歷代畫史彙傳》卷五、《清史稿》卷四八四等。

**【雜感】**

亂落楊花攪白綿，皖江江水綠於煙。南朝狎客無人見，腸斷聲聲《燕子箋》。謂阮光祿也。光祿有《燕子箋》、《春燈謎》雜劇。（《南州草堂集》卷二，清康熙三十四年刻本）

**【寒夜署中觀劇即事四首】**

（其一）銀箭銅壺夜漏傳，微添鳳腦撥鵾絃。玉山人意迷離甚，可是樊川被酒年。

（其二）回眸斂笑態憨生，舞罷氍毹紅燭明。休把檀槽齊拍按，江州司馬不勝情。

（其三）感慨淒涼調不同，銀箏鐵板唱江東。舊人縱有何戡在，此地曾無南九宮。江北無崑腔。

（其四）撩亂閒愁易斷腸，年來瘦盡沈東陽。那堪此夜情如水，卻忘飄零是異鄉。（《南州草堂集》卷二，清康熙三十四年刻本）

**【任城旅店飲葯園祠部】**

幾回沙塞夢風煙，逆旅重逢一惘然。潘令鬢消思故國，子卿頭白想丁年。東岡舊恨題華表，飛濤居遼東有《東岡集》。南部新詞託管絃。葯園爲雜劇自寓。耐可一錢留不住，應教入市憶青蓮。（《南州草堂集》卷三，清康熙三十四年刻本）

編者案：《南州草堂集》多處記載徐釚與藥園之交往，如卷三所收《陸吳州水部招同丁葯園祠部任城署園小飲即事次葯園韻三首》、《九日南池旅懷和葯園二首》、《濟上送葯園南還》等，由此知藥園當姓丁。翻檢史料，知其應爲丁澎。事跡見阮元《兩浙輶軒錄》卷四、李元度《國朝先正事略》卷三七、鄭澐《（乾隆）杭州府志》卷九四等。

**【春夜觀劇即席成四截句】**

（其一）銀虬聲永廣筵開，小部鈞天夜奏來。欲剪春愁渾似水，當筵曾喚幾千迴。

（其二）樺燭三條照畫屏，粧成搬演小秦青。酒腸已被歌喉壓，猶向檀槽按拍聽。

（其三）蹉跎雙鬢竟絲絲，惱煞樊川杜牧之。正是江南花落候，不堪惆悵爲情癡。

（其四）贏得當年薄倖名，司空席上最關情。酒酣一曲無人問，珍重何戡白髮生。（《南州草堂集》卷五，清康熙三十四年刻本）

【某中丞招飲醉賦】

霜滿烏臺夜柝聞，一天煙靄散塵氛。影搖樺燭歌三疊，波泛金樽酒十分。鈴閣香濃飄鶴篆，西樓夢斷隔巫雲。時演袁荊州《西樓記》。可堪重把青衫濕，醉裏還書白練裙。（《南州草堂集》卷十三，清康熙三十四年刻本）

【戲柬雷岸】

荳蔻初薰香已殘，久將團扇篋中看。知君未醒瓊花夢，天上還來問綵鸞。雷岸撰《瓊花夢》劇。（《南州草堂集》卷十三，清康熙三十四年刻本）

【躬暨招同方渭仁同年暨李頌將吳志上花前觀小伶演劇即席成四絕句】

（其一）鸜鵒教成檀板催，開樽忽憶紫雲迴。憑君莫話當年事，且盡生前酒一杯。信州城南搆一亭，供趙汝愚像。一日，汝愚觴客於此，命撤去，笑曰：「且盡生前一杯酒。」後人因名「一杯亭」，今尚在。

（其二）悠揚龍笛囀輕喉，十捧花奴舞未休。說與風流狂刺史，莫教腸斷似蘇州。

（其三）小紅花謝響檀槽，羯鼓頻催興轉豪。醉問青州老從事，誰人得比鄭櫻桃。

（其四）曾記春風剪柘枝，當筵愁煞杜分司。而今老大心情減，紅豆重拈鬢已絲。（《南州草堂集》卷十四，清康熙三十四年刻本）

【摸魚兒・寒夜觀劇演韓蘄王夫人故事】

舞氍毹、霜天夜冷，畫簾銀燭如晝。一聲《河滿》腸千折，只有青衫依舊。君見否。西陵畔、兩家錢趙惟衰柳。霓裳休奏。但紅粉英雄，也曾相助，擂鼓長江口。　　空侘傺，驗取衣冠優孟。幾回燈下搔首。猩狨繡襖芙蓉頰，值得當年消受。揎短袖。人未老、功名莫漫同芻狗。天移星斗。灑珠淚羅襟，悲歌慷慨，拚與銷殘漏。（南京大學中國語言文學系《全清詞》編纂研究室編：《全清詞·順康卷》第十二册，中華書局 2002 年版，第 6788～6789 頁）

## 邵長蘅

邵長蘅（1637～1704），字子湘，號青門，江南武進（今江蘇武進）人。十歲補諸生，因事除名，旋入太學。工詩，力追唐人，晚變蘇、黃、范、陸之派，亦學宋詩中之矯矯者。尤致力古文辭，陶鍊雅正，與侯朝宗、魏叔子稱鼎足。長蘅性坦易，客宋犖幕，齗齗持古義，無所貶損，時論賢之。著有《邵子湘全集》。見《國朝詩人徵略》卷一四、《清史稿》卷四八四等。

**【西湖雜興二十首（之八）】**

仙韶宮女夜薰香，翠鬢珠腰一色粧。菊部梁州新按就，官家明日卻排當。（《邵子湘全集》青門賸稿卷二，清康熙刻本）

**【吳趨吟并引（之五）】** 予久客吳閶，見風俗有可慨者輒記以詩，學白香山《秦中吟》作八首，似亦足備采風，詩體則不盡倣白也。

《度曲》：有明嘉隆閒，吳騷變新聲。唐祝擅塡詞，崑腔始魏生。良輔。流傳百餘年，屢變伎益精。兩兩清客輩，吳人工簫管度曲者稱清客。絃拍簫笛箏。相與期何所，虎丘可中亭。相與期何時，三五蟾兔盈。廣場人聲寂，獨奏眾始驚。細如駐遊絲，檐牙颺春晴。一字度一刻，嫋嫋絕復縈。或如瑣窗語，謪謪未分明。又如春園花，睆睆哢流鶯。入耳忽凄緊，淅淅蕉雨清。聽者喚柰何，靡靡蕩我情。坐立互徙倚，仿偟達五更。何人理元曲，嗑然笑荒傖。人情貴後來，世俗悅䵷淫。新衣自勝故，古調不如今。元曲且掩耳，何況瑟與琴？（《邵子湘全集》青門賸稿卷二，清康熙刻本）

## 曹鑑徵

曹鑑徵，字徵之，嘉善（今屬浙江）人。貌寢，不自修飾。家有瘠田數畦，嘗不得粟，羞與富貴遊。所交必奇士，與南粵朱斐、北平韓畕善。日爲詩文，見忌流俗。門有橡樹，中庭有紅杏，客至多吟詠其側。偶移石，廢二指，遂病狂，不幘不履行於市，數年死。著有《紅藥園》、《白石樓》等集，皆軼。見《兩浙輶軒續錄》卷二、《檇李詩繫》卷二六等。

【贈蘇崑生】

襄陽城裏鵰鴟飛，回首當年事已非。憶得軍中橫玉笛，峽猿山月兩沾衣。（清・王士禎輯：《感舊集》卷十二，清乾隆十七年刻本）

## 汪懋麟

汪懋麟（1639～1688），字季甪，號蛟門，江都（今江蘇揚州）人。康熙丁未（六年，1667）進士，官內閣中書。入直必攜書數冊自隨。薦舉博學鴻詞，以未終服辭，乃授主事。入史館充纂修官，補刑部主事，勤於職事。有武某乘車宿董之貴家，之貴利其貲，殺之。車載而棄於道，鞭馬使馳。武父得車馬劉氏之門，訟劉殺其子。懋麟曰：「殺人而置其車馬於門，非理也。」乃微行，縱其馬，馬至之貴門，駭躍悲鳴。因收之貴，一訊得實，置於法。其發奸摘伏多類此。古文學王介甫，詩才特儁異。歸田後鍵户謝賓客，晝治經，夜讀史，日有程課，鋭意著述，成一家之言。既得疾，彌留令洗研磨墨嗅之，復令烹佳茗以進，自謂香沁心骨。口占二絕，大笑呼奇絕而逝。著有《百尺梧桐閣集》。見《文獻徵存錄》卷一〇、《淮海英靈集》甲集卷二、《清史稿》卷四八四等。

【柳敬亭說書行】

田巴既沒蒯通死，陸賈酈生呼不起。後人口吃舌復僵，雄辯誰能矜爪嘴。吳陵有老年八十，白髮數莖而已矣。兩眼未暗耳未聾，猶見搖唇利牙齒。小時抵掌公相前，談奇說鬼皆虛爾。開端抵死要驚人，聽者如癡雜悲喜。盛名一時走南北，敬亭其字柳其氏。英雄盜賊傳最神，形模出處眞奇詭。耳邊恍聞金鐵聲，舞槊橫戈疾如矢。擊節據案時一呼，霹靂迸裂空山裏。激昂慷慨更周緻，文章彷彿龍門史。老去流落江淮閒，後來談者皆糠粃。朱門十過九爲墟，開元清淚如鉛水。長安客舍忽相見，龍鍾一老胡來此。剪燈爲我說《齊諧》，壯如擊筑歌燕市。君不見原嘗春陵不可作，當日紛紛誇養士。雞鳴狗盜稱上客，玳瑇爲簪珠作履。此老若生戰國時，遊談任俠羞堪比。如今五侯亦豪侈，黃金如山羅錦綺。爾有此舌足致之，況復世人皆用耳。但得飽食歸故鄉，柳乎柳乎譚可止。

芝麓宗伯《贈說書柳叟》沁園春一闋云：「驃騎將軍，異姓諸侯，功名壯哉！乍南樓傳箭，大航風鶴；中流搖櫓，溢浦蒿萊。片語回嗔，千金逃賞，遮客長刀玩弄來。堪憐處，有恩門一涕，青史難埋。　偶然坐上嘲詼，博黃絹新詞七步才。似籌兵北府，碧油晨啓；把碁東閣，屐齒宵陪。春水方生，吾當速去，老子遨遊頗見哀。相攜手，儘山川六代，簫鼓千杯。」公自注云：「記左寧南與范文貞、何文端事也。」（清・徐釚：《本事詩》卷十，清光緒十四年徐氏刻本）

## 周在浚

周在浚（1640～1696後），字雪客，一字龍客，號梨莊，一號遺谷，祥符（今屬河南）人，亮工子。繼述家學，惟恐不力，時有蘇環有子之目。撰有《天發神讖碑釋文》一卷、《煙雲過眼錄》二十卷，編有《藏度集》十六卷等。其著述精博，以《南唐書注》最有名。又欲注《五代史》，未克成書。好收藏金石書畫，一時名下士皆從之遊。見《晚晴簃詩匯》卷四〇、《清詩別裁集》卷八等。

**【金陵古跡詩（之一）】**

風流南曲已煙銷，剩得西風長板橋。卻憶玉人橋上坐，月明相對教吹簫。舊院有長板橋爲最勝。今院址爲菜圃，獨板橋尚存。當時曲中以沙嫩簫爲第一。（清・徐釚：《本事詩》卷十二，清光緒十四年徐氏刻本）

**【金陵古跡詩（之三）】**

曲終腸斷李龜年，北調於今迥不傳。一片箏琶凡響遏，淵淵聲出碧雲邊。舊院老樂工唱北調，以琵琶箏和之，是宮中所傳。（清・徐釚：《本事詩》卷十二，清光緒十四年徐氏刻本）

**【金陵古跡詩（之八）】**

頓老琵琶奉武皇，流傳南內北音亡。如何近日人情異，悅耳吳音學太倉。南院頓老琵琶是威武南巡所造法曲，今太倉絃索勝而北音亡矣。（清・徐釚：《本事詩》卷十二，清光緒十四年徐氏刻本）

## 劉中柱

劉中柱（1641～？），字砥瀾，號雨峰，寶應（今屬江蘇）人。以國子監官遷部郎，出爲正定府知府，有廉名。其詩「波瀾老成，光輝發越」，與汪蛟門、陶季深、汪舟次、喬石林、朱秋崖、陳冰壑、史蕉飲、鄧孝威同時爲詩友。所著有《兼隱齋詩抄》八卷、《續抄》三卷，又《小館詩集》六卷。見《淮海英靈集》甲集卷二、《晚晴簃詩匯》卷三八等。

**【題桃花扇傳奇】**

兩星夾日輝旌幢，樓船衝浪南渡江。福王入南都時，有兩黃星挾日而趨。

金陵王氣消已盡，卻思草草重興邦。中原鼎沸紛塵壒，戰氛祇在長江外。半壁金湯據上遊，六朝山水開都會。福王生小解溫柔，吹竹彈絲第一流。蟋蟀相公工召敵，蝦蟆天子本無愁。福王嘗命乞兒捕蝦蟆、取蟾酥，合房中藥；士英聞有似道之好。人稱蝦蟆天子、蟋蟀相公。至寶帶進姦僧手，士英納賄，有僧利根爲次餽獻之高下。總憲李沾進一帶，屬利根稱爲至寶。士英遂進御。江南錢塞馬家口。兩邸紛紛日賣官，監紀如羊職方狗。當時謠曰：「監紀多如羊，職方賤似狗。掃盡江南錢，塡塞馬家口。」奄黨新翻《燕子牋》，烏絲玉版譜朱紘。陽臺歌舞瓊樓上，士英進用阮大鋮，有詩曰：「陽臺歌舞世間無」，蓋指大鋮也。粧束梨園玉帳前。大鋮誓師江上，衣蟒玉，見者呼爲梨園裝束。權奸事跡都如此，太學諸生清議起。幻蜃妖蟆羽檄飛，從此左兵南下矣。左寧南傳檄誅馬阮，有「幻蜃妖蟆」之句。閣部丹忱炳日星，臨江流涕望中興。密談空對應庭吉，史可法以閣部出鎮揚州，與推官應庭吉酒中密談，出福王手詔曰：「左兵南矣，吾將赴難。」舌戰曾勞柳敬亭。壓寨夫人威奪幟，四鎮鼠牙爭角犄。黃金壩上陣雲飛，番天鷂子尤恣肆。番天鷂子，高傑也。壓寨夫人，傑妻邢氏也。黃金壩之役，邢氏助戰。纔罷南兵又北兵，帝子夜走將軍營。瓜州渡口樓船下，桃葉山前鐵騎橫。西風颯颯牙檣折，史閣部所乘船，桅竿每夜作聲，祭之不止。孤忠冷照揚州月。嶺上梅花擁白雲，一抔碧葬萇宏血。營門戰鼓聲鼕鼕，星光黯淡雲爲濛。紫微垣星暗，史閣部屏人夜出，召應庭吉視之，淒然泣下。靖南戰死二劉走，一載堪憐福運終。西長安門上有一對，福運告終云云。秦淮流水清如玉，一片平蕪葬蛾綠。朱門草沒大功坊，孝陵夜夜啼烏哭。雲亭才子寫殘春，譜出延年法曲新。媚香樓畔青溪曲，種得桃花似美人。侯郎風調眞無匹，櫻桃一曲鴛鴦結。卻奩從此挾深仇，可憐溝水東西別。別後風波又幾重，含顰無那出深宮。內家散盡君王走，此後歸來百念空。何意塵緣猶未斷，棲霞山畔還相見。情禪參破事從虛，千秋佳話留紈扇。離合悲歡夢一場，憑將兒女譜興亡。坐中亦有多情客，莫向當筵唱斷腸。（清・阮元輯：《淮海英靈集》甲集卷二，清嘉慶三年小琅嬛僊館刻本）

## 喬　萊

喬萊（1642～1694），字子靜，號石林，別署畫川逸叟。可聘子。寶應（今屬江蘇）人。康熙丁未（六年，1667）進士，除中書舍人。後舉博學宏詞，改授編修。主廣西鄉試，歷陞翰林侍讀。時御史奏濬海口，瀉積水。總河御史上言：疏海口則引潮内侵，大不便。請於邵伯、高郵間置閘洩水，復築長隄抵海口，以束所洩之水，使水勢高於海口，則趨海自迅。下廷臣議，適菼入直，上召問，力陳不可，議遂寢。未幾，中蜚語罷歸。復召，卒於官。有《使粤》、《歸田》諸集，並作有戲曲《耆英會》。見《淮海英靈集》丙集卷一、《國朝詞綜續編》卷一、《（乾隆）江南通志》卷一四四等。

【舟中贈歌者】

桃花春漲木蘭舟，夾岸垂楊水自流。一曲新聲翻淥水，東風吹雨過揚州。（清・徐釚：《本事詩》卷十一，清光緒十四年徐氏刻本）

## 徐豫貞

徐豫貞（1642～？），字德宣，號滄浮，海鹽（今浙江海鹽）人。詩學陸劍南、楊誠齋，所爲詩篇，堅奥奇警，得漢魏三唐之精髓，而不屑與時流角門户。胸有奇書，門無雜賓。晚年歸心淨土，築室秦駐山下，曰「逃菴」。著有《滄浮子詩鈔》、《逃庵詩草》等。見《兩浙輶軒錄》卷二。

【元夕前一夕觀影戲作】

作劇固多方，巧者以紙戲。名戲已云妄，況復是影事。影事字出内典。從妄又生妄，爲幻亦已至。播弄本由人，俗眼炫機智。孰知諸芸生，與此了無異。嘆彼造化兒，顛倒我萬類。群處傀儡場，各使逞厥伎。嗔爲蝸角爭，貪競蠅頭利。歡作淳于笑，悲下雍門涕。衣冠總優孟，參軍弄俱僞。唐時讌，宮中女優綠衣秉簡爲參軍。薛能詩云：「女兒絃管弄參軍。」有時鑼鼓歇，如夢暫出寐。出寐亦非眞，旋復被驅置。轉展同戲劇，流浪成迷昧。卓哉過量人，獨識非幻地。（《逃菴詩草》卷二，清康熙楊崑思誠堂刻本）

## 吳雯

吳雯（1644～1704），字天章，號蓮洋，遼陽（今屬遼寧）人。父允升，官蒲州學正，遂著籍蒲州。事母暨祖母以孝聞。雯少朗悟，記覽甚博，尤長於詩。遊京師，父執劉體仁、汪琬皆激賞之。王士禎目爲仙才。嘗與葉方靄同直，誦其警句，方靄下直即趨訪，名大噪。大學士馮溥出扇索詩，雯大書二絕句答之，其坦率類是。卒以不遇，不悔也。試鴻博不中選。後居母憂，以毀卒。詩體峻潔，有其鄉人元好問之遺風。著有《蓮洋集》。見《己未詞科錄》卷六、《(嘉慶)大清一統志》卷一四一、《清史稿》卷四八四等。

**【觀柳明菴演金雀雜劇戲贈】**

相公曲子久堪傳，不是癡腸不是顛。領盡人間花月味，風流重見柳屯田。(《蓮洋詩鈔》卷九，清文淵閣四庫全書本)

## 鄭熙績

鄭熙績(1648？～1705)，字懋嘉，江都(今江蘇揚州)人。康熙十七年(1678)舉人，官刑部主事。懋嘉年少負雋才，肆力於詩歌、樂府、古文詞。一吟一詠，皆有纏綿悱惻之意，繚繞筆墨間。著有《含英閣集》、《蕊棲詞》等。見《淮海英靈續集》巳集卷一、《國朝詞綜》卷一七、《揚州休園志》卷三等。

**【中秋後二日集語石堂觀劇即席共用樓字】**

(其一)亭臺歷歷望中浮，煙樹迷離景倍幽。率爾徵歌來北里，偶然乘興集南樓。笙簫似聽《霓裳曲》，燈火如同清夜遊。今夕月華仍爛熳，廣寒應未下簾鉤。

(其二)吳剛猶幸未全修，月殿清輝分外幽。楊柳陰中紛舞態，芙蓉花下囀歌喉。燈殘擊鉢吟還健，漏盡傳杯興正稠。此夜廣陵增勝事，遊人不羨十三樓。(《含英閣詩草》卷六「七言律」，清康熙含英閣刻本)

**【定舫觀梅演牡丹亭即席紀事】**

(下闕)(《含英閣詩草》卷六「七言律」，清康熙含英閣刻本)

## 孔尚任

孔尚任(1648～1718)，字聘之，又字季重，號東塘，別號岸塘，自稱雲亭山人，山東曲阜人，孔子六十四代孫。歷官户部員外郎。以國子博士奉命閱河，駐淮揚三載，東南遺獻，縞紵爭投。著有《湖海集》十二卷、《會心錄》四卷、《節序同風錄》十二卷等。工樂府，有《桃花扇》、《小忽雷》傳奇，盛行於世。見《國朝詩人徵略》卷一三、《晚晴簃詩匯》卷三九等。

**【有事維揚諸開府大僚招讌觀劇】**

東南繁華揚州起，水陸物力盛羅綺。朱橘、黃橙香者櫞，蔗仙、糖獅如茨比。一客已開十丈筵，客客對列成肆市。鈞天鼓樂何震駭，絮語熱言須附耳。須臾禮成各舉觴，一箭一匕聽侑史。江瑤施乳曾耳聞，訝紫疑紅試舌齒。酒味法傳太尉廚，雪水書生嬔欲死。一尊未盡兩部齊，雙聲疊作異宮徵。座客總厭清商歌，院本斟酌點鳳紙。曲曲盛事太平春，烏帽牙笏雜劍履。亦有侏儒嬉諧多，粉墨威儀博眾喜。無情哭難笑不易，人歡亦歡乃絕技。孝威云：摹寫官酒，十分盡致。（汪蔚林編：《孔尚任詩文集》，中華書局 1962 年版，第 13 頁）

## 【元夕前一日宗定九黃仙裳交三閔義行王漢卓秦孟岷柳長在集予署中踏月觀劇即席口號】

簫管吹開月倍明，燈橋踏遍漏三更。今宵又見桃花扇，引起揚州杜牧情。定九云：是夕，予在座，客俱以無月減興。公之詩成而明月照盃矣！與晏元獻中秋之集，古今有同致也。（汪蔚林編：《孔尚任詩文集》，中華書局 1962 年版，第 25 頁）

編者案：詩注據清康熙間介安堂刻本《湖海集》卷二補入。

## 【蘭紅小部】

小部齊抽玉筍條，相公曲子最魂銷。才開衣篋襟多袵，乍點笙簧字未調。鶯會囀時猶費舌，柳能眠處已成腰。詞人滿把拋紅豆，扇影燈花鬧一宵。（汪蔚林編：《孔尚任詩文集》，中華書局 1962 年版，第 310 頁）

## 【燕臺雜興四十首有序（之六）】

蝸寓在宣武門外，距太學十五里。每月堂期六次，計一歲往返二千二百里；予十年博士，在館者六載，蓋行一萬三千二百里矣。昔人云：不行萬里路，不讀萬卷書，難乎爲詩。今成均既無書可讀，而僕僕軟塵中，亦無景可寫。甲戌春，坐輿人肩上，偶觸時事、懷時人，輒吟斷句，歸書條紙於榻屏，久之屏且滿。無體無格，不倫不理，間作注解，以當詩話云。

席帽青衫遍染塵，七年記得陸郎眞。岐王席上笙歌裏，扇掩燈光認舊人。予遊吳時，常聽陸九歌，今又遇於王府，年已二旬，彷彿識之。（汪蔚林編：《孔尚任詩文集》，中華書局 1962 年版，第 367～368 頁）

## 【燕臺雜興四十首有序（之八）】

十丈紅塵一洞灰，高車短扇呵如雷。太平園裏閒蕭管，演到新詞第九回。太平園，今之梨園部也，每聞時事，即譜新聲。（汪蔚林編：《孔尚任

詩文集》，中華書局 1962 年版，第 369 頁）

【燕臺雜興四十首有序（之十七）】

顧郎新譜楚詞成，南雅清商絕妙聲。何事招魂刪一折？筵前無淚與君傾。無錫顧天石名彩，作《楚辭譜》，傳屈、宋故事，南雅小班特善之，然不演《招魂》一折，觀者以爲恨。（汪蔚林編：《孔尚任詩文集》，中華書局 1962 年版，第 370 頁）

【燕臺雜興三十首有序（之二）】歲甲戌，成均多暇，作《燕臺雜興》四十首，同人借鈔，傳爲詩話，今三年矣。予轉版曹，又得雜興三十首，寒瘦之態，不亞於昔，竟無借鈔者。蓋鈔書皆閒人事，予爲忙官，誰肯就我？詩之不傳者，大半忙官也。

賺出人間絕妙詞，枯桐果是鳳凰枝。兩街樓上春風並，從此昆侖避段師。樊花坡名裬，琵琶爲當代第一手。王阮亭、田綸霞、王吴廬、龐雪崖諸先生，俱有贈詩。黄葵園亦能琵琶，爲之斂手。（汪蔚林編：《孔尚任詩文集》，中華書局 1962 年版，第 379～380 頁）

【燕臺雜興三十首有序（之三）】

壓倒臨川舊羽商，白雲樓子碧山堂。傷春未醒朦朧眼，又看人間夢兩場。玉池生作《揚州夢》傳奇，龍改庵作《瓊花夢》傳奇，曾於碧山堂、白雲樓兩處扮演，予皆見之。（汪蔚林編：《孔尚任詩文集》，中華書局 1962 年版，第 380 頁）

【燕臺雜興三十首有序（之九）】

朱門一出路茫茫，篋裏空藏斷袖香。走上氍毹歌一曲，從新人看李修郎。李修郎聲伎擅場，爲貴人所寵，人難窺見。後被棄擲，仍到歌場，見者驚爲絕藝。（汪蔚林編：《孔尚任詩文集》，中華書局 1962 年版，第 381 頁）

【燕臺雜興三十首有序（之二十）】

南部煙花刼後灰，曲終人散老相催。昆山弦索姑蘇口，絕調誰傳《小忽雷》？予《小忽雷》填詞成，長安傳看，欲付梨園，竟無解音。後得景雲部，始演之。（汪蔚林編：《孔尚任詩文集》，中華書局 1962 年版，第 382 頁）

【平陽竹枝詞（之四十一～五十）】

（其四十一）平頭鬏子窄長袍，便是兒郎態也嬌。惱亂紅塵行到晚，何人收管鄭櫻桃。

（其四十二）脂濃粉淡走天涯，不數宜春院裏花。結下風流無限恨，插秧時候懶還家。以上踏歌詞。

（其四十三）太行西北盡邊聲，亦有昆山樂部名。扮作吳兒歌水調，申衙白相不分明。

（其四十四）平陽簾外月黃昏，一曲能消座客魂。此地風流原有種，唐時艷體說西昆。以上西昆詞。

（其四十五）一群紅袖不知名，按板都能唱曼聲。白領烏巾雲母扇，幾人豐度似王生？

（其四十六）第一柔情數孟姜，賞燈時節病西廊。金娘笑口強兒手，也惱書生幾段腸。以上女優詞。

（其四十七）亂彈曾博翠華看，不到歌筵信亦難。最愛葵娃行小步，氍毹一片是邯鄲。

（其四十八）秦聲秦態最迷離，屈九風騷供奉知。莫惜春燈連夜照，相逢怕到落花時。以上亂彈詞。

（其四十九）漁樵腹裏有山河，季漢殘唐眨眼過。瑣屑儒生誰掛齒？英雄只說將門多。

（其五十）大抵興亡非爾知，秦皇漢武事多疑。憑君醒木敲千下，不是陳摶睡起時。以上平話詞。（汪蔚林編：《孔尚任詩文集》，中華書局 1962 年版，第 401～402 頁）

## 張雲章

張雲章（1648～1726），字漢瞻，居嘉定之橫港。荒江蓬户，有樸三株，亭亭入雲，因自號樸村。父履，素好《史記》及韓、柳、歐、蘇文，命日誦一篇，口爲講解。稍長，遂能文。肄業國子監，王士禎爲祭酒，首獎其古文詞，汪琬亦云「浩浩瀚瀚，氣如江海之流」。久之，崑山徐乾學及興化李柟，俱延至其家，校勘書籍。既而歸，移居城南，讀書談道，悠然自得也。張伯行巡撫江蘇，陳鵬年爲蘇州知府，咸器重之。吏部侍郎湯右曾以孝廉方正薦於朝，徵入都，與修《尚書彙纂》。書成，議敍縣令，不謁選。將南行，伯行請主潞河書院，居二年，辭歸。年七十九，卒。輯《南宋文鑑》，未脱稿。有《樸村詩文集》三十卷行世。見《（乾隆）江南通志》卷一六六、《（嘉慶）直隸太倉州志》卷二八等。

【鄭御史招飲觀女樂】

（其一）翠帷呼出綺羅香，一弗歌珠惱夜堂。不似夏侯徒好事，隔簾深護伎衣裳。

（其二）鷓鴣句好新裁曲，獬豸冠高舊切雲。南國又逢司法宅，掌中雪態舞長裙。用盧杲之詩句。（《樸村詩集》卷七「律詩」，清康熙華希閔等刻本）

## 博爾都

博爾都（1649～1708），字問亭，一字大文，別號東皋漁父。輔國恪僖公拔都海子。官輔國將軍。其貫穿經傳，錯綜典墳，而又深研性命之旨，博求天人之源。自築東皋別業，水石花竹，擅輞川之勝。一時名輩皆有詩紀其事。爲詩近體精新，歌行雄放，下筆有重山疊波、煙雲洄洑之勢。著有《問亭詩集》十卷、《白燕棲草》八卷等。見《八旗詩話》、《清史稿》卷四八四、《晚晴簃詩匯》卷九等。

【贈歌者并嘲白太僕隋太史】

（其一）清歌妙舞逐繁絃，紅燭光飛瘦影旋。密意未通愁轉劇，背人故故整花鈿。

（其二）憐伊能解作歌意，無限情從歌裏來。歌到情濃歡會處，雙眸含笑向人迴。

（其三）翠眉銀燭映窗紗，媚態輕軀艷若花。今日幸逢白司馬，樽前何必訴琵琶。

（其四）歌聲嘹喨舞腰柔，鴉髻簪花香滿頭。一曲闌珊人未醉，莫教明月下西樓。

（其五）花作容顏玉作膚，含情小立賽羅敷。纏頭不用西川錦，奪得隋侯袖裏珠。（《問亭詩集》白燕栖詩草卷五，清康熙三十五年刻本）

## 王　著

王著（1649～1737），字宓草，號湖村，秀水（今浙江嘉興）人，家於金陵。本名尸，與王槩兄弟。槩本名丐，父死，俱仍其音而改其字。所畫美人，體如人大，宛然若生。懸於室，乍入者爲之噢驚。山水得大痴筆意，工花卉、翎毛。工詩歌及書法。著有《豆區八友傳》一卷。見《兩浙輶軒錄》卷四、《國朝畫徵補錄》卷下、《歷代畫史彙傳》卷二九等。

【輓洪昉思】昉思以《長生殿》傳奇被劾，而才名愈著。余與昉思交差晚，讀其舊稿《幽憂草》，乃知昉思不得於後母，罹家難，客遊京師，哀思宛轉，發而爲詩，取古孝子以自勉，世第以詞人目之。淺之乎，知昉思矣！甲申夏，泊舟烏鎮，因友人招飲，醉歸失足，竟墜水死。

（其一）世傳艷曲調清新，我愛高吟意樸淳。怨艾自傷眞孝子，性情不愧古風人。家從破後常爲客，名到成時轉累身。歸老湖山思閉戸，何期七尺付沈淪。

（其二）苕溪流似沅湘遙，又爲騷人賦《大招》。漫把哀音翻《薤露》，便將新曲譜鮫綃。《長生殿》角薰風暖，小部歌聲乳燕嬌。此日淪亡君莫恨，太眞生共可憐宵。楊妃以六月朔日生，明皇於是日命梨園小部奏《荔枝香》新曲於《長生殿》上。今昉思適以六月朔日死，故及之。（清・阮元輯：《兩浙輶軒錄》卷四，清嘉慶刻本）

## 查慎行

查慎行（1650～1727），字夏重，又字悔餘，號初白，海甯（今屬浙江）人。康熙四十二年（1703）進士，官編修。初受學於黃宗羲，不惑於圖書之學，有《周易玩辭集解》十卷。初白早年行役足跡半天下，其未到者秦、蜀、滇南耳。閱歷山川之勝，多見於詩。篇什之富，與帶經堂埒。年將六十，始以孝廉供奉内廷。通籍後，詩格稍變矣。著《敬業堂集》五十卷，梨洲先生嘗以比陸放翁。見《文獻徵存錄》卷二、《國朝先正事略》卷四〇、《碑傳集》卷四七、《清史稿》卷四八四等。

【金陵雜詠二十首并序（之十二）】

頓老琵琶擅教坊，供筵法曲別歌章。故須小技通文義，垂老知音付漫郎。（《敬業堂詩集》卷一，四部叢刊景清康熙本）

【金陵雜詠二十首并序（之十三）】

雷雨隨絃四座驚，秀之絕調自泠泠。隔簾傳語催停板，頭白扶來制淚聽。（《敬業堂詩集》卷一，四部叢刊景清康熙本）

【即事二首（之一）】

爨婦粧成細馬馱，梨園立部曼聲多。太常別有平蠻樂，不取金釵玉樹歌。（《敬業堂詩集》卷三，四部叢刊景清康熙本）

【喬侍讀席上贈歌者六郎】

欲顧曾無一字訛，子絃徐引曼聲歌。青衫憔悴無如我，酒綠燈紅奈爾何。(《敬業堂詩集》卷十一，四部叢刊景清康熙本)

【登燕子磯】

迴欄步步轉雲汀，若要登高更有亭。淮岸柳條秋尚綠，孝陵松氣遠尤青。城啣日出排鴉陣，天偪江低響雁翎。添得重來多少恨，西風吹帽鬢星星。憶與韜荒兄泊舟觀劇，屈指十三年矣。(《敬業堂詩集》卷十六，四部叢刊景清康熙本)

【即目二首(之二)】

子弟梨園舊賜緋，樓船南下疾如飛。衣冠氣盡魚龍雜，帷蓋恩深犬馬歸。桃葉何心隨短楫，楊花多事打春旗。就中別有青衫客，聽到琵琶淚暗揮。(《敬業堂詩集》卷十八，四部叢刊景清康熙本)

【白田喬侍讀有家伶六郎以姿技稱己巳春車駕南巡召至行在曾蒙天賜自此益矜寵庚午四月余從京師南還訪侍讀於縱棹園酒間識之有青衫憔悴無如我酒綠燈紅奈爾何之句時東海徐尚書射陵宋舍人慈谿姜西溟俱在座相與流連彌夕而散去冬北上重經寶應則侍讀下世旅櫬甫歸余入而哭之盡哀何暇問六郎蹤跡矣及至都下聞有管郎者名擅梨園一時貴公子爭求識面花朝前八日翁康飴戶部相招為歌酒之會忽於諸伶中見之私語西厓曰此子何其酷似白田家伶蓋余向未知六郎之姓也西厓既為余道其詳竟酒為之不樂口占四絕句以示同席諸君】

(其一)鬢影衣香四座傾，風流爭賞米嘉榮。就中獨有劉賓客，曾聽涼州意外聲。

(其二)鴨桃花外小池臺，瀲灩舦船一棹開。春色滿園人盡妒，君王前歲賜金來。

(其三)一群穠艷領花曹，頭白尚書興最豪。記得送春筵畔立，酒痕紅到鄭櫻桃。

(其四)茶煙禪榻隔前塵，存歿相關一愴神。自琢新詞自裁扇，教成歌舞爲何人。(《敬業堂詩集》卷十九，四部叢刊景清康熙本)

【西湖櫂歌詞十首(之三)】

曼衍魚龍百戲張，蜃樓幻出水中央。船頭風引三山近，方丈蓬萊

望渺茫。時禁遊人不得登湖心亭。（《敬業堂詩集》卷二十六，四部叢刊景清康熙本）

【燕九日郭于宮范密居招諸子社集演洪稗畦長生殿傳奇余不及赴口占二絕句答之】

（其一）曾從崔九堂前見，法曲依稀錟段傳。不獨聽歌人散盡，教坊可有李龜年。憶己巳秋事。

（其二）上客紅筵興自酣，風光重說後三三。老夫別有燒香曲，憑向聲聞斷處參。（《敬業堂詩集》卷三十八，四部叢刊景清康熙本）

【立秋後三日匠門家集梨園為勝會再邀余入座四疊前韻】

夜似長年日小年，逢場何忍獨醒然。野王岸上停三弄，司馬江頭輟四絃。月裏《霓裳》聽乍徹，座中白髮感尤先。梨園法曲皆供奉，或恐人間是別傳。（《敬業堂詩集》卷四十一，四部叢刊景清康熙本）

【三月三日塘西卓氏園看梅】

兩月春苦寒，閉門雨雪中。名園一昔到，天氣初和融。徐步盡深榛，窅然苔逕通。中有古梅樹，閱人自兒童。余年十三四時讀書西水，曾遊此園，今五十餘年矣。花開子孫枝，樹亦成老翁。不知幾易主，孤幹如焦銅。良辰與我期，噴雪當晴空。清香襲襟袂，澹若松下風。夕陽墮林西，纖月張虛弓。慚將塵土足，移入笙歌叢。是夕沈氏叔姪置酒演劇，故云。（《敬業堂詩集》卷四十五，四部叢刊景清康熙本）

【永遇樂．燕子磯同韜荒兄觀劇】

陡起千尋，嶙峋突兀，濤舂萬古。晚景融怡，艑郎卻指，日落波平處。蘆洲一帶，柳堤數折，人與鳧鷗並住。還怕向、絕頂憑凌，沈沈愁滿煙霧。　隔船遙聽，哀絲豪竹，月影朧朧輕護。村落難尋，微風吹遞，近轉磯頭路。開元弟子，郭郎賀老，剩想衣冠南渡。也抵得、商女歌殘，凄涼玉樹。（《敬業堂詩集》卷四十九，四部叢刊景清康熙本）

【綠頭鴨．聽任小史唱提水調其聲婉轉幽咽相傳明沐國公鎮滇時宮人所歌者】

面如花，畫圖樓閣神仙。入侯門、琵琶偷學，未登狎客紅筵。轆轤長、胭脂井淺，別翻新調鷓鴣天。三百年來，故宮幽怨，此聲今被樊僮傳。似花底、雛鶯調舌，嬌小又清圓。歌頭轉、一絲風細，裊斷還聯。　　問人間、幾回曾聽，哀彈不用么絃。便司空、向來見慣，也同司馬淚潸然。我亦無端，爲伊腸斷，凄涼何況館娃年。杯闌後、曲終夜半，風雨到燈前。疑有箇、人兒擁髻，愁對伶玄。（《敬業堂詩集》卷五十，四部叢刊景清康熙本）

## 先　著

先著（1651～？），字渭求，一字遷夫（一作遷甫），又字染庵，號盍旦子，晚號之溪老生，瀘州（今屬四川）人，徙居江寧（今江蘇南京），博覽多聞，工詩文及樂府長短句，與同里徐時盛輩相唱和。著有《之溪老生集》、《勸影堂詞》及《易微詞潔》等。見《（乾隆）江南通志》卷一六五、《國朝詩人徵略》卷二〇等。

### 【贈艾山補】

丈夫六十無成已云老，捉襟納屨人咸笑。仰面床頭看屋梁，獨有千秋在懷抱。請言昔日全盛時，堂前吹竹兼彈絲。至今梨園白髮擅長者，猶是君家十歲教歌兒。卓犖聲名推世父，文士東南競馳騖。君才少小人稱奇，半世刳心墮雲霧。有詩有文拙謀食，里巷摧頹消白日。人前不合常掉頭，逢我即有好顏色。君不見天愁傾日憂墜，舉世誰醒復誰醉。我生值此須達生，那能爲之復憔悴。何必區區炊數米，三旬九食尋常事。濁酒一卮齏一盂，金石聲長莫教止。比鄰者誰鹿城生，手鈔稗史字如蠅。光熹甲乙事略備，許借我讀知分明。秋宵相呼坐孤月，春郊徘徊恣歡悅。百年轉盼成古今，他日金陵話三客。（《之溪老生集》卷一嚴許集上，清刻本）

### 【聽盧慧工彈琵琶歌】

盧郎琵琶今好手，五十年來未曾有。聞音審調使我驚，天寶開元去已久。自從城頭觱篥吹，箜篌管笛聲盡悲。金陵子弟不曉事，指授多憑市井兒。盧郎三十秀眉目，十五之年愛絲竹。學得琵琶滿手彈，窈渺清音能絕俗。有父曾官故金吾，有兄製器兼同居。慧工兄善製琵琶。檀槽在抱不遑食，四絃應手忘其軀。初彈一聲指未起，掐木撓絃漸移徙。再三調弄始成聲，入耳縈心使人死。有時雜亂如鳥鳴，有時微細如絲輕。忽然勇猛帶嚴厲，中有短兵相戛聲。小語喁喁兒女子，此是盧郎等閒事。飛花攪絮難爲情，水咽雲凝還不似。江邊發發風捲沙，江郊十里多梅花。去年花下客吹笛，此夜載酒攜琵琶。聞名賞歎初謀面，不惜深杯爲予勸。仙樂人間久斷腸，南國風流夢難見。由來此藝分差等，心手相調誇本領。狎客紅裙多擅場，不遇崑崙焉得逞。輞川一曲《鬱輪袍》，對山、渼陂尤興豪。文人才子不得意，豈獨區區傷爾曹？我非潯陽舊遷客，半生淚點從衣濕。不爲情癡感別離，眼底興亡痛今昔。王侯第宅飛塵灰，平康門巷瓦礫堆。三條絃子邊關調，御內青青苜蓿肥。教坊樂部俱消滅，誰解師承問殘缺。曾見白頭老伶市上抓秦箏，乞錢一文不可得。盧郎琵琶天所成，推手卻手神悟生。前身傳得無愁曲，彷彿明妃出塞行。我謂盧郎姑聽取，少陵詩人句應誤。分明遺恨曲中論，千載琵琶猶漢語。（《之溪老生集》卷一嚴許集上，清刻本）

【再成九首（之四）】

水面牙旗結陣雲，金山戰鼓徹江聞。蘄王捷後麒麟畫，還有儒生虞允文。中秋前夕演《韓蘄王》傳奇。（《之溪老生集》卷三藥裏集上，清刻本）

【演長生殿傷洪昉思】

（其一）一曲新聲是禍媒，當時傳寫遍燕臺。陽侯不爲才人惜，竟向錢塘水底埋。

（其二）飛燕昭陽事有無，玉環銜恨不勝汙。借他一尺紅牙拍，洗卻唐家稗史誣。洗兒錢事，蓋小說之誣，爲史家誤採。喜其絕不涉此，可云雅奏。

（其三）洪生本色填詞客，出手遙拈若士香。正是斷腸千載事，殘春天氣好排場。（《之溪老生集》卷六藥裏後集下，清刻本）

## 查嗣瑮

查嗣瑮（1653～1734），字德尹，號查浦，慎行弟。海甯（今屬浙江）人。康熙三十九年（1700）進士，改庶吉士，授編修，歷侍講，視學順天。性警敏，數歲即解切韻諧聲。與兄初白酬倡，斐然可觀。襆被囊琴，轍跡幾遍天下。所至與賢豪長者遊，酒肆旗亭，傳唱無虛日，海內稱「查氏兩才子」。著有《查浦詩鈔》、《音類通考》等。見《兩浙輶軒錄》卷一一、《全浙詩話》卷四四、《國朝詩人徵略》卷一八、《清史稿》卷四八四等。

【查氏勾欄二首】

（其一）查氏勾欄第一家，十些新變楚詞耶！騷翁獨絕歌郎絕，魂宕風些與月些。

（其二）生魂蚤爲艷歌招，十色花曹雙領曹。睨殺月些鉤乍吐，風些香到一作吹向鄭櫻桃。風些姓鄭，本名阿桃。（清・金埴：《不下帶編》卷六，中華書局 1982 年版，第 117 頁）

## 顧圖河

顧圖河（1655～1706），字書宣，號花翁，江都（今江蘇揚州）人。康熙甲戌（三十三年，1694）以一甲第二及第，官翰林院編修。充日講官，直南書房，與修《一統志》、《皇輿表》。出視湖廣學政，卒於任。少負異稟，性醇樸，嗜古貪書，寒暑無閒。家在城東七十里外，偶入城必載書滿車。古文詞俳體，皆根柢古人。尤工於詩，每與名流詩酒相酬，詞辯鋒起，同里史蕉飲太史稱其詩云：「具陵跨百代之力，而不傍一門户，蓋盡得古人之師承而自立於宗派後者。」花翁早年詩特妍秀，頗爲時稱，繼乃焚棄。自甲子至丁卯得詩三百餘首，同里汪蛟門比部更爲刪訂，稱之云：「恢奇奧衍，盤薄不羈。」故二公論詩雅趣極合。所著有《雄雉齋集》六卷。其齋又名華蟲别館。見《淮海英靈集》乙集卷二、《（乾隆）江南通志》卷一六六、《碑傳集補》卷八等。

【喬侍讀新製一舟命曰雲裝煙駕之舫自賦四律索叔定醉白及余屬和次韻寄題並呈王方若喬無功致能介夫（之三）】

一部家伶能解意，滿瓶內酒況新開。雷驚畫鼓欹帆過，星亂紅燈寫影來。隄畔按歌雲不動，風前喝盞浪成堆。金壺銀箭休催逼，自在中流未擬迴。（《雄雉齋選集》，清康熙刻本）

## 曹　寅

曹寅（1658～1712），字子清，號荔軒，又號楝亭，漢軍正白旗人，世居瀋陽。工部尚書璽子。歷官通政使、江寧織造、兩淮鹽政，有《楝亭詩文詞鈔》。楝亭當康熙全盛之時，尚衣管榷，久駐江淮，風雅好事，富有藏書，尤多鈔本，校刊諸書，皆精美。詩出入於白居易、蘇軾之間，鋒穎森然，而有事外遠致。朱竹垞稱其博綜群書，練習掌故，又熟於詩派，多師以爲師，非虛譽也。見《國朝詩人徵略》卷二〇、《晚晴簃詩匯》卷五〇、《清史稿》卷四八五等。

**【過海屋李晝公給事出家伶小酌留題】**

造次不辭過，知君憐我眞。紅鵝催送酒，蒼鶻解留人。曲子舊犇尾，桃花長等身。眼中無白髮，相見總傷神。（《楝亭詩文鈔》詩鈔卷六，清康熙刻本）

**【兩城諸子合飲醉甚醒後聞雪作憶晚研先生獨宿南園重申前意代簡三首（之三）】**

鞠部清詞付小伶，自調蘆管鬥燈熒。氈車亦未妨泥濘，待掃庭鹽浣玉鉼。（《楝亭詩文鈔》詩鈔卷七，清康熙刻本）

**【辛卯孟冬四日金氏甥攜許鎮帥家伶見過閩樂也閤坐塞默胡盧而已至雙文燒香曲聞有囉哩嗹句記董解元西廂曾有之問之良然為之哄堂老子不獨解禽言兼通蛇語矣漫識一絕句】**

一拍么弦一和纏，舞餘無復掃花鈿。囝郎漫縱哄堂笑，摘耳猶聞囉哩嗹。（《楝亭詩文鈔》詩鈔卷七，清康熙刻本）

**【雪後和晚研澄江載酒人至兼憶真州昔年聲伎之樂】**

調撥吳儂舊管絃，依然衫袖感華年。歌成粉絮飄筵上，夢醒銀槎卧酒邊。楊子潮寬浮凌後，鹽官詩興早梅前。開醒正有還家樂，好超西林放雀船。（《楝亭詩文鈔》詩別集卷四，清康熙刻本）

**【念奴嬌·題贈曲師朱音仙朱老乃前朝阮司馬進御梨園】**

白頭朱老，把殘編，幾葉尤耽北調。事去東園，鍾鼓散，東園内監梨園鐘鼓司，見明《内府志》。司馬流螢衰草。燕子風情，春燈身世，零落桃花笑。當場搬演，湯家殘夢偏好。　　高皇曾賞琵琶，家常日用，史記南音早。誤國可憐、餘唾罵，頗怪心腸雕巧。紅豆悲深，氍毹步卻，昔日曾年少。雞皮姹女，還能卷舌爲嘯。（《楝亭詩文鈔》詞鈔，清康熙刻本）

## 陳大章

陳大章（1659～1727），字仲夔，號雨山，黃岡（今屬湖北）人。康熙戊辰（二十七年，1688）進士，改庶吉士，以母老乞歸。有《玉照亭詩鈔》、《軥輈》、《敝帚》等集。通毛詩，用功頗深，作《詩傳名物輯覽》十二卷，是書本百卷，凡三易稿而後成。見《文獻徵存錄》卷六、《國朝詩人徵略》卷一五、《湖北詩徵傳略》卷一六、《清文獻通考》卷二一三等。

【觀演劇悼洪昉思作】

（其一）紅燭高燒照酒舟，桂華香徹月華流。虹冠霞帔霓衣舉，並作西宮一色秋。

（其二）聽風聽雨寫霓裳，王建句。舊憶尊前顧曲郎。何事流傳歸樂府，未曾入耳已心傷。洪善詩，製此曲經三十年，凡數易稿。

（其三）舊曲新翻自性靈，哀絲急管遏行雲。柔聲入拍如將絕，眼見何人不哭君。賈島弔孟郊詩:「昔年遇事君多哭,今日何人更哭君。」昉思塡詞至得意處，便大哭不已。

（其四）哀樂無端急轉輸，人間天上兩悠悠。千金一字淋鈴曲，不比尋常菊部頭。

（其五）萬劫情緣一瞬間，才人薄命抵紅顏。風流不是庭蘭輩，漫把哀音付等閒。秋谷詩：「獨抱焦桐俯流水，哀音還爲董庭蘭」，爲昉思作也。（《玉照亭詩鈔》卷十八秋篷集下，清乾隆九年陳師晉刻本）

## 程　瓊

程瓊，字飛仙，號轉華，一號無涯居士。休寧（今屬安徽）人。歙縣吳祚榮室。幼見董華亭《書畫眼》一編，遂能捷悟。及長，書畫算弈，無不精敏。論事析理，窮極微妙。其神解所徹，視文字象數，皆塵秕也。生子，五歲親授以書，即成誦，乃取諸子中精語各附史事以教之。殤，甚痛。尋病卒。見《歷代畫史彙傳》卷六九、《晚晴簃詩匯》卷一八四等。

【釋牡丹亭傳奇色情難壞意】

何自有情因色有，何緣造色爲情生。如環情色成千古，艷艷熒熒畫不成。（《晚晴簃詩匯》卷一百八十四，民國退耕堂刻本）

## 金　璧

金璧，字晴村，號銅鶴山人，山陰（今浙江紹興）人。國子生。晴村遊京師，性淩物，公卿貴人皆搖手相避，不遇而歸。都統道福色愛其才，以上客延之，然亦屢被其嫚罵。道福色優容之。及赴內召，握手雪涕相戒，然終不改。客維揚，病困。歸，死於家。詩情朗朗，工危偪清絕之句，如哀猿老鶴，悽婉中人。商盤曰：「山人曾在姑孰青山下得司馬相如玉印一方，自賦古風。其詩不傳，所見止《江上懷古》詩三首，此乃才士身後之殘羽蛻鱗也。」著《銅鶴詩選》。見《兩浙輶軒錄》卷一八、《全浙詩話》卷四五、《雪橋詩話三集》卷四等。

【白下重逢孔東塘先生】

共別金臺浣舊塵，相逢不覺秣陵春。浪淘十四年前事，燈聚三千里外人。余讀書成均，時先生曾爲博士。扇憶桃花情不盡，先生有《桃花扇》傳奇。官如水部句多新。白頭詩律惟應細，風雅江南得再親。（清・阮元輯：《兩浙輶軒錄》卷十八，清嘉慶刻本）

## 張大受

張大受（1660～1723），字日容，一字可之，號蔚園。居吳郡之干將門，干將門又名匠門，故以自號，人皆稱「匠門先生」。其先嘉定人，祖徙長洲（今江蘇吳縣）。大受生有異才，又好學，最爲汪鈍翁、韓慕廬、朱竹垞三先生所賞識。康熙庚午（二十九年，1690）舉於鄉，是科江南得人最盛，而大受闈墨尤傳誦天下。數上春官不第，名日益起，四方造門講藝者無虛日。大受亦勤於接引，喜獎借，以故人彌親附焉。己丑（四十八年，1709）始成進士，選庶吉士，授檢討。奉命視學貴州，教諸生以讀書之法，設書院義學，爲置田資膏火，拔士之尤者給之，風氣爲之一變。世宗聞其有聲，命再任，未幾疾作，卒於官。大受詩文超雋，人尤愛其駢體。著有《匠門書屋文集》。見《（嘉慶）直隸太倉州志》卷三七、《（同治）蘇州府志》卷八八、《潛研堂集》文集卷四六等。

【聽顧君言度曲】

魏生弟子幾人存，時曲崑腔次第論。聞說蘇崑生第一，眼中人數顧君言。（《匠門書屋文集》卷一「詩」，清雍正七年顧詒祿刻本）

【閱武林舊事偶題（之五）】

南部檀槽樂奈何，宮中宣喚教坊多。武陵雜劇傳三百，渭石伊涼切莫歌。（《匠門書屋文集》卷二「詩」，清雍正七年顧詒祿刻本）

【竹垞先生八十生日（之二）】

煙雨歌翻湖上樓，金風亭長最風流。清詩畫壁傳名妓，法曲當場按小優。少日聲名齊華嶽，暮年才思倚滄洲。神仙謫後名偏重，嗤點空憐大樹蜉。（《匠門書屋文集》卷四「詩」，清雍正七年顧詒祿刻本）

【觀劇為韻語當偈】

（其一）法堂風寂奏清泠，月上西廂側耳聽。千載琴心慣挑撥，抱君常合泛滄溟。

（其二）一紙西樓淚萬行，更無隻字與情郎。迴文枉費秦川錦，不及空函惱斷腸。

（其三）新婦歡娛故婦悲，小相逢處訴相離。天涯不少琵琶恨，試問中郎知未知。

（其四）昨日長亭又草橋，夢魂那怕路程遙。同衾百歲期同穴，不似陽臺換暮朝。

（其五）脱卻紅塵怨倍深，百般狂蕩試禪心。參來色相都虛幻，雲自浮空水自沉。

（其六）醉裏相看醒不眠，耐將辛苦伴嬋娟。世間情種皆癡漢，長殉東風玉鏡前。

（其七）花開花落幻多情，誰女誰男死復生。蝴蝶夢殘天欲曉，人間留得洞簫聲。（《匠門書屋文集》卷八「詩」，清雍正七年顧詒祿刻本）

## 趙執信

趙執信（1662～1744），字伸符，號秋谷，一號飴山，益都（今山東益都）人。少穎慧，九歲能文。稍長，窮力爲詩，詩思精鋭。新城王士禎以詩爲天下倡，學者多宗之。士禎論詩謂「當如雲中之龍，時露一鱗一爪」，執信作《談龍錄》糾之，謂詩「當指事切情，不宜作虛無縹緲語，使處處可移，人人可用」。論者以爲足救新城末派之弊。康熙十八年（1679）進士，由編修官右贊善。性峻傲，不譽假人。同館某以詩集及土物餽贈，執信畣簡云：「土儀謹領，大稿璧還。」某大恨。後數年，某官御史，會執信於國喪日演劇，某詗奏之，執信坐廢終身。生平服馮氏定遠之學，稱私淑弟子。與陶貞一昆季爲執友，數往來虞山，邑中題詠甚多。著有《飴山堂文集》六卷、《詩集》十七卷、《聲調譜》一卷、《談龍錄》一卷、《因園集》十三卷等。見《（同治）蘇州府志》卷一一二、《文獻徵存錄》卷一〇、《國朝詩人徵略》卷九、《碑傳集》卷四五、《國朝先正事略補編》卷一等。

**【寄洪昉思】**

垂堂高坐本難安，身外鴻毛擲一官。獨抱焦桐俯流水，哀音還爲董庭蘭。（《因園集》卷三還山集，清文淵閣四庫全書本）

**【聽歌口占】**

牢落周郎發興新，管絃閒對自怡神。早知才地宜江海，不道清歌

誤卻人。（《因園集》卷五鼓枻集，清文淵閣四庫全書本）

【月下場中聽歌】

晚霽場圃靜，空村雲月閒。此時歌白雪，偏稱對青山。十載違高調，中宵解病顏。淄流入新雨，清響寫潺湲。（《因園集》卷八紅葉山樓集，清文淵閣四庫全書本）

【遊滄浪亭六首（之六）】

梁苑相如故倦遊，謾誇文酒擅風流。平臺未是題詩處，留待當筵菊部頭。（《因園集》卷九浮家集，清文淵閣四庫全書本）

【上元觀演長生殿劇十絕句】

（其一）傾國爭誇天寶時，才人例解說相思。三生影響陳鴻傳，一種風情白傅詩。

（其二）遙指仙山喚太眞，華清一浴斬然新。怪來宇內求難得，元在深閨未識人。

（其三）脂粉無由汙淡妝，雙飛端合在昭陽。酷憐姊妹開來豔，虛憶梅花冷處香。

（其四）溫泉清滑浸芙蓉，玉女飛來太華峰。石作鳧魚猶觸忤，那教取次近豬龍。

（其五）月殿酣歌夢許攀，輕將仙樂落人間。笑他穆滿無情思，身到瑤池白手還。

（其六）垂老荒迷花月場，臨淄英略未銷亡。投珠抵璧尋常事，夙遣元臣駐朔方。

（其七）蜀山秋雨感飄零，殘夢頻迴舊驛亭。妙寫鈴聲入新曲，可能渾似月中聽。

（其八）牛女經年夢亦慵，翻從人世管情蹤。玉妃應有婚姻牘，才過開元便得逢。

（其九）黃泉碧落事荒哉，差勝樓船去不迴。本與求仙情味別，何嘗身欲到蓬萊。

（其十）清歌重引昔歡場，燈月何人共此堂。六百餘年尋覆轍，菟裘怪底近滄浪。余以此劇被放，事跡頗類蘇子美。昔過蘇州有句云：「聞道滄浪有遺築，故應許我問菟裘。」（《因園集》卷十金鵝館集，清文淵閣四庫全書本）

【錢塘洪昇昉思故名族遭患難攜家居長安中殊有學識其詩引繩切墨不順時趨雖及阮翁之門而意見多不合朝貴亦輕之鮮與往還才力本弱篇幅窘狹斤斤自喜而已見余詩大驚服遂求為友久之以填詞顯頗依傍前人其音律諧適利於歌喉最後為長生殿傳奇甚有名余實助成之不時唱演觀者如雲而言者獨劾余余至考功一身任之褫還田里坐客皆得免昉思亦被逐歸前難旋釋反得安便余遊吳越間兩見之情好如故後聞其飲郭外客舟中醉後失足墜水溺而死】

每笑蘇子美，終身惟一蹶。永拋夢華塵，長嘯滄浪月。千秋覓同調，舍我更何人？高騫雲中鶴，俯視爨下薪。當時共造迷，鬼神實假手。委曲以相成，君無道慚負。群兒旁快意，一網盡無餘。借問即陸者，誰能免淪胥？弔君水仙操，置我愚公谷。得失物雞蟲，死生身翻覆。歌場倏已散，此是無色天。翩然成獨往，直上三神山。（《因園集》卷十二懷舊集，清文淵閣四庫全書本）

## 侯　銓

侯銓（1664～1735），字秉衡，號梅圃，江南嘉定（今屬上海）人，廩生。從嘉定寓居虞山，與陳見複、汪西京諸人結詩社。性直諒，友朋有闕失，必直言箴規。著有《梅圃詩鈔》。見《清詩別裁集》卷二七、《（同治）蘇州府志》卷一三九等。

### 【題桃花扇傳奇】

（其一）青蓋黃旗事可羞，鍾山王氣水東流。滄桑眼底傷心淚，付與詞場曲部頭。賦此題者甚多，未免過於瑣屑。著筆滄桑，不粘兒女，故爲雅音。

（其二）胭脂井畔事如何，扇底桃花濺血多。長板橋頭尋舊跡，零香斷粉滿青莎。（清・沈德潛輯評：《清詩別裁集》卷二十七，清乾隆二十五年教忠堂刻本）

## 李必恆

李必恆（1666～？），字北嶽，一字百藥，江南高郵（今屬江蘇）人。邑廩生。品端學富，於詩古文詞無不工，益肆力於詩，馳名郡邑。然每足踏省闈，輒報罷。既駈馳不得志，則發爲幽憂之疾，呻吟床簣。宋漫堂中丞選江左十五子詩，厥後十五人中殿撰一人，位大宗伯者一人，大學士者一人，餘任宮詹、入翰林者指不勝屈。而必恆以諸生終，且耳聾多病，年止中壽。有《三十六湖草堂詩集》。

見《淮海英靈集》戊集卷一、《國朝詩人徵略》卷二〇、《槐廳載筆》卷六、《碑傳集補》卷四五等。

【補吳趨吟幼伶補邵青門詩】

鬖髿束髮兒，白皙乃無比。疎疎眉眼好，粲粲脣齒美。五歲教識字，從師按宮徵。手口兼授受，辛苦肆鞭箠。技成鄰里賀，父母爲色喜。挾之走四方，飄然離桑梓。登場傅粉墨，當筵矜爪觜。參軍與老鶻，靦顏不知恥。本心漸放失，垂老悔莫徙。先王分四民，農工商賈士。各各有常業，服習自幼始。所以風俗完，淳悶臻上理。梨園肇李唐，近代益波靡。吳儂慣成習，比閭莫訾毀。生兒教義方，罟擭陷童穉。隸籍儕教坊，編戶弗與齒。若爲急謀生，所獲甯有幾。輪輿與梓匠，執一亦足恃。或云此有由，豪門及王邸。千金裝傀儡，樂部購聲伎。豈忍捐骨肉，乃爲重貲餌。上好下必甚，此論誠近理。愚氓固難喻，陋俗曾應洗。何當設厲禁，是用勗君子。（清·張應昌輯：《詩鐸》卷二十六，清同治八年秀芷堂刻本）

## 程瑞祊

程瑞祊（1666～1719），字姬田，號槐江，休甯（今屬安徽）廩生。康熙三十年（1691）歲貢，官内閣中書。姬田淹貫經史，文有奇氣，詩特渾雅，不求仕進，惟以訪勝讀書、刻畫山水、搜輯文獻爲務。所著有《麟經集義》八卷、《飄風過耳集》二十卷、《京華搜玉集》三十二卷、《詩鈔》八卷、《雜著》八卷、《藜床囈詩》六卷，又有黄山、南徐紀遊諸草。見《（光緒）重修安徽通志》卷二二五。

【雪夜觀女劇送王將軍出塞】

長安城中一夜雪，瓊樓玉宇開金闕。貴主王侯百萬家，貂裘毳帳紅爐熱。皓齒蛾眉色色新，一朵一朵梨花雲。石家暖玉長分錦，党尉清歌妙入神。金樽夜進葡萄酒，紅燭高燒人一斗。將軍鐵騎出交河，奇兵五道居延口。從此銀河洗甲兵，月明長照國西營。治平不用花門將，四海無波大漠清。（《槐江詩鈔》卷一，清乾隆二年刻本）

【夜次威坪】

多情霜月照苔磯，至後晴和露氣微。燈火叢中人未散，管絃聲裏夢初歸。時崖上演劇。歌殘子夜愁無賴，瘦盡東陽影不肥。幾度聞雞思

起舞，蹉跎長恨壯心違。（《槐江詩鈔》卷一，清乾隆二年刻本）

【和汪丹書觀女郎演劇原韻二首】

（其一）宛似雙成下碧霄，幾行紅粉遍星橋。香生舞袖芳塵起，響遏行雲絳蠟銷。不少周郎能顧曲，最憐嬴女善吹簫。酒闌漫想高唐夜，旅夢依依在翠翹。

（其二）皓齒妖嬈絕代無，天風吹汝下蓬壺。行來香霧隨雲上，舞罷纖腰倩客扶。好按紅牙歌艷曲，漫敲羯鼓愛花奴。司空見慣情猶戀，惱亂何須笑腐儒。（《槐江詩鈔》卷二，清乾隆二年刻本）

【疊韻再和】

（其一）雲屏日暖愛吹簫，環珮珊珊到二喬。翠袖兩行嬌欲舞，春山幾點淡難描。畫樓鶯囀花千樹，芳草魂銷柳萬條。檀板歌殘宮漏寂，銀河一水正迢遙。

（其二）錦襠緩步出香車，聲價宜酬百琲珠。紫玉歌喉當日少，小蠻風韻一時無。紅樓夜醉眉初斂，繡幙春寒夢不孤。客裏莫彈囉嗊曲，羈愁留得在狂夫。（《槐江詩鈔》卷二，清乾隆二年刻本）

【仲冬同鶴潭三家兄集飲靜嘯堂俞大陳芳歸自京師席間見贈二律即席倚和兼呈尊公錦泉中翰暨兩令弟（之一）】

抱璞歸來氣未平，騷壇原自負時名。雄才又見鍾三鳳，家學深知愧二程。即席揮毫皆玉屑，當杯擲地盡金聲。鈞天樂奏霓裳暖，彷彿黃粱夢未成。時觀女郎演劇。（《槐江詩鈔》卷二，清乾隆二年刻本）

【都門元夕踏燈詞（之六）】

三市風微禁漏遲，醉撾花鼓夜遊嬉。太平時節花燈盛，更有魚龍百戲隨。（《槐江詩鈔》卷三，清乾隆二年刻本）

【都門元夕踏燈詞（之七）】

幾盞琉璃敵夜光，燈懸天市數廊房。梨園子弟新翻曲，一樣歌喉李八郎。（《槐江詩鈔》卷三，清乾隆二年刻本）

【都門元夕踏燈詞（之十一）】

春暖花樓酒未醒，新腔聞演《牡丹亭》。通侯廠內觀燈早，帽上新

簪孔雀翎。（《槐江詩鈔》卷三，清乾隆二年刻本）

【元夕世忠祠觀燈十首（之三）】

百戲紛陳邁偃師，魚龍出沒在天池。酒闌更看霓裳舞，說與人間總不知。（《槐江詩鈔》卷三，清乾隆二年刻本）

【席間聽家伶度曲同人分賦】

琵琶半面一燈紅，月上高樓曲未終。誰向鵾絃誇絕調，隔窗啼煞白頭翁。（《槐江詩鈔》卷四，清乾隆二年刻本）

## 屈 復

屈復（1668～？），字見心，號悔翁，陝西蒲城人。年十九，試童子第一。忽棄去，走京師，學詩者多從之遊。先生作客約：不迎送，不作寒喧語。其論詩於興、賦、比之外，專以寄託爲主，謂陶之《飲酒》、郭之《遊仙》、謝之《登山》、左之《詠史》，彼自有所以傷心之故而借題發之，未可刻舟而求劍也。張尚書廷樞欲上章薦，力辭不就。乾隆元年（1736）楊尚書超曾舉應鴻詞科，楊未見屈，屈亦不報謝。無子，妻死不再娶，人以比林和靖。悔翁以布衣遨遊公侯間，不屈志節，固有守士也。詩雖未純，亦時露奇氣，惟過自矜許，好爲大言，而一二標榜之人至欲以一悔翁抹倒古今詩家，於是學者毛舉疵瘢而苛責之，悔翁無完膚矣。著有《弱水集》二十二卷、《楚辭新集註》八卷。見《清詩別裁集》卷二八、《國朝先正事略》卷三八等。

【春夜讀書鄰人有歌南曲者】

鳩喚帶星流，鐘聲寂城闕。暮煙桃李香，清齋孤興發。汎覽穰苴篇，魯論自怡悅。盃酒聊獨進，看劍擊玉玦。快誦太史書，輟耕秦已滅。窗影人坐花，清歌風度月。突兀天府空，壯懷轉消歇。秋泉自然響，長笛共幽咽。獨立湘簾前，洋洋飛白雪。（《弱水集》卷一，清乾隆七年賀克章刻本）

【聽演牡丹亭傳奇】

（其一）一夜《牡丹亭》夢長，千鍾不醉爵金香。相公老去猶惆悵，信有婁江俞二娘。

（其二）此曲已經百回聽，春花秋月總纏綿。少年有夢有尋處，座上人今非少年。世傳《牡丹亭》刺曇陽子而作，然太倉相君實先令家樂演之，且云：「吾老年人近頗爲此曲惆悵。」假人言可信，相君雖盛德有容，必不肯於綠野堂中晏樂也。同時婁江女子俞二娘酷嗜其詞，斷腸而死，故臨川作詩哀之云：「畫竹搖金閣，眞珠棄繡窗。如何傷此曲，偏只在婁江。」（《弱水集》卷十四，清乾隆七年賀克章刻本）

**【聽歌】**予性不喜弋陽，辛丑三月泊舟樊水，歌者貌寢而曲韻獨妙，流連竟日，爲四絕句。

（其一）樊水村邊溯綠波，梨園清韻駐輕舸。不須金谷明珠好，值得飛塵半日歌。

（其二）不信楊花白勝雪，卻教雲影碧於天。遲聲細疊鶯千囀，絲竹方知謝自然。

（其三）春來紅豆幾枝生，只是無由問姓名。臺下萬人靜如水，一時齊賞按新聲。

（其四）石郎度曲百花香，故國花前春晝長。一出函關三十載，江南重聽奏霓裳。故鄉有石田福者，歌與此同。（《弱水集》卷十四，清乾隆七年賀克章刻本）

**【消暑詩十六首**有序（之七）**】**《趙太史秋谷》：秋谷少年登第，風流逸世，以國喪演《長生殿》新劇罷歸，多一時名士，有一網打盡之嘆。王漁洋名滿天下，秋谷獨著《談龍錄》譏之，後在江南葬一不相識人。其欽奇歷落如此。聞今尚在，罵漁洋如故。

（其一）挂劍延陵心許之，營喪文季夙相知。連城猶是多情者，自買青山葬畫師。

（其二）未飲狂泉狂未休，《談龍錄》出砥中流。可憐一夜《長生殿》，斷送功名到白頭。本事詩。（《弱水集》卷十四，清乾隆七年賀克章刻本）